校企合作财经商贸系列精品教材

互联网+活页式理念新形态教材

公共关系理论与实务

（第2版）

主编　李红强　王　培

镇　江

内 容 提 要

公共关系学是一门综合性学科，兼具理论性与实践性、系统性与综合性。本书共八个项目，分别为公共关系概述、公共关系机构和人员素质、公共关系工作程序、网络公共关系与组织形象建设、公共关系专题活动、公共关系文书写作、公共关系危机管理和公共关系礼仪。

本书内容系统、案例新颖、模块丰富、实用性强，可作为各类院校的公共关系学教材，也可作为公共关系从业人员的培训用书。

图书在版编目（CIP）数据

公共关系理论与实务 / 李红强，王培主编. -- 2 版. -- 镇江 ：江苏大学出版社，2021.12（2023.6 重印）
ISBN 978-7-5684-1722-8

Ⅰ. ①公… Ⅱ. ①李… ②王… Ⅲ. ①公共关系学 Ⅳ. ①C912.31

中国版本图书馆 CIP 数据核字(2021)第 247062 号

公共关系理论与实务（第 2 版）

Gonggong Guanxi Lilun yu Shiwu（Di-er Ban）

主　　编 / 李红强　王　培
责任编辑 / 夏　冰
出版发行 / 江苏大学出版社
地　　址 / 江苏省镇江市京口区学府路 301 号（邮编：212013）
电　　话 / 0511-84446464（传真）
网　　址 / http://press.ujs.edu.cn
排　　版 / 北京鑫益晖印刷有限公司
印　　刷 / 北京鑫益晖印刷有限公司
开　　本 / 787 mm×1 092 mm　1/16
印　　张 / 17.5
字　　数 / 404 千字
版　　次 / 2021 年 12 月第 2 版
印　　次 / 2023 年 6 月第 2 版第 2 次印刷　累计第 12 次印刷
书　　号 / ISBN 978-7-5684-1722-8
定　　价 / 49.80 元

前言
PREFACE

公共关系是一门实践性、应用性很强的课程，于20世纪初发端于美国，随后向世界各国广泛传播。我国于20世纪80年代引入公共关系学，此后，该学科以迅猛之势，由南到北蓬勃发展。时至今日，公共关系学不仅是企业经营管理的基石，更是政府、事业单位协调社会各方关系的重要理论依据。

随着公共关系学在社会各界的广泛应用和蓬勃发展，具有公共关系意识、掌握公共关系基本原理和基本操作技巧的公关人员成为社会迫切需要的人才。为了适应时代发展的需要，培养具有专业素养的公共关系人才，我们在认真研读国内外公共关系学相关文献的基础上，结合我国实际，对公共关系的基本原理、方法及应用进行了比较详细的阐述。

整体而言，本书具有如下特点：

育人为本、德育为先：党的二十大报告指出："育人的根本在于立德。"本书有机融入党的二十大精神，秉承素质教育与能力教育同向同行的理念，将社会主义核心价值观有机地融入到知识点和案例中，以培养学生正确的世界观、人生观和价值观为己任。同时，添加了"知行合一"栏目，帮助大学生历练敢于担当、不懈奋斗的精神，培养良好的职业道德和综合素养，将自己锻造成一个知识型和实干型相统一的人，在实现"中国梦"的伟大实践中创造自己的精彩人生。

校企合作、案例实用：本书在编写过程中得到了学校教师和企业专家的支持，将理论知识和实践有机结合，使内容贴近企业实际工作，有助于学生工作后更快地适应工作岗位。同时，书中还引入了丰富新颖的典型案例和相关知识，在丰富课程内容的同时可拓宽学生的知识视野。

全新形态、全新理念：本书采用项目任务式教学法编排，每个项目包含多个任务。任务之后还安排了"任务测试"和"项目实训"，帮助学生练习和巩固本项目所学知识。此外，本书还根据需要添加了"课堂互动""知识拓展""小提示"等模块，既可拓宽学生视野，方便学生理解所学内容，又能活跃课堂气氛。

图文并茂、易教易学：为了使讲解更加生动、形象，本书在正文中穿插了大量的图表，用图文结合、表文结合的方式讲述公共关系的相关知识，加深学生对基础知识的理解。

数字资源、丰富多彩：本书提供了丰富的配套数字资源，包括微课视频、优质课件及答案等。学生可以借助手机或其他移动设备扫描二维码获取相关内容的微课视频，从而更方便地理解和掌握本书内容。学生可以登录文旌综合教育平台“文旌课堂”（www.wenjingketang.com）下载其他资源。学生如果在学习过程中有疑问，也可登录该网站寻求帮助。

此外，本书还提供了在线题库，支持“教学作业，一键发布”，教师只需通过微信或“文旌课堂”App扫描二维码，即可迅速选题、一键发布、智能批改，并查看学生的作业分析报告，提高教学效率、提升教学体验。学生可在线完成作业，巩固所学知识，提高学习效率。

本书由李红强、王培担任主编，王敏、朱伙军担任副主编。在编写过程中，我们参考了大量的文献资料，在此我们向参考文献的作者表示诚挚的谢意。

由于编者水平有限，书中难免存在疏漏与不当之处，敬请广大读者批评指正。

目录 CONTENTS

项目一

公共关系概述

项目导读

现代社会企业越来越重视运用公共关系手段来保障和促进自身的发展，各行各业都出现了公共关系职能部门。在市场竞争日益激烈的环境中，企业如何正确处理好与公众的关系，从而推动企业的发展就显得十分重要。

本项目主要介绍公共关系的基本概念和基础理论，内容包括公共关系的内涵与特征，公共关系的职能和原则，公共关系的基本要素，公共关系的起源与发展等。

学习目标

知识目标

（1）了解公共关系的起源与发展。

（2）熟悉公共关系的特征、职能和原则。

（3）掌握公共关系的内涵和基本要素。

能力目标

（1）能够对公共关系行业有初步认知。

（2）能够运用公共关系理论处理实际问题。

素质目标

（1）通过了解公共关系的起源与发展，树立民族文化自信，提高学习公共关系的兴趣。

（2）通过学习公共关系的职能、特征及原则等内容，正确认识公共关系学与市场经济的关系，树立较强的职业和社会责任感。

引导案例

广州白云山制药总厂的公关启示

广州白云山制药总厂（以下称“白云山制药厂”）以前是原广州市农场局下属的知青药厂。1984 年 12 月，该厂设立公关部，成为中国第一个设立公关部的国有企业。今天它已发展成为全国知名的大药厂，作为公共关系的典型，其成功经验值得借鉴。

首先，在内求团结方面，白云山制药厂有几种成功的经验是全国闻名的。一是“星期三沙龙”，即每周三晚上厂领导与职工共进晚餐，一起讨论大家关心的问题。“假如我是厂长”的讨论就是他们率先发起的。通过双向沟通，使厂长了解了职工的疾苦，解决了许多职工迫切需要解决的问题，增强了企业的凝聚力。二是重视人才使用，白云山制药厂建厂初期由于科研开发能力低，他们就大量吸收人才。厂里还对生病的科技人才给予优厚的待遇，一度被传为佳话。三是注重人才的培养，鼓励员工学习进取。对大学毕业的员工给予一定的补助，这项智力投资的政策深得人心，使企业科研力量日益增强。

其次，在外求发展方面，白云山制药厂率先出资 1 万元赞助民乐团，又出资 1 万元支持广州足球队，开创中国（除港澳台地区）企业赞助足球队之先河。“广州白云足球队”将白云山的知名度“踢”到了全国，而“白云杯”国际足球邀请赛则把白云山的大名传向了世界。

白云山制药厂还组建了中国国有企业的第一个公共关系部，每年用总销售额的 1%作为信誉投资，这 1%为企业带来了巨大的效益。例如，华东地区某药厂研制了一种科技领先的新型药品，投放市场后却滞销，白云山制药厂得到技术转让后，仅半年就创收 100 万元。1990 年和 2006 年白云山制药厂被评为“全国最佳公关企业”。白云山的职工都以身为“白云山人”为荣。

思考：你是如何理解公共关系的？

任务一　认识公共关系

任务描述

通过本任务的学习，能够正确理解和界定公共关系，能够熟悉公共关系的特征、职能和基本原则，为公共关系的运用打好坚实的理论基础。

知识精讲

“公共关系”一词源自英文“Public Relations”，缩写为“PR”，简称“公关”。“Public”意为公众的、公开的、公共的；“Relations”为复数，说明这个“关系”不是单一的，而是众多的、复合的、复杂的。

一、公共关系的内涵

（一）公共关系的含义

公共关系是指社会组织为改善与公众的关系，通过有效的沟通与传播手段，促进公众对组织的认识、理解与支持，达到塑造良好组织形象目的的一系列活动。

我们可以从以下几个方面理解公共关系的含义：

（1）公共关系是一种管理职能。美国著名公共关系专家莱克斯·哈洛认为：“公共关系是一种特殊的管理职能，它帮助一个组织建立并保持与公众之间的交流、理解、认可与合作；它参与处理各种问题和事件；它帮助管理部门了解民意，并对其做出反应；它确定并强调企业为公众利益服务的责任；它作为社会趋势的监视者，帮助企业与社会保持同步；它使用有效的传播技能和研究方法作为基本工具。”

通过公共关系的管理职能，社会组织能够协调自己的政策和做法，塑造其自身的良好形象，赢得更有效的合作。

（2）公共关系利用传播媒体进行有效的传播。《美利坚百科全书》认为：“公共关系是关于建立一个组织同其既定公众之间相互了解的活动。”这就要求社会组织不仅要努力提高自身价值，也要积极主动地开展有效传播，提升组织在公众心中的形象。

（3）公共关系是一种双向社会关系。美国公共关系教授希尔兹认为：“公共关系就是我们所从事的各种活动、所发生的各种关系的通称，这些活动与关系是公众性的，并且都有社会意义。”正确认识与处理同公众的关系，是开展公共关系的出发点和归宿。

精选案例

何为公共关系？

北欧联合公司的一位公关经理用一位小伙子追求一位漂亮姑娘的生动比喻来描述公共关系。如果小伙子对姑娘大献殷勤，竭力表白自己如何喜欢她，这不是公共关系，而是推销；如果小伙子精心修饰自己的容貌，并在姑娘面前表现得谈吐不俗、举止文雅，这也不是公共关系，而是广告；如果小伙子认定目标、制订计划、埋头苦干，以成绩获得他人对自己的优良评价，并把这种优良评价通过他人传播出去使姑娘知道，从而使姑娘对小伙子产生尊敬之情、爱慕之意，这才是公共关系。

（二）公共关系含义的层次

公共关系到底有几层含义，目前还未达成一个世界公认的看法。人们普遍认为它既可以被认为是一种状态，又可以被认为是一种活动，还可以被认为是一种学科，更是一种观念和职业。

（1）公共关系是一种状态。任何组织，不管承认与否，都处在一定的公共关系状态之中，这是一种客观存在的形态。

（2）公共关系是一种活动。公共关系作为一种活动，是一个组织长期进行社会交往、沟通信息、广结良缘、树立自身良好形象的过程。它主要分为日常公共关系活动和专项公共关系活动两大类。

（3）公共关系是一门学科。就学科特点而言，公共关系学不仅是一门应用性很强的边缘性学科，在理论上它又是一门综合性、交叉性的学科，涉及社会学、哲学、政治学、经济学、传播学、管理学、营销学、心理学、伦理学等学科，是以传播学和管理学为基础建立起来的新兴学科。

（4）公共关系是一种观念。公共关系作为一种观念，影响和指导个人或组织决策与行为的价值取向，从而反作用于人们的公共关系活动，并间接影响实际的公共关系状态。公共关系观念主要包括形象观念、公众观念、传播观念、协调观念、互惠观念。除此之外，公共关系观念还包括团队观念、创新观念、服务观念、社会观念等。

（5）公共关系是一种职业。公共关系作为一种职业，其职能是协调组织与公众的关系，塑造组织良好的社会形象，以促进组织不断发展和完善。1904年，艾维·莱德拜特·李（简称艾维·李）与乔治·派克合资成立了一家名为“派克和李公司”的宣传顾问事务所，为社会公众提供收费的公共关系服务，公关职业由此诞生，艾维·李也被誉为“现代公共关系之父”。

（三）公共关系与其他关系的区别

1. 公共关系与人际关系

人际关系是指人与人之间在相互交往中形成的关系。它是以一定的血缘关系、地缘关系和业缘关系等为纽带而形成的关系，如父子关系、朋友关系和同事关系等。公共关系活动虽然以良好的人际关系为基础，但研究对象却是社会组织与其相关公众之间的关系。

公共关系和人际关系既有联系又有区别。公共关系和人际关系的开展都离不开个人的执行，同时，个人在社会组织中扮演着各种角色，在公关工作中必须运用各种有效的人际交往手段，这便使得公共关系中包含了许多人际关系的内容。可以说，良好的人际关系是完成公关工作的有利条件。两者的区别具体如表 1-1-1 所示。

表 1-1-1　公共关系与人际关系的区别

项目	公共关系	人际关系
主体不同	社会组织	个体的人
对象不同	公众	私人关系
目的不同	树立组织的良好形象	维护和巩固个人的利益
传播途径不同	通过人际传播、组织传播和大众传播等方式传播	仅限于面对面、个体对个体的交流与沟通

2. 公共关系与庸俗关系

在现实生活中，有人认为公关等于"攻官"，将公共关系误解为庸俗关系。所谓庸俗关系，是指在日常交往或经济活动中，运用"拉关系""走后门"等不良手段为个人谋取私利的不正当人际交往活动。而公共关系与庸俗关系存在着本质区别，具体如表 1-1-2 所示。

表 1-1-2　公共关系与庸俗关系的区别

项目	公共关系	庸俗关系
产生的条件不同	公共关系产生于市场经济条件下，主要原因是商品经济高度发展，信息扩散迅速，公众可选择的产品或服务增多，社会组织为了争取公众，必须发展公共关系，为其塑造良好的企业形象	庸俗关系产生于封闭落后的经济条件下，由于生产力低下、商品经济不发达、信息闭塞，因而社会关系具有浓厚的血缘、地缘色彩。其他人若想从某个关系网中获得利益，往往通过"拉关系"的手段与他人发生联系
目的不同	公共关系的目的是协调组织与社会公众的关系，通过组织的政策与行动将组织利益和公众利益有机结合起来，使组织利益和公众利益能够互相协调	庸俗关系的目的是谋取私利，会对社会利益和公众利益造成损害

续表

项目	公共关系	庸俗关系
手段不同	公共关系主要利用电视、报纸、网络等大众传播媒介，与公众进行公开的、双向的信息交流，其行为是合乎道德和法律规范的	庸俗关系一般采用拉帮结派等方式进行隐蔽的交易，以达到不可告人的目的
社会效果不同	公共关系可以提高组织的社会效益，促进行业的发展和进步	庸俗关系会腐蚀人的心灵，制造出各种复杂的利益冲突和人际矛盾，并且对社会道德和文化产生不良影响

课堂互动

有人说："拉关系、走后门也是为组织广交朋友，开拓生存发展空间，这与公共关系的目的是一样的。"你认为这种说法对吗？为什么？

3. 公共关系与广告

广告是指为了传播某一产品或事物而进行的宣传活动。一般情况下，人们提到的广告都是商业广告，是指企业为推销产品或服务，以付费方式通过各种新闻媒介向消费者传播产品或服务信息的宣传活动。

公共关系常常要借助广告的形式去扩大影响、完成信息传播，树立组织形象的职能；广告也常常借助公共关系去增强说服力。因此，公共关系和广告可以相互补充、相互促进。然而，公共关系绝不等同于广告，两者之间存在着显著的区别，具体如表 1-1-3 所示。

表 1-1-3　公共关系与广告的区别

项目	公共关系	广告
主体和受众不同	公共关系的主体范围比较广，可以是任何类型的组织，如政府机关、工商企业等；从目标受众来看，公共关系既向组织外部的公众传播，也向组织内部的公众传播	广告在大部分情况下都是为工商企业等营利性组织服务的；从目标受众来看，广告只向组织外部的公众传播
目标不同	公共关系的目标是树立组织的整体形象，增进公众对组织的了解，使组织能够长期生存和发展。通俗地讲，公共关系是要"大家爱我"	广告的目标很明确，就是希望以最少的花费在最短的时间和最大的范围内打开市场或推销出更多的产品或服务。通俗地讲，广告是要"大家买我"
传播方式不同	公共关系可以通过人际传播、组织传播、大众传播等方式，如年会、新闻发布会或策划新闻事件等来进行	广告的传播方式较少，主要依靠各种有形媒介，如报纸、电视、期刊、路牌和灯箱等进行

续表

项目	公共关系	广告
效果不同	公共关系活动的效果是不可测量的，并且对企业的影响是长远的，关系到组织的整体形象。一次公关活动的失败会对组织形象造成较长远的影响，必须非常慎重	广告的效果是可以直接测量的，马上能够与企业产品的销售额挂钩，广告效益的好坏往往只影响到某个产品或某项服务的销路和经济利益

4. 公共关系与宣传

宣传是指社会组织为了取得公众对其实施的政策、行动的理解和支持而采取的一系列活动。公共关系活动要塑造组织形象，扩大组织影响，引起公众的注意进而引导公众的行为，需要开展宣传活动，并且要利用人们在宣传活动中积累的各种理论、经验、技巧等；同样，宣传活动为了适应现代社会的发展，也要不断吸收公共关系的新内容、新方法，才能强化宣传效果。两者之间的区别如表 1-1-4 所示。

表 1-1-4 公共关系与宣传的区别

项目	公共关系	宣传
工作准则不同	公共关系以事实为依据，奉行实事求是的准则	宣传既可以奉行实事求是的准则，也可适度采用美化、夸张、渲染等手法，以达到宣传的目的
手段不同	公共关系采用双向传播的手段，即组织与公众之间进行互动与沟通，以达到双方的相互理解	宣传采用单向传播，重点在于对公众的思想、情感、心理和行为施加单方面的影响
效果不同	公共关系维护和改善了组织与公众的关系，从长远来看提高了组织效益	宣传的效果主要是改变公众的观念，达到推销产品或服务的目的

5. 公共关系与市场营销

市场营销是指企业为满足消费者需求，把产品或服务从生产领域和流通领域转移到消费者手中的经营管理活动。近年来，市场营销不断吸收、整合其他学科的内容，甚至逐渐把公共关系学作为市场营销的组成部分，把公共关系作为促销手段之一。公共关系与市场营销相互包容、相互渗透，有效的公共关系可以促进市场营销，而成功的市场营销也有助于建立和维护组织与公众之间的良好关系。然而，这两者也有明显的区别，具体如表 1-1-5 所示。

重新定义公共关系的价值

表 1-1-5　公共关系与市场营销的区别

项目	公共关系	市场营销
目标不同	公共关系的目标是树立组织的良好形象，并不局限于追求经济效益，还注重谋求组织发展的社会效益	市场营销的目标是销售产品或服务，为组织创造经济效益
对象不同	公共关系的对象非常广泛，涉及不同类型的公众，如内部的员工、股东，外部的社区、顾客、新闻媒介、特殊利益集团和政府等，组织需要维护与这些公众之间的关系	市场营销的对象主要是顾客，重在与顾客进行市场交易行为
手段不同	公共关系通过记者招待会、展览会和听证会等多种活动，来维护组织与内外部公众之间的关系	市场营销采用包装、广告或分销等多种手段来推销产品

知识拓展

企业公关的十大误区

（1）公关可有可无。实际上，公关对企业自身营销，促进品牌提升、形象塑造、关系协调、危机处理等具有不可忽视的作用。

（2）公关就是接待、文秘。实际上，公关人员应该是熟悉企业、了解行业发展的现代化企业管理人才。

（3）公关只花钱，不赚钱。实际上，成功的企业公关不但能赚钱，而且能使企业增值。

（4）公关无所不能。实际上，公关只能在传播方面起到一定的作用。

（5）公关就是包装。实际上，公关是以事实为依据的，不能改变事实。

（6）公关就是媒介关系。实际上，媒介关系只是公关的一种战略手段。

（7）对新闻媒介投入了，就应该有报道，否则公关就不算成功。实际上，新闻报道应该以事实为基础，以新闻价值为依据。所以，发通稿已经不是非常时兴的做法，应该根据不同的需要做出相应的行为。

（8）公关只是公关部的工作。实际上，公关并不是公关部孤军奋战，而是需要全公司的协助。

（9）公关就是宣传。实际上，公关不完全等于宣传，与宣传是有区别的。

（10）广告比公关更加有效。实际上，公关可产生持久深远的影响。

二、公共关系的特征

公共关系的特征由其自身性质、主体目标和客体特征及工作方式决定，主要概括为以下几个方面：

（一）以公众为对象

公共关系是社会组织与构成其生存环境的内外公众的关系。公众构成公共关系的客体，是公共关系的主要研究对象，一切工作均围绕公众展开。

（二）以美誉度为核心

塑造形象是公共关系的核心问题。评价组织形象的指标有三项：知名度、美誉度及和谐度，具体如表 1-1-6 所示。

表 1-1-6 评价组织形象的指标

评价组织形象的指标	具体内容
知名度	是指一个组织被公众知道、了解的程度，以及社会影响的广度和深度。好名声（誉满全球）与坏名声（臭名昭著）都是知名度，所以有知名度可以扩大社会影响（比如我们通常所说的“混个脸熟”），但有了知名度并不意味着公众喜欢你，还需要有美誉度
美誉度	是指一个组织获得公众信任、赞美的程度，以及社会影响的美、丑、好、坏，是组织形象受公众给予美、丑、好、坏评价的舆论倾向性指标，是一种对组织道德评价的评判
和谐度	和谐度是美誉度的延伸，指的是组织与公众之间情感、态度与言行相融合的状态

知名度与美誉度分别从量和质两个方面评价组织的形象。一个组织的知名度高并不意味着其美誉度高，知名度低的美誉度未必低；美誉度高的如果不注意宣传也难以扩大知名度。所以，组织若想树立良好的组织形象，就必须同时把提高知名度和美誉度作为工作的目标。

（三）以互惠为原则

公共关系不是以血缘、地缘为基础，而是以一定的利益关系、业缘关系为基础。社会组织要生存发展，必须得到公众的支持；而要想得到支持，就必须让公众得到利益。因此，要想持久地赢得公众支持，必须做到与公众互利互惠，最终达到双赢的目的。

（四）以长远为方针

组织凭借公共关系在公众中塑造良好的形象，绝非一日之功。树立形象的过程具有长期性，同时，形象一旦树立起来，又与形象的滞后性相关，不会轻易改变。因此，公共关系的持久性是与组织生存的长远性并行的。

（五）以真诚为信条

公共关系要追求长久的美誉，就一定要以真诚为信条，互利互惠同样依靠真诚才能做到。特别是在市场经济条件下，公众对真诚、诚信的期望越来越迫切，唯有真诚才能长久赢得公众的合作与社会的美誉。

（六）以沟通为手段

公共关系的信息只有通过传播沟通才能实现其价值。形象在沟通中塑造，美誉在沟通中提高，合作在沟通中促成，目标在沟通中实现，无形资产在沟通中建立与积累。因此，公共关系目标与价值的实现离不开沟通。

以上六个方面构成了公共关系的特征，公众意识以此为基础，公关工作由此而展开，公关职能由此而设定。所以有人说，公共关系是根据公共关系的特征来看待公关事务并处理问题的。

三、公共关系的职能和基本原则

（一）公共关系的职能

公共关系的职能是指公共关系在组织中应发挥的作用和应承担的职责。从根本上讲，公共关系的职能就是调动一切可以调动的力量，运用各种手段，塑造良好的组织形象，赢得良好的生存环境，促进组织的生存发展，使组织在激烈的竞争中取胜。

具体而言，公共关系的职能主要概括为以下几个方面：

1. 收集信息，监测环境

公共关系的功能

随着知识经济的崛起，信息已日益成为经济发展不可或缺的重要战略资源。公共关系在组织的经营管理活动中，首先要发挥信息情报的收集、整理、分析、评估的作用，充当组织的耳目，做到“眼观六路，耳听八方”。公共关系收集的信息主要是有关组织信誉与形象方面的，包括组织的产品或服务形象信息、组织形象信息、社会环境信息、组织内部员工信息等。信息采集之后，只有在经过加工、整理、分析后，预测形势和趋势时，才能真正发挥其作用。

公共关系作为组织的预警系统，对与组织有关的社会环境和公众舆论环境保持高度的敏感性，特别是对环境中潜在的问题和危机及时发出预报，以便组织能及时调整，趋利避害。

2．咨询建议，辅助决策

公共关系的咨询建议是指公共关系专业人员向决策层和各管理部门提供有关公共关系方面的意见和建议，以作为该组织决策的依据，使组织的决策更加民主化、科学化。咨询建议是公共关系最具有价值的职能，因此公共关系也被称为“咨询业”。

公共关系咨询建议的内容主要包括几个方面，具体如图 1-1-1 所示。

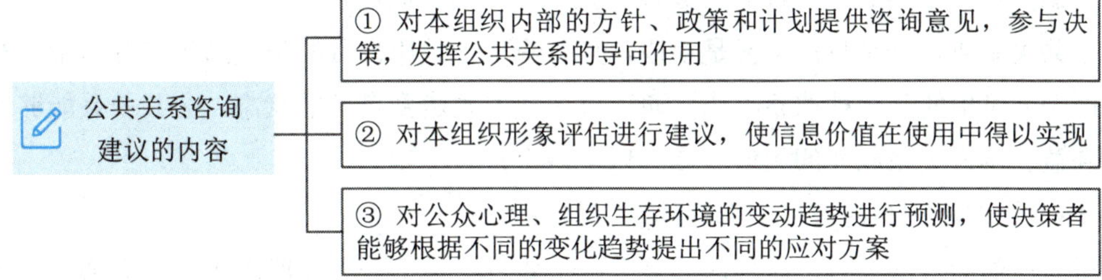

图 1-1-1　公共关系咨询建议的内容

3．传播推广，塑造形象

公共关系的传播职能主要体现在两个方面：一是组织运用传播沟通的手段同公众进行双向交流，赢得公众的信任和支持；二是顺时造势，实现舆论导向，通过新闻策划、公关广告、专题活动等手段借势造势，提高组织的知名度与美誉度，为组织创造良好的舆论环境。很多组织的公关部均设有专人撰稿、专人负责媒介关系，就是为了保证这一职能的有效实现。

组织形象主要包括组织自身的形象和产品（或服务）的形象。社会组织在公众心中的形象，与组织的日常行为密不可分，公共关系的一个重要职能就是不断调整组织的行为，争取信任、赢得支持、塑造良好的社会形象。

知识拓展

提升组织自身形象的途径

组织自身的形象是指组织管理水平、决策能力、竞争机制等方面在公众心目中的综合反映。以企业为例，企业形象塑造的几个途径如下：

（1）创造名牌。企业通过创造名牌产品来实现创造品牌企业的目的。

（2）创造良好的环境形象。良好的环境形象不仅指优美的工作环境，还有和谐的人际环境，要在组织与员工之间建立起相互信赖和相互合作的关系。

（3）创造良好的员工形象。员工形象的创造不仅仅停留在外在形象上，更应在内在素质上下功夫，如员工爱岗敬业、行为规范、具有良好的职业道德、具有较强的业务能力等内在素质，都是组织良好形象的体现。

4. 平衡利益，协调关系

马克思说过“人们奋斗所争取的一切，都与他们的利益有关”，公共关系也是以利益为基础的。当组织与公众利益出现分歧或矛盾时，公共关系作为两者之间沟通的桥梁，发挥着协调关系的重要职能，因而又被称为组织运行的“润滑剂”。

公共关系协调既是目的，又是手段，具有两重性。作为目的是使组织更好地生存和发展；作为手段指的是一种调整工作，通过协调使关系达到良好的状态。公共关系能够发挥平衡利益、协调关系职能的领域主要有以下两个：

（1）协调组织与内部公众之间的利益与关系。

组织内部的公共关系，简称内部公关，主要包括员工关系和股东关系。内部公关协调的主要目标是通过创造团结和谐的组织条件和内部气氛，促进组织内部各方的相互协作，为组织发展创造一个良好的内部环境。

（2）协调组织与外部公众之间的利益与关系。

组织与社会各类相关公众的关系，简称外部公关，主要包括消费者关系、社区关系、政府关系、媒介关系、竞争关系等。外部公关协调的主要目标是通过外部公关活动，促进组织与外部公众的沟通与协调，增进组织与社会各类公众之间的相互了解，建立良好的社会形象和信誉，为组织发展创造一个良好的外部环境。

5. 教育引导，培育市场

公共关系的教育引导职能主要表现在对内、对外两个方面。

（1）对内，公共关系的主要职能是传播公关意识、思想和技巧，进行知识更新，不仅要对员工进行教育引导，也要说服领导接受公共关系。

（2）对外，公共关系的主要职能是对公众进行教育引导。人们常说“公众永远是对的”，这是从服务的角度将“正确”让给对方，但客观地讲，公众不可能永远正确，而是需要加以引导，这种引导主要体现在公共关系活动对社会互动环境和社会心理环境的优化上。

另外，随着科技的突飞猛进、产品的更新迭代，公众不可能了解那么多的新产品，需要公共关系来培育市场，不断对其进行商品知识、消费知识、安全保险等方面的教育和引导，从而获得公众对组织的认同。

6. 科学预警，危机管理

危机管理就是当组织出现被舆论关注的重大危机时，组织所采取的公关措施和应对策略。危机是组织生存发展的大敌，处理不好往往给组织造成重大损失，甚至断送组织的“生命”，因而组织将危机管理作为公共关系的主要职能和工作重点之一。

公共关系危机管理包括危机预防和危机处理。公共关系工作人员必须树立危机意识，在平时的工作中综合分析信息，对危机进行有效预防，在危机产生之前能够进行科学预警；当危机发生时，根据不同的情况采取相应措施，秉承实事求是的态度，若有问题则及时改正，若被公众误解则及时澄清，尽快恢复组织的信誉和形象。

（二）公共关系的基本原则

公共关系的基本原则，是公关人员最基本的工作指南和行为准则。组织所面对的公众是极其复杂的，在不同时期、不同情况下会面对不同类型的公众，而且对同一类型公众也有可能面临不同的具体情况。因此，处理组织与公众之间的关系并无统一的模式，只有普遍适用且需遵照执行的基本原则。

1. 实事求是

公共关系专家曾经说过：“先有事实，后有公共关系。”公共关系工作建立在实事求是的基础上，只有坚持实事求是的原则，才能使组织与公众之间相互信任，树立组织在公众心中的良好形象。

首先，搜集真实信息是公共关系工作开展的前提。真诚守信、实事求是是公关人员工作的信条。公关人员在进行调查研究、搜集信息时必须脚踏实地，科学、客观、公正地了解事实，掌握真实的信息。

其次，公共关系信息的传播要求实事求是。某位名人曾经说过：“你可以在某一时刻欺骗所有的人，也可以在所有时刻欺骗某些人，但你绝对不能在所有时刻欺骗所有的人。”公共关系工作也是如此，尽管信息传播可能借助了某些艺术的手段或技巧，但是绝对不能脱离事实。无论信息是好是坏，都应当让公众了解真相，欺瞒事实、推卸责任只会破坏公众对组织的印象，损害组织的形象。

最后，公共关系活动必须以事实为依据。事实是公共关系产生的根源，没有事实，就没有公共关系；事实是公共关系得以开展的动力，没有公关人员对事实的准确把握和符合事实的客观分析，公共关系工作就难以开展。

总之，在进行每一次公关活动之前，公关人员都要进行实事求是的调查研究，掌握组织与公众各方面的真实情况，最终设计出优秀的公关方案，这样才能在实际运行中取得预期的效果。

知行合一

“实事求是”一词，最早出自东汉班固编撰的《汉书·河间献王传》，书中用“修学好古，实事求是”称赞河间献王刘德的治学态度。后来，唐代颜师古将“实事求是”解释为：“务得事实，每求真是也。”意思是说，研究学问，追求事物的原理，必须掌握充分的事实根据，用事实说话，然后再从事实中找出真实的结论。

中国共产党走过的苦难辉煌历程已经证明，坚持实事求是，就能兴党兴国；违背实事求是，就会误党误国。因此，2021 年 7 月 1 日，习近平总书记在庆祝中国共产党成立 100 周年大会上指出：“中国共产党坚持马克思主义基本原理，坚持实事求是，从中国实际出发，洞察时代大势，把握历史主动，进行艰辛探索，不断推进马克思主义中国化时代化，指导中国人民不断推进伟大社会革命。”

由此可以看出，大到国家建设，小到个人事业，要想取得成功，实事求是都是不可或缺的法宝。作为当代大学生，我们更应该将实事求是的思想实践于大学生活的方方面面，努力学习文化知识，把“知之为知之，不知为不知”作为学习态度，把“坚持真理、独立思考、求真务实”作为品格锤炼，脚踏实地地做好每一件事。

2. 互惠互利

互惠互利原则是指组织在生存发展并追求自身利益的同时，必须兼顾公众利益和社会利益，以谋求组织与公众的共同发展。

一方面，公关人员在工作中应当认识到组织与公众之间的利益关系，以公众利益为导向，满足组织与公众的共同利益，谋求组织与公众的共同发展。首先，在组织的生产和生活中，要以公众的需求和利益为出发点。对于公众提出的要求，若是合理的应当尽快满足，若暂时无法满足，应当说明情况，并提出解决办法；若是不合理的要求，也应当站在公众的立场上换位思考，并进行说明，求得公众谅解。其次，组织也应当尽量满足内部员工的合理要求，赢得员工的信任与支持，使其为公司创造出更好、更高的价值。

另一方面，公共关系工作也必须兼顾社会利益。任何团体、公众的生存、发展及利益的获得，都离不开特定的社会环境，社会的发展、环境的改善才是所有人的根本利益之所在。社会组织在做任何决策时，都要有很强的社会责任意识，要考虑到对他人、对社会环境及对后代可能造成的影响。同时，社会组织也应当关注与经营活动无关的公益活动，如赞助贫困地区、保护环境等，这样既能扩大组织的影响力，也能提升组织的美誉度。

精选案例

拉链大王吉田忠雄成功的秘诀

日本的“拉链大王”吉田忠雄成功的秘诀就在于他坚持“真诚互惠”的原则，出色地处理好企业与内外公众的利益关系。

他说：“我一贯主张企业必须赚钱，多多益善，但利益不可独吞。”他把利润分成3部分，1/3以质高价廉的产品给予消费者，1/3交给公司产品的经销商和代理商，1/3用在工厂。在企业内部，吉田公司的职工能分到公司60%的红利，吉田忠雄本人只得16%，剩余的由其他家族成员共享，这样，职工自然以努力工作回报他。而经销商和代理商也都尽心竭力地为扩大吉田公司的市场服务。

3．全员公关

全员公关是指组织对全体员工进行公共关系教育和指导，培养全体员工的公关意识，提高全体员工公关的自觉性，使组织内部形成良好的公关氛围。

为了实现全员公关，组织应该做到以下几个方面：

（1）组织领导应当具有强烈的公关意识，能够从全局出发，统筹安排组织的公共关系工作，使公共关系工作能够渗透到组织运营的每一个环节。

（2）全员公关需要全体员工的配合。公共关系工作不仅仅是某些部门、某些员工的工作，更是全体部门、全部员工协作完成的。各职能部门在自己的工作范围内制订工作计划、做出决策的时候，应当自觉配合组织公共关系的目标。

（3）组织内部要形成浓郁的公关氛围。组织应该在其内部普及公共关系教育，使全体员工都能意识到树立良好组织形象的重要性，认识到他们所做的每一项工作、完成的每一项产品都反映着组织形象，认识到他们的一举一动在外部公众眼里都代表着组织。

精选案例

这才是真正的全员公关

北京长城饭店在 1984 年落成以后，为了提高知名度、宣传形象，先后策划了几个公关事件。首先是在落成之初把美国总统里根答谢宴会的地点争取到长城饭店，通过各地新闻记者的采访报道，饭店很快就声名远播。随后，在圣诞节，饭店又将各国驻华大使工作人员的子女请到长城饭店进行圣诞树装饰活动，自然也收到了非常明显的效果。但是，最为公关界津津乐道的却不是饭店大费周章策划的活动，而是一名服务员在收拾房间时发现有位客人的书摊开放在床上，她在收拾好房间之后，顺便将一张小纸条夹在书摊开的地方作为记号，这个细节令客人非常满意。这才是真正的全员公关。

4. 开拓创新

公共关系是市场经济发展到一定阶段的产物。随着公共关系活动的逐渐普及，一些内容相似、程序相近的公共关系活动已无法吸引公众。因此，公关人员要具有开拓创新的意识，对公共关系活动或观念不断进行改进和充实，争取做到有所创新、有所创造，使组织达到“日新日进”的境界。

知行合一

创新，是一个民族进步的灵魂，是一个国家兴旺发达的不竭源泉，也是中华民族最鲜明的民族禀赋。党的十八大以来，习近平总书记十分重视创新，在不同场合反复强调创新的重要性。2015 年 5 月 27 日，习近平总书记在华东七省市党委主要负责同志座谈会上的讲话中指出：“综合国力竞争说到底是创新的竞争。要深入实施创新驱动发展战略，推动科技创新、产业创新、企业创新、市场创新、产品创新、业态创新、管理创新等，加快形成以创新为主要引领和支撑的经济体系和发展模式。”2018 年 4 月 10 日，习近平总书记在博鳌亚洲论坛 2018 年年会开幕式上的主旨演讲中还强调：“变革创新是推动人类社会向前发展的根本动力。谁排斥变革，谁拒绝创新，谁就会落后于时代，谁就会被历史淘汰。”

5．长期坚持

在具体的公共关系工作中，必须要形成立足于平时、长期坚持的工作态度，绝不能“没事不烧香，临时抱佛脚”。

组织与公众之间良好关系的建立，并不是依靠一朝一夕的工作，而要依靠长期的积累，只有这样，才能使公众形成对组织的信赖与善意。成功的组织在开展公共关系活动时，总是着眼于未来，以长远的目光来确定目标，并制定战略和政策。只有高度重视公共关系效果的积累，才能树立良好的组织形象，公共关系专题活动的目标才能得以实现，公共关系日常工作的成效也才能得以显现。

姓名____________ 班级____________ 学号____________

任务测试

一、选择题

1.【单选题】(　　)是公共关系的核心问题。

A. 塑造形象　　B. 服务公众　　C. 协调沟通　　D. 真诚互惠

2.【单选题】被称为“现代公共关系之父”的是(　　)。

A. 巴纳姆　　B. 伯尼斯　　C. 艾维·李　　D. 格鲁尼格

3.【单选题】在公共关系中，将追求平等和双赢作为处理各种关系的行为准则而形成的公关观念，一般称为(　　)。

A. 协调观念　　B. 互惠观念　　C. 传播观念　　D. 服务观念

4.【多选题】公共关系的职能包括(　　)。

A. 收集信息　　B. 辅助决策　　C. 传播推广　　D. 协调关系

E. 提供服务

二、案例分析题

壳牌公司的环保活动

荷兰皇家壳牌公司是全球最大的公司之一，也是世界上最大的能源公司之一，在130多个国家和地区从事经营活动。壳牌公司的核心业务包括石油和天然气的勘探和开采、发电、化工等。

壳牌公司以负责任的企业公民为目标，在其有业务活动的各个国家和地区广泛发起并参与各种类型的社会公益活动，并称其为社会投资。1998年，壳牌集团的社会投资总额达9 200万美元，主题也涉及多个方面，其中环保在总支出中占9%。壳牌（中国）公司也秉承集团宗旨，积极从事社会投资，并选择了环保、道路安全与教育作为其三大主题。自1995年起，随着壳牌公司在中国业务的迅速发展，社会投资也逐步增加，1998—1999年度总额达200万元人民币。

以1994年成立的“自然之友”和1996年成立的“地球村”为代表的民间环保团体十分活跃，并已有了相当的影响。

以媒体为代表的公众对环保的关心程度与日俱增，环保专栏越来越多地出现在报纸、杂志、电视和电台上。环保更多地与教育结合在一起，呈现“从娃娃做起”的势头。其内容不但出现在中小学生的自然、生物等课程中，教委、团委、青少年科技馆等团体也组成一个立体的教育网，为组织提供了一个良好的企业接入口。

结合环保与教育，壳牌公司选择京、沪、穗三地，与教委合作开展了“壳牌美境行动”，鼓励学生动脑与动手，由学生自己设计环保方案，经评选获奖的方案可以获得壳牌公司3 000元的资金支持，由设计方案的学生自己动用实施。

姓名____________　　班级____________　　学号____________

京、沪、穗三地共有 2 万余名中小学生参与此项活动，提交环保方案 1 000 余个，共有 234 个方案获奖。其中，北京一零一中学、清华附中，上海市市东中学、复旦中学，广州第四中学和第十三中学等学校的学生提出的 41 个方案获一等奖，这些学生都获得了壳牌公司的资金支持。

问题分析：

（1）该公司采用了哪些公关原则？

（2）试分析该公司是如何打造具有社会责任感的企业的。

（3）该公司投资社会公益活动符合公司的长远利益吗？

任务二　掌握公共关系的基本要素

任务描述

通过本任务的学习，能够理解社会组织、公众及传播的概念与特征；能够辨别社会组织、公众，掌握社会组织、公众及公共关系传播的分类；了解与公众行为关系比较密切的若干社会心理现象，把握公众心理和行为特征；对传播的代表性理论有一定的了解。

知识精讲

公共关系由社会组织、公众和传播三个要素构成，这三个要素构成了公共关系的基本范畴，公共关系的理论研究、实际操作和运行发展都是围绕这三者层层展开的。社会组织是公共关系的主体，公众是公共关系的客体（即公共关系对象），传播则是连接社会组织与公众的桥梁。

一、公共关系的主体

（一）社会组织的概念

社会组织简称组织，是指人们为了有效地达到特定目标，按照一定的宗旨、制度、系统建立起来的共同活动集体。社会组织的生存和发展与很多因素有关，组织自身的实力、良好的管理、适宜的环境是组织成功的基础。公共关系作为一种管理职能，则是从如何建立和维护组织与公众之间的互利互惠关系、树立组织良好形象的角度来保证和促进组织的生存和发展的。

公共关系是一种组织活动，而不是个人行为。因此，社会组织是公共关系活动的主体，是公共关系工作的实施者、承担者。我们在理解公共关系时，需要注意不要把一些个人的行为说成公共关系，如某公司总裁以个人名义向慈善机构捐款，这属于个人行为，而不是公共关系；但当他以公司的名义捐款时，我们便可将这种行为理解为一种旨在提高组织（公司）的知名度和美誉度、扩大组织影响的公共关系行为。

（二）社会组织的特征

社会组织的特征具体如表 1-2-1 所示。

表 1-2-1　社会组织的特征

社会组织的特征	具体内容
目标性	社会组织的生存和发展都是为了达到某个特定的目标。组织目标是组织活动的灵魂，它可以是单一的，也可以是具有内在联系的目标体系
整体性	每个社会组织都是一个结构严密的系统，社会组织内部的各部门、各成员之间都是按一定的规章制度建立起来的，具有相互依存和相互制约的关系。组织要实现其社会目标，需要各部门之间的良好配合和协调
环境适应性	环境因素是组织内部和组织外部各种因素之和，每一种因素又蕴含着无穷的变量。社会组织要有适应环境的能力，而一个注重品牌形象的组织更应该具有影响环境的能力。这一特征要求公共关系机构和公关人员通过信息的沟通、情感的交流来影响公众的观念和想法，进而影响整个环境，使之朝着有利于组织生存的方向发展
组织独立性	每一个组织都是相对独立的群体，可以单独对内或对外开展各种政治、经济或文化活动。这一特征决定了公共关系活动的丰富性，各个组织不仅要充分考虑自身组织的特点，而且要根据组织发展不同时期的需要来开展公共关系活动

（三）社会组织的分类

社会组织是多种多样的，根据不同的标准可分为不同的类型。在公共关系学中，常按组织目标与受益者的关系，将组织分为互利性组织、营利性组织、服务性组织和公益性组织四大类，具体如表 1-2-2 所示。

表 1-2-2　社会组织的分类

社会组织的分类	具体内容
互利性组织	互利性组织是以组织内部成员之间互惠互利为目标，强调组织成员对组织的归属感，重视组织成员内部沟通的组织，如党政、工会、学会、协会和宗教团体等。互利性组织侧重开展内部沟通型、社会公益型的公共关系活动
营利性组织	营利性组织是以营利为目的，追求经济利益最大化的组织，如工商企业、保险公司和金融机构等。营利性组织侧重开展促销型的公共关系活动
服务性组织	服务性组织是指不以营利为目的，而是以满足其特定服务对象的需要为目标的组织，如学校、医院、慈善机构和社会公共事业机构等。服务性组织侧重开展公益服务型、实力展示型的公共关系活动
公益性组织	公益性组织是为了保障国家和社会整体利益，以保证社会安定，不受内部不良因素影响和外来干涉为目标的组织，如政府部门、军队、消防部门和治安机关等。公益性组织侧重开展公益服务型的公共关系活动

二、公共关系的客体

公共关系中的公众不同于政治学或社会学中所讲的公众，与日常生活中所讲的“人民”“群众”也不一样。只有清楚了解什么是公众、公众有哪些特征，才能搞好公共关系。

（一）公众的概念

公众是指与社会组织相关的、有共同利益的个人、群体、组织集合而成的整体。公众是公共关系的客体，组织内部员工、顾客、媒介、社区居民等都是重要的公众。公众构成了社会组织生存和发展的社会环境。

任何社会组织都有其特定公众，公众可以是独立的法人机构，也可以是公众群体或个人，而公共关系便是社会组织主动地与公众建立和维护良好关系的过程。但这并不意味着作为客体和对象的公众是完全被动、任受摆布的，公众随时都可以表达自己的意志和要求，主动地对公共关系主体的政策和行为做出反应，从而对公共关系主体形成舆论压力和外部动力。

因此，组织在计划和开展公关工作时，必须认清自己的公众对象，分析研究自己的公众对象，并根据这些公众对象的特点及变化趋势来制定和调整公关政策和行动方案。

（二）公众的特征

公众的特征具体如表 1-2-3 所示。

表 1-2-3　公众的特征

公众的特征	具体内容
整体性	整体性是公众的总体特征。公众是对公共关系工作对象的总称，从概念上讲，它不是指某一个单一的公众对象，而是指与某一组织运行有关的整体环境
同质性	构成某类公众的成员都面临共同问题、共同利益和共同要求，具有天然的一致性，甚至形成心理上、情感上的默契，从而表现出明显的合群意识和同质性
变化性	公共关系的公众并不是固定、一成不变的对象，其性质、形式、数量和范围等都会随着时间、环境的变化而变化
多样性	公共关系的公众有多种类型，可以是自然人，也可以是团体或组织，并且可能分布在不同的地区，具有不同的职业
相关性	个人、群体或组织能够成为某一企业的公众，是因为他们与该企业存在着一定的相关性。企业的行动和政策对公众会产生影响，而公众的言行和态度对企业的存在和发展也会产生影响

（三）公众的分类

公众分类是公共关系实务工作的必要前提。由于组织面对的公众是复杂多样的，对公众进行分类，能使组织更好地了解公众，从而更加有效地开展工作。

1. 按照公众的归属关系分类

按照公众的归属关系不同，可以将公众划分为内部公众和外部公众，具体如图 1-2-1 所示。这种划分的作用在于促进组织内外协调，从而使组织“内求团结”与“外求发展”两大目标高度统一起来。

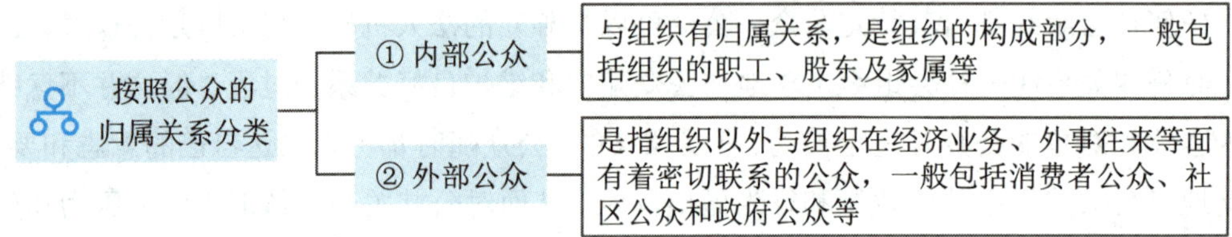

图 1-2-1　按照公众的归属关系分类

2. 按照公众对组织的重要程度分类

按照公众对组织的重要程度不同，可以将公众划分为首要公众、次要公众和边缘公众，具体如图 1-2-2 所示。这种划分的目的在于确定不同公众对组织的不同作用，以明确公关工作的重点和主要矛盾。

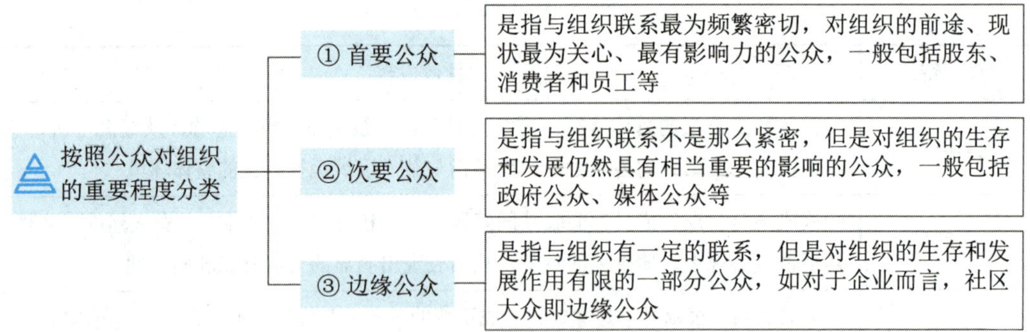

图 1-2-2　按照公众对组织的重要程度分类

3. 按照公众对组织的态度分类

按照公众对组织的不同态度，可以将公众分划为顺意公众、逆意公众和独立公众，具体如表 1-2-4 所示。这种划分的意义在于可最大限度地争取公众的支持和理解，化解公众的偏见，有利于组织的生存和发展。

表 1-2-4　按照公众对组织的态度分类

类型	具体内容
顺意公众	是指积极支持组织的公众。他们对组织的方针、政策、行动持积极、赞赏、支持态度，并在行动上主动配合、热情宣传，是可以依靠的力量
逆意公众	也称反对公众，是指对组织的方针、政策、行动持否定态度或抱有偏见敌意的公众。他们可能是组织错误行动的受害者，也可能是由于沟通不畅对组织的政策产生了误解，是需要转化、缩小的群体
独立公众	也称中间公众，是指对组织持中间态度，尚未表明观点或意向不明朗的公众。独立公众存在着向上述两类公众转化的可能性，组织应尽可能争取将其转化为顺意公众，防止他们被反向转化

4. 按照公众与组织关系的发展阶段分类

按照公众与组织关系的发展阶段不同，可以将公众划分为非公众、潜在公众、知晓公众和行动公众，具体如表 1-2-5 所示。这种划分的目的在于组织可及时根据公众的变化不断调整对策，掌控组织与公众之间的关系，从而保持组织良好的声誉。

表 1-2-5　按照公众与组织关系的发展阶段分类

类型	具体内容
非公众	是指不受组织的任何影响，同时他们的态度和行为也不影响组织的公众。明确了组织的非公众，可以减少公关工作的盲目性，避免浪费
潜在公众	是指已经与组织发生了某种直接关系，而自身却尚未察觉的公众。潜在公众在未来可能与组织发生利害关系，组织应当认识到潜在公众的利益需求。在没有认识到组织对自身的影响之前，潜在公众可能不会对组织产生影响，但是一旦他们意识到组织的影响，就会发展为知晓公众，他们的言行就有可能对组织产生影响
	【提示】潜在公众是一种警示，是公共关系工作中比较主动的阶段，公关人员应当采取必要的预警措施，制订公共关系计划，将问题解决在萌芽阶段
知晓公众	一般由潜在公众发展而来，是指已经知道组织的行动或政策对自己产生了影响，但是还没有采取行动的公众。对组织来说，一旦公众发展成为知晓公众，就应当立刻开展公关活动，与知晓公众积极沟通，引导局面
行动公众	一般是由知晓公众进一步发展而来，是指公众不仅意识到组织对自身的影响和作用，并且已经采取了行动。行动公众是组织公关实务必须重视的工作对象，一旦发展为行动公众，其公共关系工作的难度就会大为增加，此时组织要冷静处理，防止事态扩大，并尽快采取补救措施，使问题得到妥善的解决

课堂互动

某街区一家女性时装店专营各类布料高档、款式新颖的女式时装，颇受经济条件优越的女士们的青睐。某著名报社记者小王偶然从母亲手里拿着的报纸看到了这家店"新款""酬宾"的广告，打算在女友阿玲（在外地工作）过生日的时候买一套时装送给她。刚巧有一天，小王参加社区劳动时风尘仆仆地从该店门前经过，看见同事惠娟和叶子在店里讨价还价买时装，顿时大喜，想进店询问两位同事一些事宜。

请问：小王、小王母亲、阿玲、惠娟和叶子分别属于哪种类型的公众？

（四）公众心理与公众行为分析

公众是由许多个体组成的，公共关系活动就是与公众的个体打交道，因此，了解公众的心理与行为对有效开展公共关系活动很有必要。所谓公众心理，是指在公共关系情境中，公众受组织行为的影响所形成的心理现象和心理变化规律。

1. 心理定式与公众行为

公众的心理定式是指在一定社会条件下，由人与环境相互作用而出现的公众对于某一对象（人、事、物等）的共同的心理状态与一致的行为倾向。心理定式有时会产生积极作用，但很多情况下会固化人们的思维，造成消极的影响。因此，在公关活动中，合理地利用和处理公众的心理定式，具有十分重要的意义。

常见的心理定式有以下几种：

（1）首因效应。

首因效应是指人们对第一次接触的事物会留下深刻印象，也就是我们经常说的"第一印象"。首因效应本质上是一种优先效应，人们在第一次接触事物时通常会留下深刻的印象，当后来接收到与第一次不一致的信息时，人们往往也倾向于接受首次接收到的信息，形成整体一致的印象。因此，在公关活动中，公关人员与人打交道时要十分注意自己的仪表和形象，给人以良好的"第一印象"；同时，应尽量避免"第一印象"可能造成的错误判断。

首因效应不仅表现在直接的接触过程中，很多情况下也受到传播媒介的间接影响。因此，开展公关活动时还应注意传播媒介的特殊功能，从一开始就要让组织在各种媒体上树立起良好的形象。

（2）晕轮效应。

晕轮效应是指人们对他人的认知判断首先主要是根据个人的好恶得出的，然后再从这个判断推论出认知对象的其他品质的现象。如果认知对象被标明是"好"的，他就会被"好"的光环笼罩着，并被赋予一切好的品质；如果认知对象被标明是"坏"的，他就会被"坏"的阴影笼罩着，他所有的品质都会被认为是坏的。

在公关活动中，公关人员一方面要利用晕轮效应尽可能扩大组织的影响力，美化组织的形象；另一方面，要避免公众由于晕轮效应产生偏见，影响公关活动的效果。

（3）社会刻板印象。

由于所处社会环境的不同，人们往往对不同的人群形成一种较为固定的看法，这种判断未必有充分的理由，但却在很多场合左右着人们对不同人群的评价和判断，这就是社会刻板印象。

社会刻板印象也是一种以偏概全的思想方法，因为它只凭一些过去的经验或沿袭下来的看法，以有限的信息得出较为普遍的结论。因此，公关人员与人打交道时，不能单纯以学历高低为根据去判断人的水平高低；不能简单凭借职业、地区和性别等方面的因素，草率地将人归类。

（4）移情效应。

移情效应是指把对特定对象的情感迁移到与该对象相关的人或事物上，也就是我们常说的“爱屋及乌”。

公关人员在开展公关活动时，应当利用公众的移情心理，投其所好，与公众建立起良好的关系。例如，企业经常请名人为其代言，就是设法把公众对名人的情感迁移到自己的产品或品牌上。

精选案例

可口可乐联动代言人的多维营销

众所周知，夏季是品牌营销的好时机，更是一年里饮料销售的高峰期。若回顾起 2017 年夏季的品牌饮料界营销大动作，不难发现，其实这个夏天，是属于可口可乐密语瓶的。

从 2013 年开始，每逢夏日，可口可乐都会推出“Share-a-coke”系列特别版瓶身：昵称瓶、歌词瓶……再到 2017 年围绕年轻人聊天喜好的高频词来定制的密语瓶，可口可乐不断推陈出新，努力打通年轻用户群体，宣扬亲密沟通、快乐分享的精神。

而 2017 年的密语瓶有多成功，单看其代言人某晗为可口可乐密语瓶拍的宣传 TVC（电视广告影片）的传播量，就能略知一二。从电视广告到地铁广告，再到视频贴片广告、配套出街海报等，这些广告实现了立体式、多渠道的覆盖。

而在高度触达用户的同时，也因为选择新生代当红偶像某晗做代言人，其自带的流量与话题性，促进了与用户的进一步交流。可口可乐密语瓶的话题热度随之攀升，年轻化影响力可见一斑。

2. 心理倾向与公众行为

在公共关系活动中，公众并非被动地接收组织的信息，而是具有主观能动性地选择接收。公众的这种能动性发挥得越好，他们的参与意识和实际介入程度越高，公关活动也就越容易成功。而公众的需要、价值观、兴趣及舆论的指引，对他们的参与程度影响很大。

（1）需要与公众行为。

需要就是人对某种目标的渴求或欲望。例如，衣、食、住、行及安全等需求反映在个人的头脑中，就形成了需要。需要能够推动人以一定的方式进行积极的活动，需要越强烈，所引起的活动就越有力、有效。

不同的人，他们的需要也不同，即使是同一个人，在不同的阶段、不同的环境条件下，他们的需要也不同。因此，公关人员应该对公众进行调研，了解公众的需要，区分不同公众的不同需要，以赢得公众的支持和信赖。

知识拓展

马斯洛的需要层次理论

1943年，美国心理学家马斯洛提出了需要层次理论。这一理论流传甚广，目前已经被世界各国普遍接受。马斯洛认为，人的需要是有层次的，按照它们的重要程度和发生顺序，呈梯形状态由低级需要向高级需要发展。人的需要主要包括生理需要、安全需要、社会需要、自尊需要和自我实现的需要。需要总是由低到高逐步上升的，每当低一级的需要获得满足以后，人们就会追求满足高一级的需要。由于个体的发展情况不同，这五种需要在个体内所形成的优势动机也不相同。当然，这并不是说当需要发展到高层次之后，低层次的需要就消失了；恰恰相反，低层次的需要仍将继续存在，有时甚至还十分强烈。为此，马斯洛曾经指出，要了解员工的态度和情绪，就必须了解他们的基本需要。

（2）价值观与公众行为。

价值观是一个人对周围事物的是非、好坏、善恶和重要性的评价，它是决定人的态度和行为的心理基础。国家和民族不同、宗教信仰或社会制度不同，都会使个体产生不同的价值观。在相同的客观条件下，价值观不同的人会产生不同的行为。

因此，在开展公关活动时，要善于观察，识别不同对象的不同价值观，有针对性地开展公关活动，争取达到更好的公关效果。

（3）兴趣与公众行为。

兴趣是人脑对特定事物的特定反映，它表现为个人渴望深入探究某种事物，并力求参与该种活动的意向。兴趣对一个人的动机和行为模式具有重要影响，在某种程度上可以指导一个人的行为。

公关人员一方面要善于观察，发现不同公众的兴趣、爱好，在开展公关工作时做到“投其所好”；另一方面可以积极引导公众的兴趣，使其对组织的产品、服务产生兴趣。

（4）舆论与公众行为。

个体具有社会性，不能脱离社会而存在，因此个体在生活中总会受到社会的影响。而舆论是一种群体性的社会心理现象，是社会中大部分成员彼此进行信息沟通、交流后的一种共鸣，是广大民众的呼声，而且具有合理性。

舆论一般是对社会事件、社会问题、社会冲突和社会运动形成的多数人的看法，能够起到制约与监督作用，对公众也有指导作用。舆论对组织的发展影响巨大，好的舆论有助于提高组织形象，不好的舆论则会损害组织声誉，影响组织的产品销售和组织发展。公共关系部门在工作中要注意引导公众舆论，在舆论的形成中，并非信息越多、人数越多就越站得住脚，而是观点越明确、表达越清晰的意见才会更有力量，更容易影响他人。

三、公共关系的媒介

公共关系的传播是联系公共关系主体与客体之间的媒介，是公众了解和信任组织的桥梁和纽带。

（一）公共关系传播的概念

1. 公共关系传播的定义

公共关系传播是指社会组织利用各种媒介，有计划地与公众进行交流与沟通的过程。传播是公共关系活动中不可缺少的一个基本要素，开展公共关系活动，其目的就是要在社会公众心中展示组织存在的价值，传递组织的各种信息。离开了传播，一切形象均无法确立。

因此，一个社会组织不但要有明确的目标、符合公众利益的政策和措施，还要充分利用传播手段开展公共关系活动，赢得公众的好感与舆论支持，以获得良好的经济效益和社会效益。

2. 公共关系传播的基本模式

（1）“5W”模式。

1948 年，美国著名政治学家哈罗德·拉斯韦尔提出了著名的“5W”传播模式，即“谁（Who）”“说了什么（Says what）”“通过什么渠道（In which channel）”“对谁说（To whom）”“产生了什么效果（With what effect）”。

“5W”模式表明传播过程是一个目的性行为过程，具有企图影响受众的目的。“5W”模式如图 1-2-3 所示。

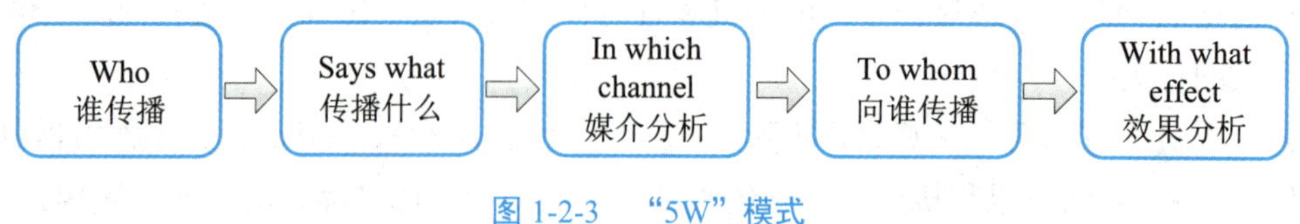

图 1-2-3 “5W”模式

（2）施拉姆模式。

施拉姆模式于 20 世纪 50 年代由美国传播学者施拉姆提出，是较为流行的人际传播模式。该模式一定程度上揭示了社会传播过程的相互连接性和交互性。施拉姆模式如图 1-2-4 所示，图中的“信息反馈”表明传播是一个双向循环的过程。

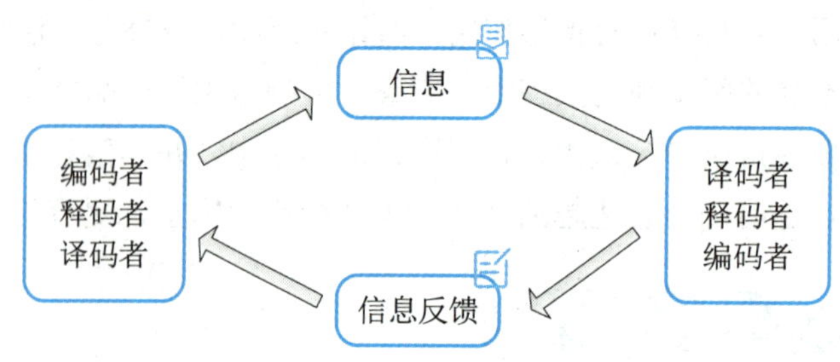

图 1-2-4 施拉姆模式

（3）受众选择“3S”模式。

受众选择“3S”论

“3S”模式的提出者是美国学者约瑟夫・克拉帕，他把这个模式概括为三种现象，即选择性注意、选择性理解、选择性记忆。

① 选择性注意，是指在信息的接收过程中，人们的感觉器官虽然受到诸多信息的刺激，但不可能对所有的信息一一做出反应，只能是有选择性地加以注意。信息发布者必须注意信息的对比度、信息的强度、信息的位置、信息的重复率、信息的变化等因素，以提高信息的竞争力。

② 选择性理解，是指不同的人对同一信息做出不同的意义解释和理解。所谓“仁者见仁，智者见智”，信息发布者必须考虑受众者的需要、态度和情绪等因素，以便受众者能够正确理解发布者的意图。

③ 选择性记忆，是指人们只记忆对自己有利的信息，或者只记住自己愿意记住的信息，而自动忽略其他信息。信息发布者必须考虑受众者的需求、注意简化信息、提升信息的识别度，以便能取得更好的传播效果。

（二）公共关系传播的要素与特征

1. 公共关系传播的要素

公共关系传播是组织运用传播手段向公众传递信息的过程，也应当包含传播的基本要素，即公共关系传播者、公共关系传播内容、公共关系传播媒介、目标公众及公共关系传播效果。

（1）公共关系传播者。

公共关系传播者是公共关系传播的主体，是构成传播过程的主导因素。在协调公共关系、改善周围环境，树立自身形象、提高信誉，沟通内外联系、谋求支持与合作的过程中，公共关系传播者居于主导地位，起着控制者与组织者的作用。其任务是将外部信息传达给组织内部公众，将有关组织的信息发布出去传递给目标公众。

（2）公共关系传播内容。

公共关系传播内容是传播者发布的关于组织的所有信息。其内容一般包括：组织基本情况、组织实力情况、组织产品与服务情况、组织生产与工作情况、组织管理与组织文化建设情况、组织的重要活动情况、组织的荣誉和社会影响情况、公众对组织的评价和反映情况等。传播内容的质量好坏、内容多少，也是决定信息传播有效程度的关键因素之一。

（3）公共关系传播媒介。

公共关系传播媒介可以分为三类，即大众传播媒介、人际传播媒介和组织传播媒介。不同传播媒介的功能和效果有所不同，影响范围和传播速度也有所差异，组织在运用时应当进行综合考虑，选择最适合的传播媒介。

（4）目标公众。

组织要想有效地开展公关工作，分辨自己面对的公众是十分重要的。目标公众是传播的目标和归宿，在传播活动中虽然处于被动地位，但在对信息的接收上却有决定权。组织在进行公共关系工作之前，应当把组织面对的公众无一遗漏地罗列出来，然后按其需要进行分类。公共关系传播只有尊重公众的需要，反映公众的要求，并从传播内容上确保公众接收的可能性，才能使公众真正接收和分享组织传来的信息，取得良好的传播效果。

（5）公共关系传播效果。

公共关系传播效果是指目标公众对信息传播的反应，也是公关人员对公众的影响程度。在公关工作中，公关人员应当采取多种传播方式扩大传播效果；同时，应当通过调查了解公众对信息的接受程度，及时调整传播策略。

2. 公共关系传播的特征

（1）双向性。

双向性是公共关系传播的首要特征。传播过程中的信息交流不是组织向公众单向发送信息的过程，而是双方相互作用的循环过程。组织通过信息的传播，将自己的目标、政策和具体措施告诉公众，使公众了解组织；公众则通过被调查或主动传播、投诉等方式把自

己的要求、意见和建议反馈给组织，使组织了解公众。

（2）动态平衡性。

传播过程其实是组织与公众之间的信息移位和变化的动态过程。传播的信息内容不是一成不变的，而是运动的。现代社会是一个资讯社会，信息瞬息万变，需要组织及时发送信息，使公众及时知晓，并以此引发其态度和行为反应，来把握传播的最佳时机和了解公众需要的信息，最终实现信息传播的动态平衡。

（三）公共关系传播的分类

什么是人际传播

公共关系传播的分类主要有三种，即人际传播、大众传播和组织传播。

1. 人际传播

人际传播是指人与人之间进行沟通、交流的传播方式，它是最常见、使用范围最广的一种传播方式。人际传播主要有直接传播和间接传播两种方式。直接传播就是双方面对面的交流方式，通过言语、表情和体态等进行沟通，如组织召开宴会、招待会等方式；间接传播主要是利用书信、电话、电子邮件及即时通信工具等进行非面对面沟通的传播方式。

与其他传播方式相比，人际传播的特点如表1-2-6所示。

表1-2-6　人际传播的特点

特点	具体内容
双方参与度高	人际传播是典型的双向信息交流，双方进行面对面的沟通时，人体的全部感觉器官都可能参与进来进行信息的传递和接收，并且信息在传播过程中接受者并不是被动地接收，而是能够对信息做出反应，对传播者产生影响
信息反馈及时	在面对面的信息传播过程中，传播者可以第一时间了解信息接受者对于所传播信息的反应，并且根据接受者的反馈及时调整自己的传播方式，使公共关系工作可以更有效地进行。即使是在非面对面的信息传播中，信息接受者也可通过回复传播者的邮件、电话等进行反馈
传播形式多样	人际传播不仅可以使用语言、文字或图像，而且还能运用表情、眼神、动作、姿态、服饰及空间环境等多种渠道或方式来传递信息。同样，接受者也可以通过多种渠道来接收信息
传播范围受限	人际传播是人与人之间的传播，信息传播范围受到很大限制，信息传播的范围小、速度快，很难在较短的时间内将信息传播给更多的人

2. 大众传播

大众传播是指传播者通过大众传播媒介（如报纸、杂志、书籍、广播、电影等），向社会公众传播信息的过程。

大众传播也具有自己的特点，具体如图 1-2-5 所示。

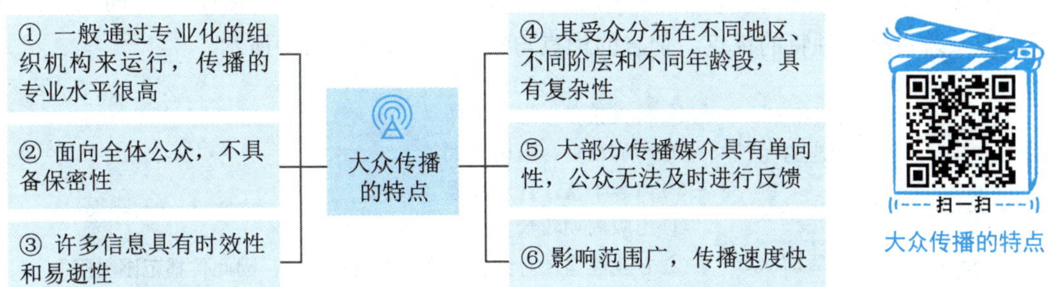

图 1-2-5　大众传播的特点

大众传播媒介具体可以分为印刷型媒介（如报纸、杂志等）和电子型媒介（如广播、电视和网络媒体等）两大类型。

（1）报纸。

报纸是一种比较传统的印刷型媒介，在大众传播中具有重要的地位和作用。报纸的优势与局限具体如图 1-2-6 所示。

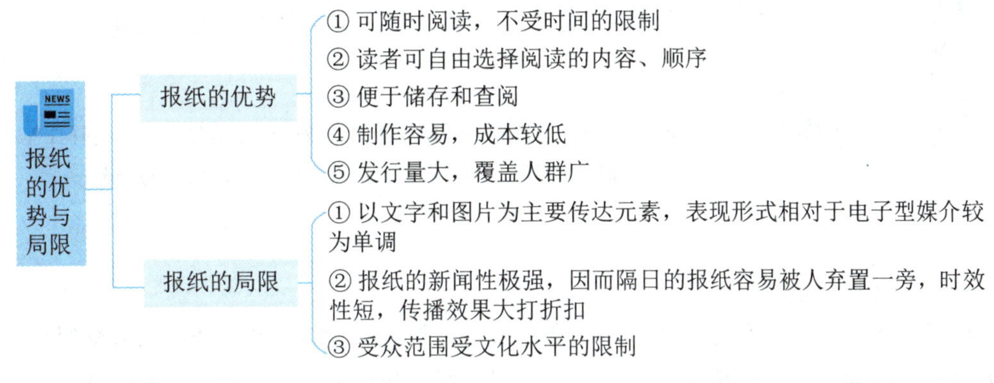

图 1-2-6　报纸的优势与局限

精选案例

请留心你家的后窗

20 世纪 50 年代，好莱坞影片《后窗》曾风靡香港，该片描述了一个脑部受伤的新闻记者在家养伤时闲极无聊，便买来一架望远镜，每日坐在屋子里从对面楼层的后窗窥视住户的家庭隐私，从而卷入了一场谋杀案。影片上映后，香港人竞相观看，形成了“后窗热”。这时，香港一家生产百叶窗的企业成功地抓住了这一事件。他们在报纸上连续刊登题目为“请留心你家的后窗”的销售广告，其生意一下子兴隆起来。

（2）杂志。

杂志也是一种印刷型媒介，与报纸有许多共同点，只是出版周期稍长，新闻性不如报纸，但杂志也有其独特的优点。杂志的优点与缺点具体如图 1-2-7 所示。

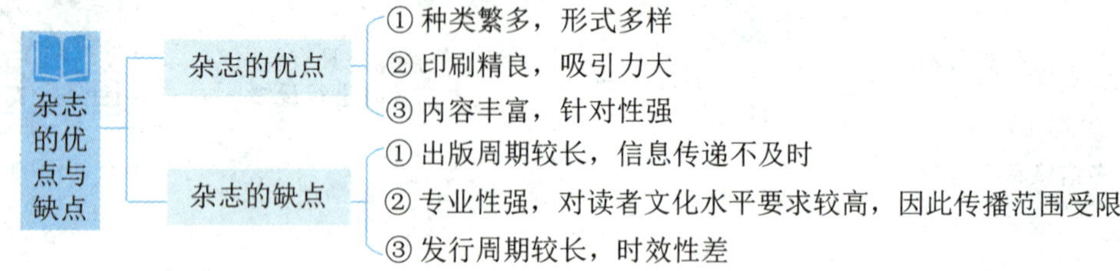

图 1-2-7　杂志的优点与缺点

（3）广播。

广播是以听觉为主的传播媒介，随着电子型媒介的社会地位不断提升，其作用不断增强，受众也越来越多。广播的优势与局限具体如图 1-2-8 所示。

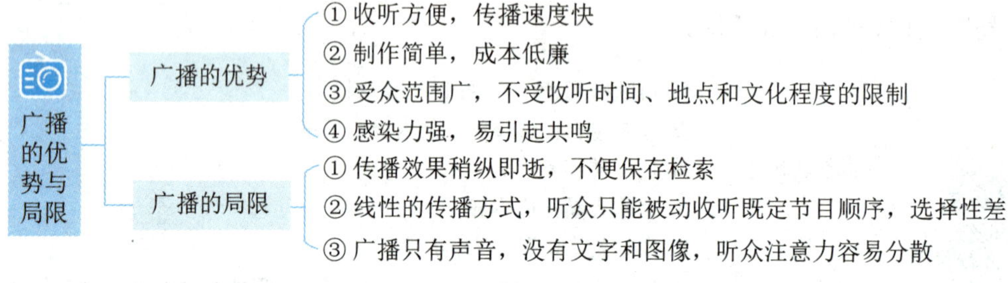

图 1-2-8　广播的优势与局限

（4）电视。

电视是将文字、声音与活动画面结合起来，主要供家庭或小群体使用的大众媒介。它是大众媒介中最为普遍的传播方式之一。电视的优点与不足具体如图 1-2-9 所示。

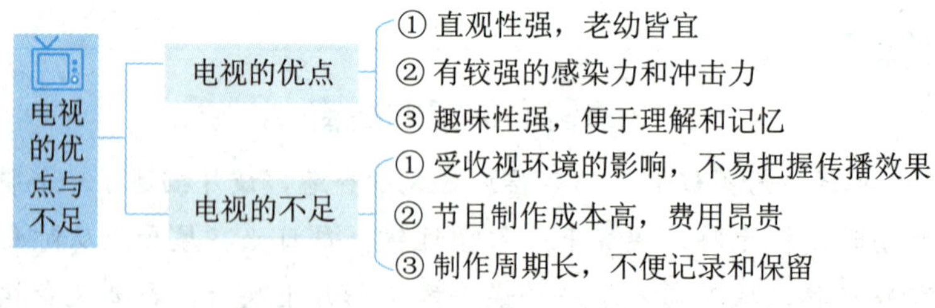

图 1-2-9　电视的优点与不足

汶川地震电视报道

2008 年 5 月 12 日，四川汶川发生大地震，中央电视台以最快的速度播出了这次大地震的情况。随后，又利用电视音像同步的优势，真实生动地向广大公众展现了抗震救灾的整个过程，以真实自然的景象感动着每一位公众，使大家在了解抗震救灾情况的同时，也积极地加入到救灾这个行列中，有钱出钱，有力出力，大家拧成一股绳，形成了“众人划桨开大船”的景象。

（5）网络媒体。

网络媒体汲取报纸、广播、电视各家之长，逐渐成为人们生活中获取信息的主要方式，是未来传媒业的发展趋势。网络媒体的优势与不足如图 1-2-10 所示。

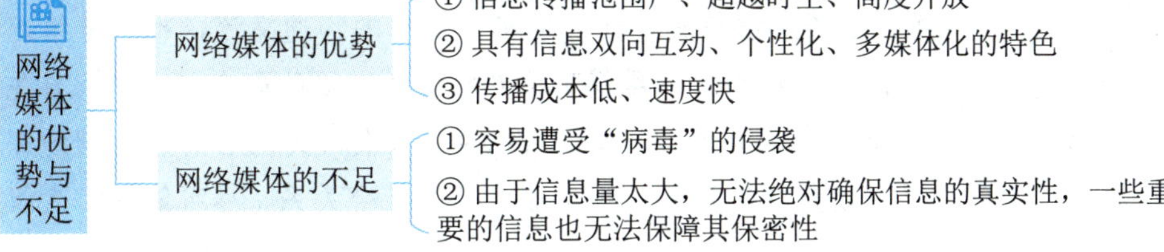

图 1-2-10　网络媒体的优势与不足

3．组织传播

组织传播是指组织与内部成员及外部公众之间的信息传播与沟通，如组织内部出版的报刊、广播，对外进行的展览、赞助和庆典活动等。

组织传播的特点如表 1-2-7 所示。

表 1-2-7　组织传播的特点

组织传播的特点	具体内容
传播主体组织化	组织传播的主体是组织而不是个人，传播活动受组织目标和计划的制约，整个过程都在组织的管理和控制下，是组织经营管理的一种手段
传播对象复杂化	组织传播对象既有内部员工，又有外部公众；既有近距离的沟通，又有远距离的沟通；既有受欢迎的公众，又有中立和敌对公众。这就要求组织传播要区分对象，有的放矢，提高传播效果
内部传播有序化	组织内部传播有自上而下、自下而上和平级部门传播三种形式。内部传播应按照一定的层级次序进行传播，如组织逐级请示与汇报、针对性地批复与指导等。组织内部的有序传播保证了组织系统的运行效率
外部传播手段多样化	由于组织外部公众对象具有广泛性、复杂性，因此，在传播活动中必须综合运用人际传播、大众传播等多种方式

知识拓展

组织传播的形式

组织传播包括组织内传播和组织外传播两个方面，是组织生存和发展必不可少的信息沟通保障。

（1）组织内传播，是指组织通过书面文件、会议、电话、组织内公共媒体、计算机通信系统等形式与员工进行沟通交流。一个组织一般有下行传播、上行传播和横向传播三种形式。下行传播是指组织中的上级将信息往下传达的过程，如管理层发布关于工作的任务和内容、部门和岗位的职责等；上行传播是指组织下级向上级汇报情况、提出建议和意见的过程，如工作汇报、情况反馈等；横向传播是指组织内部各层级的信息沟通与交流，如部门之间、科室之间的信息交流。

（2）组织外传播，是指组织与其外部环境进行信息的沟通交流，也就是组织和外部各类公众的沟通交流。任何组织的发展都离不开社会各方面的配合与支持。首先，组织必须通过传播协调各类公众的关系；其次，组织要妥善处理好与各种权力制约部门的关系；最后，组织还要主动建立和发展各种非业务性的社会关系，尽可能地扩大组织的公共关系网络，广结善缘。

（四）公共关系传播的原则

1. 目标明确原则

公共关系传播是带有明确目的性的传播，其总目标是树立、改善组织形象，形成有利的舆论环境，获得社会公众的支持。因此，在很大程度上，公共关系传播是一种宣传，其最终目的是要人们改变或建立某种意见或态度，是通过传播事实和观点，引导、影响人们思想认识的过程。

2. 双向沟通原则

双向沟通原则是指组织与公众双方相互传递信息、相互反馈、相互理解的原则。这一原则要求组织将观念和信息，要及时、准确地向公众进行传播，争取公众的好感与支持；另外应及时、准确地收集公众的反馈信息，调整政策和行动，改善本组织形象。

一分钟了解双向沟通

3. 真实性原则

真实性原则是指公关人员在传播组织信息和收集公众反馈信息过程中，要坚持传播信息内容的真实性，对待公众的态度要真诚守信、客观公正。

4. 系统性原则

系统性原则是指公共关系传播对象的调查研究、传播目标、传播计划的制订，以及传

播策略的具体实施等全过程，都要以组织的整体目标为出发点，使公共关系传播的各个环节相互衔接、密切配合。

（五）公共关系传播的效果

传播效果就是指通过各种传播媒介把组织信息传递给公众的结果。公共关系传播要想取得理想的效果，就必须以理论为基础，全面分析影响传播效果的因素，做到有的放矢。

1．影响传播效果的因素

（1）传播媒介。

各种传播媒介有着各自的优势和劣势，因此在传播过程中形成的效果也各不相同。有的传播方式容易形成知识传播效果，有的容易形成新闻传播效果，有的容易形成艺术传播效果。因此，要根据传播的目的对传播媒介进行选择，以达到最优的传播效果。

总的来说，传播媒介的选择需要遵循两个原则：一是使用简便，容易掌握，也容易获得；二是传播媒介有效，其使用效果得到普遍的重视和承认。当某种传播媒介特别有效时，即使使用上有一定难度，人们也会努力去得到或掌握它。

（2）信息的内容与传播方式。

传播者传播的信息内容是否为接受者所关心、感兴趣，是否重要、新鲜，是否可靠、可信，这是接受者价值判断的中心点，也是决定传播效果的关键所在。除此之外，传播方式也非常重要，形式、方法不当，再好的内容也难以传播出去，可能还会引起误解甚至反感。

因此，公关人员在传播信息时要注意内容的趣味性、与公众的相关性及信息来源的可靠性。传播的内容要真实、可靠，观点要客观、科学；传播的形式要多样，能根据公众的接受度进行调整，并注意遣词造句的方法、语气等。

精选案例

梅兰芳巧用广告

20世纪30年代，梅兰芳先生初到上海，虽然他唱功绝顶，但要在大上海一下子出名也难。那时，报纸需要广告收入来维持生存。可当时的广告，经常夸得过分，如说某某产品有什么特别疗效，介绍演出也是说什么盖世绝顶，这样的广告在报纸上比比皆是。

为了宣传梅兰芳，当时梅兰芳所在的戏班子想在报纸上打广告，但是这个广告怎么刊登才能引起人们的注意呢？经过一番筹划，他们决定在报纸上只印上三个字——梅兰芳，别的什么都不说，广告就这样登出去了。

第一天就开始有人议论："这梅兰芳是谁呀？"第二天的报纸上还是不小的版面印着三个大字——梅兰芳，这下子议论的人就更多了。连登了几天之后，上海市街头巷尾都在议论："您知道梅兰芳吗？"由于这则独特的广告特别引人注目，梅兰芳这个名字很快就传遍了当时的上海。就这样，梅兰芳的名声越来越响。

连登了一周之后，一天，报纸上登出了一则详细的广告："梅兰芳——京剧名旦，今晚在上海某某戏院登台献艺。欢迎观看。"这广告一出，戏票立即售罄，大家都想去听听梅兰芳唱得究竟怎么样。从此，梅先生一唱走红。

（3）信息的重复。

一个人接触某一信息的次数越多，就越容易接受它。同样的信息多次发出，接受者会逐渐由生疏到熟悉、由漠然到亲切，甚至在长期接触后，会把这一特定的内容形式融入自己的生活。因此，同样的信息在相当长的时间里重复出现，是取得并增强传播效果的重要途径。

（4）公众接受信息的条件。

时间、空间对接受者是否有利，对传播效果也有相当大的影响。若接受者的接收环境存在各种干扰或没有足够的时间接收，则会影响接受者接收的投入度，使效果大打折扣。

（5）传播的方式。

不同的传播方式，其效果也不相同。人际传播在各种传播方式中的传播效果最好，但影响范围较小时，随着传播群体的增大，传播内容的针对性、具体性下降，反馈的质量、数量下降，人际传播与大众传播效果的差距就不太明显了。

因此，传播学家提出这两类传播只是有"适度效果"，即一次具体的传播活动对某一个接受者来说，效果是有限的。

2. 增强传播效果的途径与技巧

（1）选择适当的传播者。

研究表明，人们对传播者的评估越好，就越容易接受传播者传播的信息，传播的效果就越显著。传播者的权威性、客观性和受欢迎程度是影响人们对传播者评估的重要因素。

① 可以选择权威人士作为传播者。研究表明，专家的意见比一般人的意见更能引起人们看法、态度的改变。因此，在公共关系传播过程中，可以请权威人士作为传播者，使信息更容易被人们接受。

② 人们更愿意相信看起来较为客观的人的看法。即使传播者具有很好的传播技巧，如果人们认为他的话不客观，是为了利益开口宣传，那么人们对他的信任度也不会很高。

③ 面对自己喜欢的对象，人们会使自己的态度、看法等与其保持一致。因此，应当选用人们都喜爱的对象作为传播者去影响、引导人们的看法。

（2）选择适当的传播时机。

传播时机对公共关系活动有很大影响，若时机恰当，活动的效果就会事半功倍，若时机不当，则有可能白费工夫。

在进行公共关系传播时，要善于利用社会生活中经常出现的一些吸引力强、影响力大的重大事件，如大型纪念活动、大型体育活动或者大型事件等；也要留心生活中一些很小但是异于常规的事情，使其成为媒体焦点。

此外，在传播中也要避开某些特殊时段，以免造成事倍功半的结果。例如，传播中有些热点事件能够吸引公众的注意力，但是无法凸显自己的信息，就不应投入大量精力；公众繁忙的时段也应当避开，以免减弱传播效果。

（3）加强传播的创意。

公共关系传播是一项需要创意的活动，信息传播时如果都采用同样的模式，就无法在纷繁的信息中脱颖而出，引发公众的兴趣。公关人员应当采用多种方法，运用创意手段吸引公众的注意，如利用有趣的话题、新颖响亮的名字，制造公关活动的新闻点等。

好的创意并没有固定的模式可循，公关人员只有在掌握传播规律和原则的基础上，积累传播工作的方法和经验，敢为人先、大胆尝试，才能让公关活动摆脱平庸、脱颖而出。

姓名____________ 班级____________ 学号____________

任务测试

一、选择题

1.【单选题】关系到组织生死存亡，决定组织成败的那一部分公众对象是（　　）。

A. 个体公众　　B. 组织公众

C. 首要公众　　D. 次要公众

2.【单选题】传播学研究中的“5W”模式的提出者是（　　）。

A. 麦库姆斯　　B. 库尔特·卢因

C. 保尔·拉扎斯菲尔德　　D. 哈罗德·拉斯韦尔

3.【多选题】按照公众对组织的态度，公众可分为（　　）。

A. 顺意公众　　B. 潜在公众

C. 逆意公众　　D. 知晓公众

E. 独立公众

4.【多选题】在公共关系中，“公众”这一概念的特征包括（　　）。

A. 整体性　　B. 同质性

C. 多样性　　D. 变化性

E. 相关性

5.【多选题】按照公众与组织关系的发展变化阶段不同，可把公众分为（　　）。

A. 非公众　　B. 潜在公众

C. 知晓公众　　D. 行动公众

E. 边缘公众

二、案例分析题

海底捞：以“贴心服务”赢得顾客

海底捞，是起家于四川简阳的一家火锅店。到过海底捞的顾客都会有两个最直观的感受。第一，顾客超级多，排队两个小时吃上一顿火锅是很常见的事情。第二，服务很好，从顾客刚一进门到用餐完毕出门，它的服务周到而适度，总是出现在顾客最需要的地方。比如，在顾客等位的同时，海底捞提供免费茶水、美甲、擦鞋服务；客人落座后，送上女士绑头发用的皮筋、围裙、手机套、眼镜布、热毛巾等。总之，顾客能够体验到这些服务人员发自内心的关爱和微笑，真的有宾至如归的感觉。

那么，和其他餐厅的服务相比，这家火锅店的员工为何可以提供如此令人满意的服务？他们又是如何进行员工管理的呢？海底捞的老板曾说：“人心都是肉长的，你对人家好，人家也就对你好；只要想办法让员工把公司当成家，员工就会把心放在顾客身上。”

基于这种理念，他在企业内部采取了如下管理方法。

姓名____________　　班级____________　　学号____________

首先，通过关爱把员工的心留住，在每家海底捞火锅店的墙面上，都会看到“爱年长的同事如同自己的父母，爱年轻的同事如同自己的手足，视所有的同事如同自己的家人”的标语。在这里，不仅能够让每位顾客体验到快乐的味道，更能够让每个员工都体验到家的感觉。而且，海底捞有员工的专属食堂、带薪假期和集体旅游，给每个员工家的归属感，才能够让他们更能感受到海底捞的企业使命“让生活更欢乐”。

其次，让各级员工都成为管理者，尤其是让每一个基层服务员成为一个真正的管理者。海底捞规定：“不论什么原因，一线的普通员工只要认为有必要，都有给客人先斩后奏的打折权和免单权，即都可以给客人免一个菜的单，甚至免一餐的单。”

为什么海底捞的老板敢这么做呢？因为他深深明白一个道理：一个餐馆，无论其名气大小或者装修是否豪华，顾客从进店到离店，始终只跟服务员打交道，所以顾客的满意度基本掌握在一线员工的手里。怎样才能服务好客人？那就要善用这些在现场的普通员工，多发挥他们的才智。

问题分析：

（1）按照公众的归属关系不同，可以将公众划分为哪几类？本案例中的公众具体包括哪些？

（2）结合本案例，分析员工的重要作用。

任务三　了解公共关系的起源与发展

任务描述

通过本任务的学习，能够了解公共关系的起源及其产生的条件，以及公共关系在不同发展阶段的特点；能够熟悉公共关系发展史上的重大事件、人物、现状和发展趋势。

知识精讲

公共关系的产生并不是偶然的，它是经济、政治和技术条件多方面发展的产物，是历史发展的必然，具有深刻的社会基础。

一、公共关系产生的条件

（一）商品经济

商品经济的繁荣是公共关系产生的经济基础。在商品经济之前的自然经济社会，曾出现过一些相当规模的商品集散地，开始是以物换物，后来逐渐演化为简单的商品交换，但这些活动都是盲目的、自发的，只能看成是公共关系的某些意识的萌芽。

商品经济的高度发展改变了传统的生产方式和交往方式，特别是当资本主义由自由竞争过渡到垄断时期，在商品流通和交换中出现了由卖方市场向买方市场的重大转变。生产力的提高及产品供给日益充分，使消费者具有更多的选择权，从满足基本温饱转向满足选择性需要为主。

因此，在这种市场背景下，公共关系兴起并逐渐发展起来。商品生产者即社会组织，只有通过各种有效手段使公众了解自己，在公众中树立自己的良好形象，赢得公众的信任和支持，才能在日益激烈的竞争环境中立于不败之地，而了解公众、研究公众，以及与公众紧密沟通联系也是维护双方利益的有效方法。

（二）民主政治

社会政治生活的民主化发展是公共关系赖以产生和发展的社会政治条件。与专制独裁

的封建政治不同，工业社会的政治生活的核心是民主政治。民主政治必须体现大多数人的意愿，满足大多数人的要求，这就需要相应的民主制度来保证。在民主政治条件下，社会公众的公民意识、民主意识日益膨胀，有统一组织的社会公众越来越强烈地要求了解和参与政治生活，而舆论对政治运作的影响力也越来越大。因此，民主政治制度的出现，为公共关系的产生和发展创造了又一个重要条件。

（三）传播技术

传播技术的发展是公共关系得以发展的物质条件。在工业社会中，日益精细的社会化大分工，使人们之间、组织之间的相互沟通日趋重要并加强，这成为组织生存发展的基本条件。

在这样的社会背景下，交通运输、信息技术和传播手段得到飞速发展。从火车、汽车、飞机和人造卫星的出现，到电报、电话、广播、电视及光导通讯的相继推广和应用，人们的沟通、交往更加简单、快捷。尤其是进入 21 世纪以来，计算机网络技术、电子信息技术等在一定程度上也改变了人们的生活方式，为人们进行大规模交流提供了可能性，并为公共关系的产生提供了必要的技术和方法。

因此，组织可以运用现代化的传播手段，通过对内协调、对外宣传，扩大本组织的社会影响，提高组织的知名度和美誉度，完善组织在公众心目中的形象，为组织的发展创造良好的舆论环境和社会环境，使组织获得巨大的发展。

二、公共关系的发展

公共关系作为一种职业和学科，最早产生于美国。但是公共关系作为一种客观的社会现象，却早就已经出现在人们的生活中。

（一）早期公共关系

亚里士多德

西方学者认为，最早探讨“公共关系理论”的专著是古希腊学者亚里士多德的《修辞学》，书中强调语言修辞在人际交往和宣讲中的重要性，并提出修辞是争取和影响听众思想与行为的艺术。而最早论述“公共关系实务”的是古罗马恺撒的《高卢战记》，恺撒在被派往高卢统帅军队期间，把他本人和军队的情况写成报告送往罗马。这些报告通俗易懂、生动活泼，被人们广为传颂，影响很大。因此，当他率部凯旋后，人们拥护他当了皇帝。这一系列的策划和运作，也被认为是古代公共关系活动的典型例证。

我国的一些公共关系学者认为，中国公共关系的萌芽早于古希腊和古罗马。在春秋战国时期，诸子百家争鸣，他们从各自学派的立场出发，提出了许多类似于公共关系思想的论述。例如，孔子主张“己所不欲，勿施于人”，表达了一种为他人着想的原则，并认为

“人无信不立”“人而无信，不知其可也”，这与公共关系中讲求诚信的原则是一致的；孟子提出“仁言不如仁声之入人深也，善政不如善教之得民也”，强调了舆论传播的重要性；墨子主张“兼爱”“非攻”“与人为善”的交往原则。除了这些思想认识外，还有大量的类似于公共关系的实践活动。例如，战国时期苏秦、张仪的游说活动，秦末刘邦攻入咸阳后与百姓的“约法三章”，汉代的张骞出使西域等，都是古代公共关系活动的例证。

孔子

（二）现代公共关系

纵观现代公共关系的产生和发展史，大致可划分为萌芽阶段、职业化阶段、科学化阶段和迅速发展阶段四个时期。

1. 现代公共关系的萌芽

现代公共关系的萌芽出现在 19 世纪 30 年代，以美国的“报刊宣传运动”为标志。由于当时报纸便宜，内容丰富，发行量大，一些公司或企业为了自己的利益雇用报刊宣传员来编造关于自身的新闻，甚至制造“神话”来吸引读者的注意力，达到宣传本组织形象的目的。但这种不顾公众利益，不顾职业道德的行为，已经完全违背现代公共关系的宗旨，还不是真正意义上的公共关系。不过，当时的资本家运用报刊等大众传播媒介为组织进行宣传，已经具有了现代公共关系活动的萌芽。因而，也被称为现代公共关系的起源。

2. 现代公共关系的职业化

公共关系作为人类社会活动的一种客观状态早已存在，然而它作为一种职业却是在 19 世纪中期至 20 世纪初。当时美国进入垄断资本主义时代，垄断财团与社会公众之间的矛盾、冲突与日俱增。一批具有正义感的记者纷纷发表文章和漫画揭露资本家的丑恶行径，历史上称这一运动为“揭丑运动”。

艾维・李

在这种情况下，大财团不得不重视舆论和公众的压力，开始考虑如何树立自己的良好形象。在这场为企业塑造新形象的热潮中，一种新的职业诞生了，开这一职业先河的是艾维・李。

艾维・李是“说真话”这一公共关系社会思潮的主要代表人物。艾维・李认为，一个组织要想获得良好的形象和声誉，不是依靠向公众封锁消息或用欺骗来愚弄公众，而是必须把真实情况披露于世，把与公众利益相关的所有情况都告诉公众，以此来争取公众对组织的理解和信任。若披露真实情况会对组织不利，就应该调整组织的行为，而不是极力遮盖实情。组织要想建立良好的公共关系，创造最佳的生存发展环境，其最根本的公共关系理念就是“说真话”。艾维・李通过一系列卓有成效的公共关系实践活动，使公共关系工作在社会上产生了很大的影响并正式成为一门职业，他也被人

艾维・李的公关活动

们尊称为“公共关系之父”。

3．现代公共关系的科学化

真正为公共关系奠定理论基础、使现代公共关系科学化的人，是现代公共关系的另一位美国著名公共关系学者——爱德华·伯内斯。1923 年，他出版了论述公共关系理论的著作《公众舆论的形成》，这是第一本研究公共关系理论的专著，因而被视为公共关系发展史上的一个里程碑。

爱德华·伯内斯

在这本书中，爱德华·伯内斯对公共关系的实践进行了系统研究，使之形成一整套理论。他不仅第一个提出了“公共关系咨询”的概念，更重要的是提出了“投公众所好”这一公共关系所要遵循的根本原则，主张一个企业或组织在决策之前，就应该了解公众喜好什么、需要什么，在确定公众的价值取向以后，再有目的地从事宣传工作，以便迎合公众的需要。1925 年，爱德华·伯内斯写了经典教科书《公共关系学》，1928 年他又出版了《舆论》，大大提高了公共关系学的理论和实践层次，从而使公共关系的基本理论和方法成为一个较为完整的体系。

4．现代公共关系的迅速发展

随着公关行业在世界各地特别是欧美发达国家的不断发展，公共关系的理论研究也进入了一个新阶段。1952 年，美国著名学者斯科特·卡特里普和艾伦·森特合作出版了一本公共关系方面的权威著作——《有效的公共关系》。此书在总结前人的基础上，对公共关系理论进行完整的构建，提出了“双向对称模式”理论。这种公共关系理论比爱德华·伯内斯的理论又前进了一步，因为它把公共关系看成组织与公众之间的一个互动过程，而这才是现代公共关系的真正本质。《有效的公共关系》一书中提出的“四步工作法”，成为公共关系工作中最重要的工作流程。

至此，现代公共关系的理论框架基本构成，进入了成熟阶段。此后公共关系的技巧虽然不断发展，但体系基本稳定下来。《有效的公共关系》一书被美国公关协会定为美国高校公共关系课程的标准基础教材，被誉为公共关系的“圣经”。

如今，随着世界经济一体化的发展，国际公共关系的理论与实践愈加成熟，大型跨国公共关系分支机构也遍及全球。

（三）我国公共关系

公共关系学于 20 世纪 80 年代传入我国沿海地区，又随改革浪潮在全国各地迅速传播开来。虽然我国公共关系事业起步较晚，但它一经萌发就立即受到人们的普遍重视，得到较快的发展。我国公共关系的发展大致可以分为以下三个阶段：

1．拿来主义阶段（1980—1986）

我国公共关系发端于东南沿海地区的酒店、宾馆等。一些中外合资企业和外商独资企业开始按照西方资本主义国家的管理模式，设立了公共关系部，开展起公共关系业务。由于这些酒店、宾馆卓有成效的公共关系活动对企业的生存和发展起到了巨大的促进作用，因而在短短几年时间里，公共关系也开始被一些国有大中型企业所重视并采用。例如，广州白云山制药厂于 1984 年率先在国有企业中设立公共关系部，为我国国有企业公共关系实务活动积累了宝贵的经验，做出了突出的成绩。

随着改革开放的不断深入，公共关系在中国的发展进入了一个全面引进的高潮时期，不仅酒店、宾馆等企业引进了公共关系，而且各行各业也先后引进了公共关系，专业性公共关系公司、公共关系协会等各种类型的公关公司在我国如雨后春笋般发展起来。

2．自主发展阶段（1986—1993）

在这个阶段，公共关系作为舶来品经过本土的消化吸收，已有了良好的发展势头和逐渐被社会接受与认知的氛围，有效地促进了公关事业的职业化及公关研究的学科化。这个发展阶段我国的公共关系有以下几个特点：

（1）行业协会辈出，逐步规范化。

1986 年 1 月，广东地区公共关系俱乐部成立。1987 年 6 月 22 日，中国公共关系协会在北京成立，标志着公共关系在中国得到了正式确认和接受，公共关系事业的发展进入了一个崭新的时期。紧接着，深圳、北京、浙江、天津、南京、武汉、陕西和四川等地先后成立了省市一级的公共关系协会、学会、研究会和俱乐部等社团组织。1991 年 4 月 26 日，中国国际公关协会在北京成立，标志着我国的公共关系事业已开始走向规范化、专业化、一体化。

（2）公关出版物丰硕，学术成果推广快。

我国第一部公共关系学专著《公共关系学概论》于 1986 年出版，这是一部全面而系统地论述公共关系理论和实践的专著；1994 年，我国当时最有代表性的一部公关巨著，550 万字的《中国公共关系大辞典》问世；最早问世的关于公共关系专业的报纸是 1988 年由浙江省公共关系协会主办的《公共关系报》。专业性的公共关系传播媒介的发展，极大地推动了公共关系的普及和公关向纵深处发展。

（3）公关培训活跃，教育层次多样化。

1985 年，深圳大学首先开设了公共关系必修与选修课程，从此公共关系开始步入高等学府的讲坛。1987 年，国家教委（现教育部）正式批准把公共关系课程纳入教学计划，把公共关系列入行政管理、工业经济、企业管理、旅游经济、市场营销、广告学、新闻学等专业的必修课。1994 年，经国家教委（现教育部）批准，中山大学创办了我国第一个公共关系本科专业，同时在行政管理专业的硕士点招收公共关系研究方向的研究生。这不仅填补了我国公关专业本科和硕士研究生学历教育的空白，也形成了我国高校多层次、多形式的公共关系教学与培养的体系。

（4）公共关系科学研究和实践运作渐有成效。

20世纪80年代中后期，在两大国家级协会的推动下，每年都召开公共关系理论与实践问题的研讨会。1993年，中国公共关系协会主办“中国最佳公共关系案例大赛”。这一时期的公共关系工作虽然发展到了一定的规模，取得了不少成绩，但也有着舶来品的种种弊端，还有少数人将公共关系庸俗化，引起社会上一部分人对公共关系的误解。

3. 迈入成熟阶段（1993至今）

（1）公关职能部门渗透到各行各业。

随着社会主义市场经济体制的建立，公共关系在各行各业得到了广泛的认同，公共关系的作用也越来越受到重视。各行各业不同性质的组织运用信息传播手段，努力与公众建立相互了解和信赖的关系，树立良好的企业形象和信誉，以促进组织总目标的实现。

（2）职业公关公司发展成熟。

伴随中国经济的发展，名目繁多的公关公司风起云涌。优胜劣汰后生存下来的一些中资公关公司渐渐开始走向专业化、市场化和职业化的道路，环球公关公司就是很典型的代表。由于公司规模小，机制相对灵活，经营成本也低，同时熟悉国情和市场的特点，比外资公司占优势，因而在市场上富有竞争力。

（3）外资公关公司纷纷抢滩中国市场。

从1992年开始，由于中国公关市场生机初显，一大批外资公关公司纷纷进入。这些公关公司通过自身的实践，引进了公关的最先进的国际职业操作规范和标准，并广泛运用了一些先进技术手段。这极大地推进了中国公关市场的形成和发展，尤其对中国公关市场的专业化、职业化、国际化产生了积极影响。

（4）公关职业得到确认。

1997年，国家劳动和社会保障部（现人力资源和社会保障部）为公关职业定下了“公关员”的职业名称，并正式将其列入了《中国职业大典》，这标志着国家已正式承认公共关系这一职业。同年11月15日，成立了中国公共关系职业审定委员会，标志着我国的公共关系开始真正走上职业化和行业化的道路。2000年，国家劳动和社会保障部（现人力资源和社会保障部）又将公关员职业列为必须持专业资格证书上岗的职业。

随着我国经济的持续发展，我国公共关系的服务市场继续保持着良好的增长势头，新媒体的出现激发了更多公关服务产品的涌现，特别是申奥、申博的成功，为我国公共关系的发展带来了又一次春天。可以说公关已成为今日我国经济链条中不可或缺的动力环节，更是明日我国经济新干线上最不容忽视的加速器。

姓名____________　班级____________　学号____________

任务测试

一、选择题

1.【单选题】现代公共关系发展史上的第一本公共关系专著是（　　）。

A.《公共关系学》　B.《舆论》

C.《有效的公共关系》　D.《公众舆论的形成》

2.【单选题】公共关系作为一种职业和学科，最早产生于（　　）。

A. 英国　B. 美国

C. 中国　D. 德国

3.【单选题】民主政治取代专制政治，这是公共关系产生的（　　）。

A. 文化条件　B. 历史条件

C. 政治条件　D. 经济条件

4.【单选题】斯科特・卡特里普和艾伦・森特在他们代表作《有效的公共关系》中提出的主要观点是（　　）。

A. 说真话　B. 投公众所好

C. 双向对称　D. 凡宣传皆好事

5.【单选题】西方学者认为，最早探讨“公共关系理论”的专著是（　　）。

A.《修辞学》　B.《高卢战记》

C.《公众舆论的形成》　D.《有效的公共关系》

6.【单选题】我国第一部公共关系学专著（　　）于1986年出版。

A.《中国公共关系大辞典》　B.《公共关系学概论》

C.《中国职业大典》　D.《公共关系报》

二、案例分析题

杜邦的“门户开放”政策

19世纪末，伴随着“揭丑运动”，许多企业开始修建开放透明的“玻璃屋”，以增强企业的透明度，增进与新闻界和社会公众的联系。杜邦化学工业公司（以下称“杜邦公司”）是其中的佼佼者。

杜邦公司是一家从事炸药生产事务的化学公司。那时化学工业刚起步不久，工艺技术尚不先进，公司里难免发生一些爆炸事故。起初，公司当局采取保密政策，一律不准记者采访，结果大道不传小道传，社会公众对此猜测很多，议论纷纷。久而久之，杜邦公司在社会公众心目中留下了一个“杜邦—流血—杀人”的可怕形象，对杜邦公司的市场扩展和企业发展造成极为不利的影响，杜邦公司为此深感苦恼。后来，杜邦公司负责人的一位报界挚友建议公司实行“门户开放”政策。杜邦公司采纳了他的建议，并聘请这位朋友出任

姓名＿＿＿＿＿＿＿＿　　班级＿＿＿＿＿＿＿＿　　学号＿＿＿＿＿＿＿＿

公司的新闻部部长。此后，公司在宣传方面改弦更张，坚持向公众公开公司事故的真相，同时精心设计出一个口号并广泛宣传：“化学工业能使你生活得更美好！”杜邦公司还重金聘请专家学者在公众场所演讲，并积极赞助社会公益事业，组织员工在街头义务服务。这些做法一举改变了其原来的可怕形象。

问题分析：

（1）造成杜邦公司形象变化的主要原因是什么？

（2）如何运用公共关系树立企业形象？

姓名____________ 班级____________ 学号____________

项目实训

一、实训目标

通过实训能够将公共关系的基本原则贯彻落实到具体的公共关系活动中，并注意避免违背公共关系基本原则的短视行为。

二、实训内容与要求

【实训内容】

请收集1～2个符合或违背公共关系原则的事例，并结合所学知识进行分析。

【实训要求】

（1）学生自由分组，每组3～6人，并推举出小组长。

（2）小组成员针对实训内容进行讨论、收集资料，并撰写讨论总结。

（3）每个小组由小组长为代表阐述讨论的内容。

（4）各小组相互评议，教师给予点评、总结。

项目考核

项目名称	评价内容	分值	评价分数	
			小组互评	教师评价
个人素养考核项目（20%）	日常考勤	5分		
	与团队成员合作配合	5分		
	课堂纪律与学习态度	10分		
专业能力考核项目（80%）	积极参与教学活动并正确理解任务要求	10分		
	任务测试题目的正确率	30分		
	认真完成项目实训，针对收集到的事例分析全面、条理清晰	40分		
合计		100分		
综合分数（小组互评30%+教师评价70%）				
教师评语	教师（签名）：			

项目二

公共关系机构和人员素质

项目导读

公共关系是组织的一项重要日常工作，其有效运转需要有专门的机构和人员加以保障。公关人员是公共关系事业的主力，是组织形象的主要策划者和传播者。公关人员只有具备较高的心理素质、知识素质、能力素质和职业道德，才能保障公共关系事业的健康良性发展。

本项目主要介绍组织内部的公共关系部、组织外部的公共关系公司，公共关系机构公关人员应具备的素质要求等内容。

学习目标

知识目标

（1）了解公共关系机构的主要类型。

（2）掌握公关人员应具备的素质要求。

能力目标

（1）能够根据组织的特点和需要选择合适的公共关系机构。

（2）能够对照公关人员的素质要求，发现自身尚需加强提高的方面。

素质目标

通过全面认识公关人员的职业素质要求，督促自己养成良好的职业道德及敬业、乐观的品质。

引导案例

奥美公关

奥美公共关系国际集团（以下称“奥美公关”）于1980年在美国纽约成立，是世界十大专业公关公司之一，它和奥美广告等姊妹公司分享同一企业品牌，目前已成为我国最大的国际公关企业。

Ogilvy

奥美公关从事于建设和保护品牌形象的事业，并且协助客户进行改革。奥美公关服务范围涵盖业务增长、企业变革、资金筹集、危机管理、领导地位定位、行政总裁来访安排、媒体关系、市场开拓、产品销售、结盟关系拓展、员工和政府关系等。

奥美公关被业内权威刊物 *PR Week* 评选为2001年度最佳公关公司，亦曾获 *Asian PR News* 颁发的年度最佳公关网络（Network of the Year）和年度最佳公关顾问公司（Consultancy of the Year）两项大奖。目前，奥美公关是全球20大跨国公关公司中增长最迅速的一家，亚太区总部设在香港。奥美公关通过遍布美国、欧洲和亚洲区46个市场的51家办事处，以及隶属全球最大行销传播集团——WPP集团旗下的其他姊妹公司和附属机构，为世界各地客户提供全方位的专业公关顾问服务，范围涵盖医药卫生、策略行销、科技、娱乐和生物科技等产业。

在中国，奥美公关致力于提供解决之道，帮助那些有志于大展宏图的企业应对各种各样的挑战。它很清楚是什么动力让企业阔步前进，也深知哪些负面因素会形成障碍。凭借多年的公关国际经验的优势，在国外品牌抢滩中国时，奥美公关被很多知名的企业选择作为自己的公关代理。

任务一　了解公共关系机构

任务描述

通过本任务的学习，能够了解公共关系机构的基本概念，公共关系部的职能、特点、类型及设置原则，公共关系公司的特点、类型及工作范围等内容，培养运用理论知识解决实际问题的能力。

知识精讲

公共关系工作是一项长期的、复杂的、有计划的工作，需要设置专门的机构来从事这项工作，以保证组织的公共关系工作职能化和日常化。

公共关系机构是指由专职公关人员组成的、专门从事公共关系工作的组织机构，代理着特定组织的公共关系工作，其实质是公共关系的实施主体。目前，公共关系机构可以分为两大类：组织内部的公共关系部（公关部）和组织外部的公共关系公司。

一、公共关系部

公共关系部是指组织内部针对一定的目标、为开展公共关系工作而设立的专业职能机构。社会组织不同，其公共关系机构的设置和名称也有所不同。

（一）公共关系部的职能

公共关系部的职能主要表现在信息情报、决策咨询、社会外交和对外宣传四个方面。

1. 信息情报

公共关系部门通过对组织内外部环境的密切关注和监测，搜集与组织相关的信息，并对信息进行去伪存真、去粗取精的加工、提炼，有效发挥组织情报部门的作用。公共关系部门要及时、准确地向组织提供环境变化的信息，帮助组织准确分析并预测环境的变化，从而进行行为和目标的调整。

公共关系部门搜集的信息主要有：组织向社会提供的产品或服务的信息；组织自身总体形象的信息；社区的民意和舆论情况等。

2. 决策咨询

公共关系部门在搜集大量信息情报的基础上，能够为组织内部的管理决策提供咨询建议，包括协调组织决策者分析、权衡各种决策方案的利弊；预测组织决策所产生的社会后果；提示组织决策者修正不利于组织长远发展的政策与行为等。

3. 社会外交

公共关系部门还担负着代表组织协调各种关系和进行社会交往的职责。公共关系部门需要协调沟通公众与组织的关系，取得公众对组织的信任与支持，在公众心目中树立起良好的组织形象；当组织遭遇突发性危机事件时，公共关系部门应当协助管理机构迅速开展调查，运用各种公共关系手段加以补救，努力消除外部公众对组织的不满情绪。

4. 对外宣传

公共关系部门不仅要搜集企业外部的信息进行分析汇总，也要借助各种媒介有效地与公众进行信息交流，获得公众的理解、信任、支持与合作。公共关系部门要不断地向公众宣传组织的政策和行为，增加组织的透明度，增强组织的知名度、美誉度。例如，公共关系部门可以定期撰写新闻稿分发媒体，定期策划和实施新闻发布活动和公共关系专题活动等。

（二）公共关系部的特点

公共关系部与组织的一般职能部门不同，它既不是基层的生产部门，也不是直接的经营管理部门，而是一个重要而特殊的高层次服务部门。其主要特点如表 2-1-1 所示。

表 2-1-1　公共关系部的特点

公共关系部的特点	具体内容
专业性	公共关系工作的特殊性和长期性，决定了公共关系部的人员与工作内容必须是专业化的，需要具有一定素质和能力的专业人员来承担这项长期性的工作
协同性	协同性是指在实现公共关系计划所确定的目标时，组织不能只靠公共关系部，还应依靠组织中各部门的相互配合及全体成员的共同努力
自主性	自主性是指公共关系工作因其性质特殊、难度较大，公共关系部在组织中要有独立的地位和一定的权限范围，可以自主地开展各项工作
服务性	服务性是指公共关系部通过开展各种公关活动、提供建议、咨询等工作，为组织决策层、各职能部门及社会公众提供高层次服务。因此，它在一定程度上是一个服务部门

（三）公共关系部的类型

公共关系部的类型主要指整个社会组织中公共关系部与其他部门之间的结构关系。常见的公共关系部主要有三种类型，即直接隶属型、部门并列型和部门隶属型。

1. 直接隶属型

在直接隶属型模式中，公共关系部直接隶属于组织的最高管理层，直接向最高决策层和管理层负责，如图 2-1-1 所示。这种类型的公共关系部最符合时代发展的需要，也最有效率。其优点是：公共关系工作与组织的最高层直接联系，公共关系部能够着眼于组织的各个环节，便于全面地、有针对性地开展公共关系工作，并使公关思想在组织内部得以融会贯通，且具有权威性。

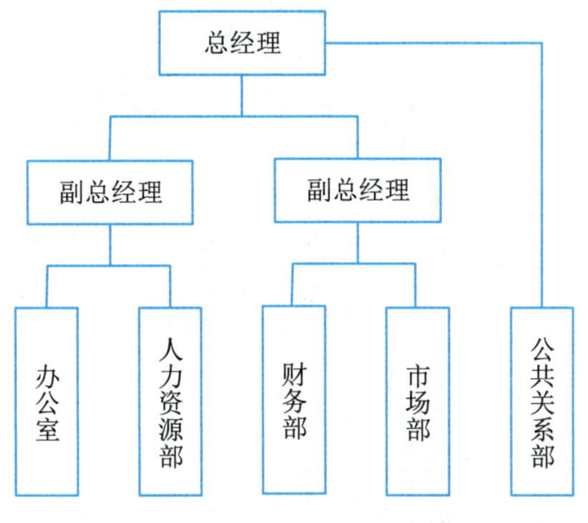

图 2-1-1　直接隶属型模式

2. 部门并列型

在部门并列型模式中，公共关系部与其他部门平行，公共关系部的负责人与其他职能部门的负责人处于平等地位，如图 2-1-2 所示。此种类型的公共关系部门具有一定的权限，能够独立自主地开展公共关系活动，也可以参与组织的重大决策。

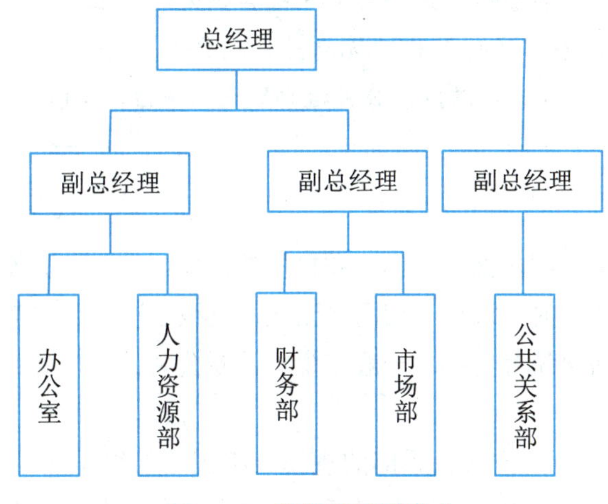

图 2-1-2　部门并列型模式

3. 部门隶属型

部门隶属型公共关系部是指公共关系部隶属组织内的其他职能部门，比如隶属于经营管理部门、销售部门、广告部门、外事接待部门等，如图 2-1-3 所示。这种类型的公共关系部较其他职能部门低一个层次，因为它受到某一具体职能部门的管辖，职能常局限于所在职能部门的职责范围内，适合规模较小的企业。

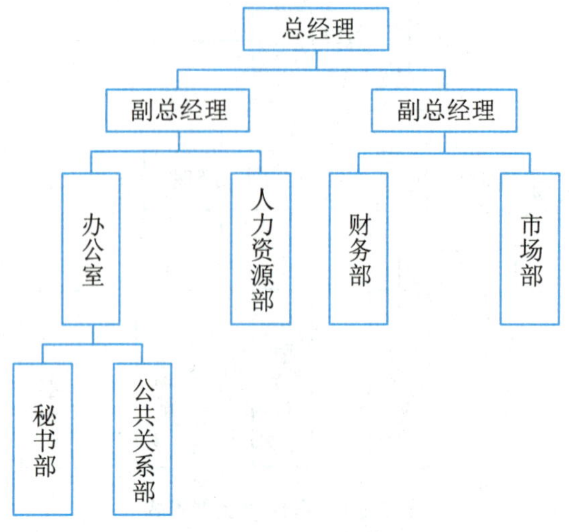

图 2-1-3　部门隶属型模式

小提示

有些组织不设置公共关系部门，也没有专职的公关人员，而是由最高负责人及各位副职、各职能部门第一负责人及其相关人员组成公关委员会，负责组织的重大公关事务。这种结构的优点是处理公关事务时能够协调各部门的工作，确保各部门的合作；缺点是公关活动缺乏系统性，难以长期持续进行。

（四）公共关系部的设置原则

组建公共关系部是组织内部管理体制和机构的重要内容。由于各组织的规模和工作内容不同，对公共关系活动的要求也不相同。因此，组织在设立公关部门时，要根据自身所处的社会环境和具体情况统筹考虑。一般来说，设立公共关系部要遵循以下几个原则：

1. 规模适应性

所谓规模适应性，是指公共关系部的规模大小应当与组织的规模大小及其发展相适应。组织的规模有大有小，规模大的组织可达上千人、上万人，而规模小的组织仅有几十人。一般来说，大型组织可设立人数较多、门类齐全、分工细致的公共关系部；中型规模的组织可设立人数不多、具有综合性的多职多能的公共关系办公室；小型组织可以不设立公共关系部门，而任命专职的公共关系工作人员或从社会上的公共关系公司聘请公共关系顾问来开展本组织的公共关系工作。

2. 整体协调性

所谓整体协调性，是指在设置公共关系部时，应与组织内部各部门相协调。首先，在设置公共关系部时，要使其与组织内部的各个部门相互协调，并能起到协调各部门关系的作用。其次，公共关系部内部的层次结构和工作人员也应相互协调，以发挥它自身的整体效应。最后，要发挥公共关系部对组织和社会各界的协调作用。

3．工作针对性

所谓工作针对性，是指公共关系部的机构设置，要根据不同组织的工作性质和自身所面向的社会公众的特殊性来确定。组织的性质不同，公共关系工作的目标、内容、方法也不同，面对的公众也不同。有的以特定的公众为对象，有的以整个社会公众为对象。因此，在设置公共关系部时，组织不能盲目照搬或仿效别人的做法，而应遵循“针对性”原则，根据组织自身的性质、特定的公众对象来进行设置。

4．机构权威性

公共关系部是代表一个组织进行工作的，它的一言一行、一举一动都关系到组织的形象和整个事业的发展。这就要求把它放在十分重要的位置上，使它具有一定的权威性。组织不仅要认识到公共关系部与生产计划部门、经营部门、财务部门、人事部门同等重要，而且还应使公共关系部的领导处于组织最高决策层的地位，至少应有直接向决策层汇报、提建议及参与决策层讨论的权力。

（五）公共关系部的优势和劣势

1．公共关系部的优势

公共关系部的优势主要有以下几点：

（1）熟悉组织情况。公共关系部的工作人员对组织内部的各种情况比较熟悉，并且拥有良好的人际关系，便于有针对性地开展工作。

（2）能提供及时的公共关系服务。公共关系部设在组织内部，从空间和时间上与其他职能部门紧密联系，当组织需要时，能及时提供公共关系服务。

（3）有利于保持公共关系工作的连续性和稳定性。公共关系工作是组织的一项长期而持久的工作，为了使组织与公众之间的关系保持平衡与稳定状态，需要设置专门的公共关系部开展经常性、连续性的公关活动，来不断完善组织自身在公众心目中的良好形象。

（4）有利于节约经费。由于公共关系部与所属组织在利益上具有一致性，这使其在开展各项活动与实施公关计划时，不仅会考虑公关工作的效果，同时还会注意尽量节约经费，减少开支。

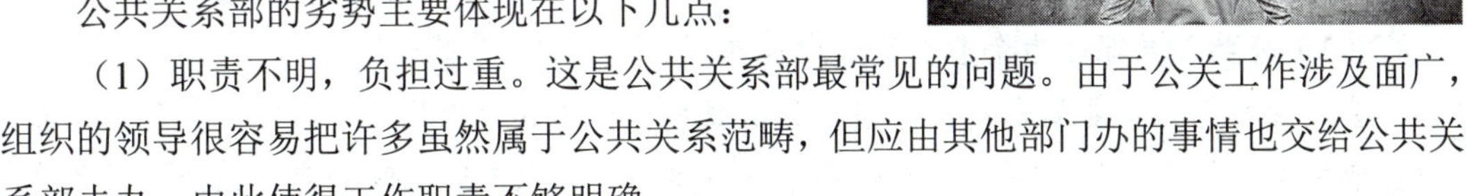

2．公共关系部的劣势

公共关系部的劣势主要体现在以下几点：

（1）职责不明，负担过重。这是公共关系部最常见的问题。由于公关工作涉及面广，组织的领导很容易把许多虽然属于公共关系范畴，但应由其他部门办的事情也交给公共关系部去办，由此使得工作职责不够明确。

（2）处理问题有时不够客观。公共关系部的人员在处理问题时，容易受组织内的人际关系等因素的影响，有时不够客观，如担心得罪领导，会违心地去迎合领导的意图，不如实汇报情况；或出于对自己前途的考虑，可能掩盖问题的真相等。

（3）花费可能比聘请公关公司多。公共关系部的人员占有一定的编制，组织除了需要长期支付工作人员的工资外，还需要为其购置必要的办公设备。

（4）有可能成为组织的一种负担。如果组织不具备建立公共关系部的条件，而是为了赶时髦，东拼西凑而成立一个公共关系部；或其工作人员缺少专业训练，难以胜任工作；或由于公共关系经理不具备领导素质，难以开展工作。这些情况下，公共关系部都可能成为组织的一种负担。

知识拓展

公共关系部的作用

（1）公共关系部能促进企业战略的实现。

① 确立企业的战略地位。要确立企业的战略地位，就必须明白企业所处社会环境的状况。社会环境会受到不同因素的影响，需要对此进行调查和研究，这也是公共关系部应负的责任。

② 增强企业员工的群体意识，提高企业员工的士气。士气就是员工的精神状态，高昂的士气对员工来说是很重要的，它能使员工每天在快乐中工作。员工的高昂士气对企业来说也极为重要，因为高昂的士气会带来高质量的产品和令人满意的劳动生产率，良好的内部公关正是公共关系部的职责之一。

③ 提高员工素质。员工素质是企业竞争力的决定性因素，提高员工素质主要是靠教育。教育引导企业内部的全体成员建立公关策划意识，使全体员工将公关意识体现在日常的言行中，成为习惯和行为规范，这会直接影响到企业的形象和经济效益。

（2）公共关系部能为产品销售铺路架桥。

产品销售是任何一个生产型或经营型企业的经常性活动，在产品销售上，公共关系部的作用主要体现在以下两点：

① 新产品投放市场时开展公关活动，使顾客在了解产品的基础上产生购买的欲望和行为。

② 现有产品的销售也存在扩大市场的需求，公共关系部可以帮助企业提升品牌知名度和关注度，树立良好的企业形象，建立良好的公共关系，促进企业的长期发展。

（3）公共关系部能为企业决策起参谋作用。

公共关系部是企业的资料存储中心和信息发布中心，可以搜集、存储、处理及发布与企业相关的信息。公关负责人隶属于企业决策者，可以及时反映外界的信息、提供咨询和建议，准确地向外界公众和内部员工传递企业决策者的信息和意图，有效贯彻落实企业的公共关系思想和决策。

二、公共关系公司

公共关系公司又称公关咨询公司、公关顾问公司，是指由公关专家和专业人员组成，独立于社会组织之外，专门从事公共关系方面的有关咨询、策划、执行等方面的服务性机构。

（一）公共关系公司的特点

公共关系公司的特点如表 2-1-2 所示。

表 2-1-2　公共关系公司的特点

公共关系公司的特点	具体内容
客观性	由于公共关系公司与组织之间没有直接的利益关系，因而在处理公共关系问题时，能够不带主观想象或感情色彩，以客观、公正的态度分析处理问题
权威性	公共关系公司具有较高的专业知识和技术方面的优势，能够汇集各个领域的专家，所以对公共关系事件的发展趋势做出的分析和预测，提出的建议和方案具有权威性
广泛性	公共关系公司能够与新闻界、客户及社会各方面展开较广泛的联系，因而信息情报全面、及时，信息来源具有广泛性
经济性	公共关系公司经验丰富，职业水平较高，拥有各种具有专业知识和专业技能的公关人员，能为客户提供多样化、较为经济的技术支持等，公关活动整体规划有经济性优势

（二）公共关系公司的类型

公共关系公司没有固定的结构模式，从不同的角度，可以将其分为不同的类型。从规模上看，有跨国、跨地区的公关公司，也有局限于一个地区、一定范围的公关公司；从业务范围上讲，有综合性的公关公司，也有专业性的公关公司。

1. 综合服务型公共关系公司

综合服务型公共关系公司通常可以为不同类型的客户提供全面的公共关系服务。这类公司一般规模比较大，经济实力较为雄厚，拥有多个领域的公共关系专家和相关技术专家，业务范围广泛。

2. 专项服务型公共关系公司

专项服务型公共关系公司是仅为客户提供特定项目服务的公司。这类公司通常规模较小，一般具有某些行业或某类事务的专家，其服务项目限于一种，如金融公关公司、媒体公关公司、旅游公关公司等。

3. 顾问型公共关系公司

顾问型公共关系公司是专门为客户提供咨询业务的顾问型公司，作为客户的“参谋”，对其公共关系事务提出意见和建议，一般不参与具体的公关活动。这类公司一般由享有盛誉、专业性强和经验丰富的公关专家组成，如公共关系专家、政府关系专家、媒介关系专家等。

（三）公共关系公司的工作范围

1. 咨询诊断

公共关系公司可根据客户的要求，凭借其现代化的办公和通信技术、专业化的公关队伍，为客户提供政治、经济、文化、教育和科技等方面的信息，提供市场情况、公众态度、社会心理倾向等分析资料，帮助客户进行公共关系问题的分析与诊断；为客户的形象设计、形象评价及公共关系政策或决策等提供咨询。

公共关系公司到底是做什么的

2. 联络沟通

公共关系公司负有协助客户与有关组织和公众进行联络沟通的任务，为客户进行各种信息传播，如撰写新闻稿件、设计和印制宣传资料、制作宣传影片、制订广告投资计划等，帮助客户与顾客、政府、社区、媒体、同行等公众建立并维持良好的关系。

3. 策划活动

公共关系公司可以为客户安排、组织及策划重要的交往活动，如贵宾和社会政要的参观访问活动；为客户策划剪彩仪式、庆典、联谊及社会赞助等活动；组织各种会议，如新闻发布会、博览会、展销会和洽谈会等活动；当组织遇到各种危机时，为组织策划公关危机活动，使其及时摆脱困境，维护和提升组织的公众形象。

4. 培训服务

公共关系公司可代为客户进行各类人员的知识或技能培训，使其具有足够的公共关系理论知识和实际操作技能，以适应岗位的需要和具备高效开展公关工作的能力。

姓名____________　　班级____________　　学号____________

任务测试

一、选择题

1.【单选题】采用（　　）模式的公共关系部极大地限制了公关职能的作用，适合规模较小的企业。

A．直接隶属型　　B．部门并列型

C．部门隶属型　　D．公共关系委员型

2.【单选题】公共关系部是（　　）。

A．服务部门　　B．领导部门

C．生产部门　　D．销售部门

3.【单选题】公共关系公司在处理公共关系问题时，能够不带主观想象或感情色彩，以客观、公正的态度分析处理问题，这体现的是公共关系公司的（　　）特点。

A．权威性　　B．自主性

C．广泛性　　D．客观性

4.【单选题】（　　）专门为客户提供咨询业务，作为客户的“参谋”，对其公共关系事务提出意见和建议，一般不参与具体的公关活动。

A．综合服务型公共关系公司

B．顾问型公共关系公司

C．专项服务型公共关系公司

D．个人服务型公共关系公司

5.【多选题】公共关系部的设置原则有（　　）。

A．规模适应性　　B．整体协调性

C．专业性　　D．工作针对性

E．机构权威性

6.【多选题】公共关系部的职能主要表现在（　　）。

A．信息情报　　B．决策咨询

C．社会外交　　D．培训服务

E．对外宣传

7.【多选题】公共关系部的特点有（　　）。

A．客观性　　B．协同性

C．自主性　　D．服务性

E．专业性

姓名____________ 班级____________ 学号____________

二、案例分析题

公关部，离开吃喝没事做！

一总经理新上任后，发现设在公司办公室内的公关部整天忙于迎来送往、交际应酬等琐碎之事，于是他决心改变这种情况。在他的提议下，管理层讨论决定把公关部独立出来，由副总经理直接领导，负责公司公关管理工作。一段时间后，秘书告诉他，公司里的人说："公关部，公关部，离开吃喝没事做！"总经理找来公关部负责人，负责人说："没办法，人家都认为公关就是如此。"总经理困惑了。

问题分析：

（1）公关部组织形式变了，其作用为何没变？

（2）如果你是总经理，下一步将怎样做？

任务二　掌握公共关系人员的素质要求

任务描述

通过本任务的学习，能够全面认识公共关系人员的职业素质要求，培养公共关系意识，并努力提升公共关系所需的心理素质、知识素质、能力素质及职业道德。

知识精讲

公共关系人员是指专门从事组织机构公众信息传播、关系协调与形象管理事务的调查、咨询、策划和实施的人员。从狭义上讲，公共关系人员是指以公关为职业的专职人员，包括组织内公关职能部门的工作人员和社会上的公关公司专业人员；从广义上讲，公共关系人员是指从事与公关相关工作的专职、兼职人员。

公共关系人员的素质是指公关人员以公共关系意识为核心，以自信、开放乐观、热情的职业心理为基础，配之以公共关系专业知识结构和能力结构的一种整体职业素质。只有具备较高的素质，才能更好地开展公共关系活动，实现公共关系目标。

一、公共关系意识

公共关系意识简称公关意识，是指公关人员将公共关系基本原理、基本原则内化为自己的习惯和行为规范的一种思想观念。公关意识是组织建立良好公共关系的必要前提，是公关人员必备的基本素质的核心。公关意识具体表现在以下几个方面：

（一）塑造形象意识

塑造形象是公关意识的核心。良好的组织形象是组织的无形资产，树立良好的组织形象也是公共关系工作的目标。因此，公关人员应当在工作中时刻注意维护组织的良好形象，努力提高组织的知名度、美誉度。

（二）服务公众意识

公共关系工作的目标是塑造组织在公众中的良好形象，脱离了公众，孤立的组织形象也毫无意义。因此，公关人员必须有尊重和服务公众的意识，一切公关工作都要从维护公众利益出发，满足公众各方面的需求，为公众提供周到的服务。

（三）协调沟通意识

协调沟通意识其实就是信息交流意识。公关人员应当注重信息传播的重要性，一方面获取与组织相关的信息，了解公众的需求、意见；另一方面将组织的信息传递给公众，使公众知晓组织的品牌、服务，获得公众的支持与信任。

（四）真诚互惠意识

真诚互惠的目的就是求得组织与公众的共同发展。公关人员在进行工作时，既要考虑如何得到公众的支持、合作，也要考虑如何回馈公众，在诚信的基础上建立起组织与公众的双赢局面。

知行合一

《荀子》有云："君子养心莫善于诚。"商鞅立木为信，季布一诺千金，杨震不受四知金，凡此种种，都充分彰显了诚信为本，信义为先。

诚信是中华民族的传统美德，是社会和谐的基石。人无信不立，业无信不兴，家无信不和，国无信不强。新时代下，我们要切实将诚信融入生活的方方面面，坚持诚信立身、诚信为人、诚实做事、诚信经商，严格遵守公民道德规范，做到心地真诚、行为有信，真正让"诚实立身、信誉兴业"成为行动自觉和行为规范。

（五）长远意识

组织与公众建立良好的关系，不可能一蹴而就，需要经过努力，不断积累，才能成功。因此，公关人员要有长远眼光，既要立足于公关活动的经济效益，又要着眼于长期的公关战略目标，关注公关活动的社会效益。

（六）危机意识

公关人员应当具备良好的忧患意识，能够居安思危，在日常工作中能够防患于未然，注意每一个细节；当危机将要出现或已经出现时，能够采取有力的措施，获得公众的支持及谅解。

二、公共关系人员的心理素质

心理素质直接影响着公关人员的思维和行为，过硬的心理素质是公关人员正常开展工作的前提。公关人员必须具备的心理素质包含以下几个方面：

（一）自信

自信是对公关人员职业心理的最基本的要求。公关人员只有相信自己的能力，才能获得公众的信任，处理好日常的及各种突发的事件，尤其是当组织遇到危机时，具备自信的公关人员能够做到临危不乱、沉着冷静地处理问题，使组织转危为安。

（二）开放乐观

公共关系工作是一种开放型的工作，公关人员必须具有开放乐观的心理，才能得心应手地开展工作。开放乐观的心理素质，一方面有利于他们不断接受新事物，学习新知识，在工作中不因循守旧，能够不断地解放思想，更新观念；另一方面有利于他们与各种各样和自己性格、志趣不同的人相处，并建立良好的关系。

（三）热情

富有热情也是公关人员应有的一种心理素质。公共关系往往要求公关人员在与人交往过程中充满热情，以自己的热情去感染人、打动人，来调动公众的情绪，从而形成良好的公共关系。同时，对自己的公关工作保持热情，也可以激发对所开展工作的兴趣、想象力和创造力。

三、公共关系人员的知识素质

公共关系工作是一项复杂的工作，兼具科学性与艺术性。从事这项工作，仅凭顽强的意志与良好的心理是不够的，公关人员必须具备扎实的知识结构。

（一）广博的基础知识

由于公关人员需要与各种公众打交道，为了与公众有共同的兴趣、话题，使公众对其产生认同感和亲近感，公关人员必须具备各方面的基础知识。公关人员的知识面越广，公共关系工作就越容易开展。

（二）充足的专业知识

公共关系的专业知识包括理论知识与实务知识。理论知识包括公共关系的职能和原则、公共关系的起源与发展、公共关系的三大要素及公共关系的工作程序等；实务知识包括企业公共关系处理、公共关系专题活动组织、危机公关处理及公共关系礼仪等。

（三）与公共关系密切相关的学科知识

公共关系是一门综合性的学科，与多门学科都有不同程度的交叉。因此，公关人员掌握管理学、传播学、社会学、心理学、广告学、经济学等与之相近学科的知识，有利于做好公共关系工作。例如，公关人员处理内部员工关系时需要运用管理学知识，分析目标公众时则需要运用社会心理学知识等。

四、公共关系人员的能力素质

公关人员应当具备多方面的能力，包括表达能力、社交能力、协调能力、应变能力和创新能力等。

（一）表达能力

表达能力主要是指口头表达能力与书面表达能力。公共关系工作是与公众沟通、交流的工作，因此，公关人员在与公众接触的时候，应当掌握说话的艺术，能够很好地运用语言传递组织的有关信息，能够与公众有效沟通。公关人员在沟通时，应当掌握口头表达的技巧，注意说话的语气、节奏，借助面部表情、体态动作等辅助语言，提高表达能力。

此外，公关人员在工作中经常需要撰写通讯、新闻稿件，制订公关计划与活动方案，撰写工作总结、调查报告，撰写公文、贺词和通知等公共关系文书。因此，公关人员也必须具备良好的文字功底和写作技巧。

（二）社交能力

公共关系工作的对象是不同的社会公众，这就要求公关人员具有良好的社交能力，能够迅速地与不同类型的公众建立起有效的双向沟通。有效的人际关系是组织做好公共关系工作的基础。

良好的社交能力要求公关人员要正确认识公众，把握交往的技巧，了解公众的行为特点，懂得社交场合中的各种风俗和礼仪，学会与各种类型和特点的公众打交道，以高雅、随和、诚实和开朗博得公众的信任和支持。

（三）协调能力

公共关系工作是一项有计划、有步骤的复杂工作，每一项具体工作都离不开工作人员的协调、统筹。在公共关系活动中，公关人员应当能够协调各方面的关系，指挥控制公共关系计划和目标的落实，处理各类纠纷和突发事件等。

（四）应变能力

公关人员在进行公关活动时经常会遇到突如其来的状况，面对突发事件和问题时，就需要工作人员处变不惊，同时具有良好的应变能力，以自己的语言或者行动挽救可能出现的失误。

精选案例

对答的智慧

20 世纪 50 年代，周恩来总理在北京的一次记者招待会上，介绍了我国经济建设成就和对外方针之后，请记者们提问题。一位西方记者问道：“请问，中国人民银行有多少资金？”这一问题既是针对我国经济发展状况，又涉及国家机密。周恩来巧妙地回答道：“中国人民银行发行面额为10元、5元、2元、1元、5角、2角、1角、5分、2分和1分，共10种主辅人民币，合计18元8角8分。”周恩来将提问的中国人民银行资金总额转换为中国人民银行发行的货币面额，来了个李代桃僵。这样，既婉拒了对资金总额问题的回答，又不会破坏招待会的和谐气氛。

（五）创新能力

公共关系工作是一项富有挑战性和创新性的工作，公关人员要根据组织的要求和所处的环境，设计出新颖独到并有利于组织塑造形象的活动，这样才能引起公众对组织及其产品的关注。同时，公关人员要打破常规，不拘泥于已有的公共关系固定模式，发挥创造力和想象力，在工作中不断推出新的构思，采用新的形式，使公关工作有效进行。

课堂互动

某商店中，一名服务员正在为一个老人拿牙刷，这时另外一名顾客走过来要东西，服务员在招呼这位顾客的同时，老人已经拿着牙刷走到大厅中间，大厅里人来人往，服务员应该怎样追回牙刷钱？

五、公共关系人员的职业道德

公共关系职业道德规范，指的是在公共关系工作实践中逐渐形成的并由其职业特性所决定的道德要求。公关人员作为组织的代表，肩负着塑造组织的良好形象、扩大组织的知名度和美誉度的重任，其言行举止不仅反映出其自身素质和水平的高低，还影响着组织的形象和声誉。因此，作为一名公关人员，应遵循以下几点职业道德要求：

（一）恪尽职守

公关人员的首要职业道德就是热爱本职工作，对工作高度负责，遵守国家法律法规和组织规章制度，严守组织机密，维护组织形象，为组织的公共关系事业发展做出贡献。

（二）诚实守信

诚实守信是对公关人员最基本的道德要求，也是从事公共关系工作的基本原则。公关人员无论在何时何地、何种情况下都要以事实为依据，真实地向各方面公众反映组织的情况，决不能不顾事实真相，夸大其词，故弄玄虚；在为组织收集信息时，要提供真实准确的信息，不弄虚作假、欺上瞒下、投机取巧。

（三）公正无私

对于公关人员来说，公正无私，首先意味着对所有服务对象应一视同仁；其次，不能

把组织凌驾于公众之上，不管所服务的组织在社会上拥有多么高的名望和地位，都不能对公众居高临下，否则无法为组织树立一个良好的形象；最后，公关人员在具体的工作中不能徇私，不谋求在组织利益以外的个人利益，更不能以牺牲组织利益来换取个人利益。

（四）遵纪守法

公关人员与任何公民一样，受法律的约束。公关人员应以高度的主人翁责任感来严格要求自己，严格按照组织的规章制度和纪律行事，才能做好组织的公共关系工作。

知行合一

在飞机起飞前，一位乘客要求空姐给他倒一杯水吃药，空姐很有礼貌地说：“先生，为了您的安全，等飞机进入平稳飞行后，我会立刻把水给您送过来，请稍等片刻。”可是，空姐因为太忙，忘记了这位乘客的要求。当乘客再次按响服务铃的时候，空姐才猛然想起这件事……

“先生，实在对不起，由于我的疏忽，延误了您的吃药时间，我感到非常抱歉。”虽然空姐及时道歉，但乘客还是生气地说：“怎么回事？有你这样服务的吗？你看看，都过去多久了？”空姐心里很委屈，但无论她怎么解释，这位乘客都不肯原谅她。

接下来的飞行中，为了弥补自己的过失，空姐每次去客舱为乘客服务时，都会特意走到这位乘客面前，面带微笑地询问他有什么需求或需要什么帮助，然而这位乘客每次都不领情。

目的地快到了，那位乘客要求空姐把留言本给他送过来，很显然，他要投诉这位空姐了。空姐心里很委屈，但仍不失职业道德，面带微笑，非常礼貌地把留言本送过去了。

飞机降落后，空姐打开留言本，看到的不是投诉信而是一封表扬信：“在整个过程中，你表现出的诚意和歉意，特别是你的 12 次微笑深深地打动了我，使我决定将投诉信改为表扬信！你的服务质量很高，下次如果有机会，我还将乘坐你们的航班。”

通过空姐对乘客的服务态度和敬业精神可以看出，良好的职业素养是每一位大学生在未来职场上取得成功的必备条件。在公共关系工作中，我们要严格履行自己的工作职责，强化服务意识，提高服务质量，积极培育和践行社会主义核心价值观。

姓名______________　　班级______________　　学号______________

任务测试

一、选择题

1.【单选题】要成为一名合格的公关人员，需要具备一定的职业心理素质，其中最基本的是（　　）。

A．从众，即与大众的想法要保持一致

B．自信，即从事公关工作时保持自信心

C．热情，即热爱公共关系，可以投入工作

D．开放，即具有现代的开放意识、竞争意识

2.【单选题】公关人员应该具备的基本素质的核心是（　　）。

A．公关的基本理论与实务知识　　B．公关人员的心理素质

C．公关人员的知识结构与能力　　D．公关意识

3.【多选题】公共关系职业道德规范包括（　　）。

A．恪尽职守　　B．诚实守信

C．遵纪守法　　D．公正无私

E．真诚互惠

4.【多选题】公共关系人员的能力素质包括（　　）。

A．表达能力　　B．恪尽职守

C．协调能力　　D．应变能力

E．社交能力

二、案例分析题

"你会坐吗？"

一家公司准备聘用一名公关部长，经笔试筛选后，只剩下八名应试者等待面试。面试限定他们每人在两分钟内对主考官的提问做出回答。当应试者进入考场时，主考官说的是同一句话："请您把大衣放好，在我面前坐下。"然而，在进行面试的房间中，除了主考官使用的一张桌子和一把椅子外，什么东西也没有。有两名应试者听到主考官的话以后，不知所措，另外两名急得直掉眼泪，还有一名听到提问后，脱下自己的大衣，搁在主考官的桌子上，然后说了句："还有什么问题？"结果，这五名应试者全部被淘汰了。

剩下的三名应试者中，其中一名听到主考官的发问后，先是一愣，旋即脱下大衣，往右手上一搭，躬身致礼，轻轻地说道："这里没有椅子，我可以站着回答您的问话吗？"公司对此人的评语是："有一定的应变能力，但创新开拓不足。彬彬有礼，能适应严格的管理制度，可用于财务和秘书部门。"另一名应试者听到问题后，马上回答道："既然没有椅子，就不用坐了，谢谢您的关心，我愿意听候下一个问题。"公司对此人的评语是："守

中略有攻，可先培养用于对内，然后用于对外。”最后一名应试者的反应是，听到主考官的发问后，他眼睛一眨，随即出门去，把候考时坐过的椅子搬进来，放在离主考官侧前方约一米处，然后脱下自己的大衣，折好后放在椅背上，自己在椅子上端坐着。当“时间到”的铃声一响，他马上站起来，欠身一礼，说了声“谢谢”，便退出面试的房间，然后把门轻轻关上。公司对此人的评语是：“不着一词而巧妙地回答了问题；性格具有开拓精神，加上笔试成绩佳，可以聘为公关部长。”

问题分析：

（1）假如你是应试者，你准备怎样放置大衣，如何坐下？

（2）现在一家公司聘任你为人力资源部主管，请你设计一套选拔公关人员的考试办法。

姓名＿＿＿＿＿＿　班级＿＿＿＿＿＿　学号＿＿＿＿＿＿

一、实训目标

通过实训不用走出校园就能真切感受真实面试的氛围，切身了解到公关人员所应具备的基本素质和技能。

二、实训内容与要求

【实训内容】

在班级内部举办一场模拟公关人员招聘面试活动。

【实训要求】

（1）学生自由分组，每组 3～6 人，并推举出小组长。

（2）将小组成员分为两种角色：某公司的面试官和应聘人员。“面试官”需要通过网络搜索或查找参考书籍，了解公关人员的岗位职责和招聘要求；“应聘人员”需要准备一份个人简历。

（3）开展模拟招聘面试活动。每组的“面试官”向“应聘人员”提问，并对其基本素质和基本礼仪进行打分。

（4）各小组相互评议，教师给予点评、总结。

项目考核

项目名称	评价内容	分值	评价分数	
			小组互评	教师评价
个人素养考核项目（20%）	日常考勤	5 分		
	与团队成员合作配合	5 分		
	课堂纪律与学习态度	10 分		
专业能力考核项目（80%）	积极参与教学活动并正确理解任务要求	10 分		
	任务测试题目的正确率	30 分		
	认真完成项目实训，模拟面试活动准备充分，面试中语言表达流畅，应变能力强	40 分		
合计		100 分		
综合分数（小组互评 30%+教师评价 70%）				
教师评语	教师（签名）：			

项目三

公共关系工作程序

项目导读

公共关系工作程序是指组织为实现一定的公共关系目标而开展公共关系活动的一般步骤。通常，公共关系的工作程序包括调查、策划、实施和评估四步，这四个步骤构成完整、连续的过程，被称为“四步工作法”。

本项目主要介绍公共关系工作程序的四个步骤及其相关知识。

学习目标

知识目标

（1）了解公共关系评估的程序、内容和方法。

（2）熟悉公共关系调查的程序、内容和方法。

（3）掌握公共关系策划的原则、程序和方法。

（4）熟悉公共关系实施的方式、原则和注意事项。

能力目标

（1）能够设计公共关系调查问卷，并撰写公共关系调查报告。

（2）能够策划和实施公共关系活动，并撰写公共关系评估报告。

素质目标

（1）通过了解公共关系调查的含义和内容，培养沟通能力及团队协作精神。

（2）通过学习公共关系策划方案，提高公共关系策划的业务素质，树立勇于创新、爱岗敬业的工作作风。

引导案例

长城饭店的日常调查

北京长城饭店是大型豪华五星级饭店，由美国喜来登公司经营管理。它是北京第一座玻璃大厦，20世纪80年代北京十大建筑之一。随着改革开放的深入发展，北京新建的大批高档饭店投入运营，饭店业竞争日益加剧。长城饭店之所以能在激烈的竞争中立于不败之地，成为北京饭店的佼佼者之一，除了出色的推销工作和优质服务外，饭店管理者认为公共关系工作（即公关工作）在塑造饭店形象上发挥了重要的作用。

一提到长城饭店的公关工作，人们立刻会想到举世闻名的里根总统的答谢宴会、北京市副市长证婚的95对新人集体婚礼、颐和园的中秋赏月和十三陵的野外烧烤等一系列使长城饭店声名鹊起的专题公关活动。长城饭店的大量公关工作，尤其是围绕为客人服务的日常公关工作，通常由以下几个方面组成：

（1）日常调查。

① 问卷调查。每天将表放在客房内，表中的项目包括客人对饭店的总体评价、对十几个类别的服务质量评价、对服务员服务态度评价、是否加入喜来登俱乐部，以及客人的游历情况等。

② 接待投诉。几位客务经理24小时轮班在大厅内接待客人反映情况，随时随地帮助客人处理困难、受理投诉和解答各种问题。

（2）月调查。

① 顾客态度调查。每天向客人发送喜来登集团在全球统一使用的调查问卷，每日收回，月底集中寄到喜来登集团总部，进行全球性综合分析，并在全球范围内进行季度评比。根据量化分析，对全球最好的和进步最快的喜来登饭店给予奖励。

② 市场调查。前台经理与在京各大饭店的前台经理每月交流一次游客情况，互通情报，共同分析本地区的形势。

（3）半年调查。

喜来登总部每半年召开一次世界范围内的全球旅游情况会，其所属的各饭店的销售经理从世界各地带来大量的信息，相互交流、研究，使每个饭店都能了解世界旅游形势，站在全球的角度商议经营方针。这种系统的全方位调研制度，宏观上可以使饭店决策者高瞻远瞩地了解全世界旅游业的形势，进而可以了解本地区的行情；微观上可以了解本店每个岗位、每项服务及每个员工工作的情况，从而使他们的决策有的放矢。

综合调查表明，任何一家饭店，仅有较高的知名度是远远不够的，要想保持较高的“回头率”，主要是靠优质服务，使客人满意。怎样才能使客人满意呢？经过调查研究和策划，喜来登集团面对竞争提出了“宾至如归方案”。计划中提出在3个月内对长城饭店上至总经理，下至一般服务员进行强化培训，不准请假，合格者发证上岗。在培训费的基础上另设奖金，奖励先进。其宗旨就是向宾客提供满意的服务，使他们有宾至如归的感觉。随着这一方案的推行，饭店的服务水平又有了新的提高。

任务一　开展公共关系调查

任务描述

通过本任务的学习，能够了解公共关系调查的含义，掌握公共关系调查的程序及方法，能够提升组织能力和写作能力，从而锻炼实践操作技能。

知识精讲

公共关系调查是组织公共关系活动的开端。公共关系方案的策划、实施及评估都必须建立在调查研究的前提和基础上，才能保证公共关系活动的科学性和可预测性。

一、公共关系调查的含义

公共关系调查是指公共关系部门收集、记录、整理、分析，以及研究组织内部和外部环境的基本状况和影响因素，从而得出结论的系统性的活动。

在开展公共关系工作之前，必须要做好公共关系调查工作。调查是公共关系工作的第一步，通过公共关系调查，可以帮助组织了解其在公众心目中的形象和地位、开展公共关系工作的条件和困难、竞争对手的情况及实现目标的可能性等，为组织决策提供科学依据。

二、公共关系调查的基本程序

为了使整个调查工作有计划、有步骤地进行，保证整个活动的科学性，公共关系调查应该按照确立调查任务、制定调查方案、实施调查方案、整理分析调查资料和撰写调查报告五个步骤来进行。

（一）确立调查任务

确立调查任务即确定公共关系调查的主要内容和目标。在公共关系调查实施之前，调查者要根据组织所面临的公共关系问题和实际需求，确立具体的、切实可行的公共关系调查目标，使公共关系调查做到有的放矢，避免盲目行动导致的工作失误。

（二）制定调查方案

调查方案是指导公共关系调查的依据，调查方案制定得好坏直接关系到调查的成败。正确、科学的调查方案，可以使公共关系调查目的明确、紧扣主题。

公共关系调查方案的内容主要包括两大部分，即调查方案的设计和调查工作的具体安排。调查方案的设计包括明确调查的目的和意义、确定调查的对象和项目、准备采取的方式和方法及编制调查表格等；调查工作的具体安排包括确定调查的时间和地点、明确调查的组织领导、设置调查机构、选拔和培训调查人员、建立调查工作步骤及制定调查的预算等。

（三）实施调查方案

公共关系调查方案的实施，实际上是调查者根据调查方案的要求，向特定的公众收集信息资料的过程。该阶段是整个公共关系调查中最重要的阶段，需要做好以下工作：

1. 确定调查群体

由于公众数量庞大且自由分散，不可能对全体公众进行公共关系调查，需要依据调查方案选择合适的公众，把符合要求的、有代表性的公众筛选出来，作为调查的对象。

2. 争取支持与配合

在实际公共关系调查工作中，公众的配合是调查工作成功的关键。调查人员必须处理好各种关系，争取相关人员的支持与配合。

3. 搜集资料

调查工作中搜集的资料可以分为两类，一类是调查人员进行调查工作获取的原始资料，也称第一手资料或初级资料；另一类是他人已调查整理过的现成资料，也称第二手资料或次级资料。在搜集资料时，应当充分利用现成资料，即能够取得真实可靠的现成资料的，就不要再费力去搜集原始资料。当然，对于较大规模的调查，其主要资料的来源还是实际调查。

（四）整理分析调查资料

整理分析阶段是运用科学的方法，对搜集到的各种调查资料进行归类、总结与分析的过程，主要包含以下三个环节：

1. 审查核实

在进行资料汇总前，首先要对调查得到的资料进行审核，这是保证调查工作质量的关键。审核的主要目的是保证资料的及时性、完整性和准确性。

2. 分类汇编

资料经过审查核实后，为了便于归档查找和统计，还应按照调查的要求进行分类汇编，使之成为能反映调查对象客观情况的资料。因为完整、集中和简明的材料，能够为分析工作打下良好的基础。

3. 分析处理

分析处理是对整理好的资料进行定性分析或者定量分析，并在此基础上编制各种图表，从而便于后续阶段的分析和研究。

（五）撰写调查报告

撰写调查报告是公共关系调查的最后一步，也是必不可少的步骤。它可以准确反映组织的公共关系状态及公众舆论，检验公关活动的完成情况及其社会影响，总结公关工作的经验与教训，便于今后公共关系工作的进一步开展。

一般而言，公共关系调查报告主要包括以下五个部分：

扫一扫

中国公共关系业

2020 年度调查报告

1. 标题

标题可以是由组织名称、调查内容、文种三部分组成的单行标题，也可以是在单行标题上方拟出引题，以突出调查报告中心论点的双行标题。标题下方要有署名，署上委托方、调查方及报告日期。

2. 前言

一般简要说明调查的基本情况，主要包括公共关系调查的背景和目的、调查的对象、调查的区域范围、调查的时间进度、调查的结论等。

3. 正文

正文是调查报告的核心部分，主要是从多角度、有条理地把调查结果表述出来。正文基本上包含三个部分：调查方法、调查结果、结论或建议。

4. 结尾

结尾可以总结全文、提出希望，对本次调查的事实及结论做出评价，并对未来趋势与补充调查指明方向。

5. 附件

附件是对正文报告的补充或更详尽的说明，包括调查问卷、背景材料、统计数据等。

知识拓展

撰写调查报告的注意事项

（1）要考虑到读者的阅历和观点，尽量使报告适合读者阅读。
（2）调查报告要用标准格式撰写，打印工整。
（3）调查报告的文字应简明扼要，内容要通俗易懂。
（4）仔细核对数据和统计资料，保证资料准确无误。
（5）充分利用统计图、统计表来说明和显示资料。
（6）按照每一个项目的重要性来决定其篇幅的长短和强调的程度。

三、公共关系调查的内容

公共关系调查的内容十分广泛，主要包括组织形象调查、组织基本情况调查、公众情况调查、社会环境调查和公共关系活动效果调查。

（一）组织形象调查

组织形象是指公众对组织的整体印象和评价，也是组织的表现在公众心目中的投影。组织形象调查包括三个方面：期望形象调查、实际形象调查和形象差距比较分析。

1．期望形象调查

期望形象是指全体员工期望建立的组织形象，是组织公共关系工作的既定目标和努力方向。组织期望形象的调查应从组织凝聚力、组织实际状态和基本条件、内部员工对组织形象的分析与评估这三个方面展开。

2．实际形象调查

实际形象是指公众心目中已经形成的对组织的总体印象和总体评价。它主要表现为组织的知名度和美誉度。

3．形象差距比较分析

组织的自我期望形象不可避免地会与其实际形象存在一定差距。要想使两者保持一致，就必须对其进行对比和分析，了解公众的真实需求和当前工作中存在的问题，然后对问题进行改正，从而逐步提升组织的形象。

（二）组织基本情况调查

组织基本情况调查是指对组织内部的状况进行的专门性研究，主要包括对组织的经营管理状况和组织内部公众的情况进行调查。其中，前者的调查内容主要包括组织的经营方针、经营目标、管理方法，以及组织对社会的贡献等；后者的调查内容主要包括员工的基本状况和心态，以及员工对组织决策层的意见和支持程度等。

（三）公众情况调查

公众情况调查主要指外部公众调查，具体包括对公众的动机、态度、需求等的调查。通过对公众的了解和分析，能够帮助组织更好地推广其产品或服务，树立良好的形象。

（四）社会环境调查

社会环境是指与组织有关的各类公众和各种社会条件的总和。社会环境调查主要是指对组织的政治环境、经济环境、法律环境、人文环境、技术环境和公众环境等进行调查。

通过社会环境调查，公关人员能够分析和判断出哪些环境因素对组织起到了重大作用，并履行监测环境和优化环境的职能，以方便组织对存在的问题进行及时解决。

（五）公共关系活动效果调查

公共关系活动效果调查主要是指对活动所取得的成绩进行调查。这些成绩主要包括已经实施的活动在塑造组织形象、解决公共关系问题和促进商品销售等方面所取得的效果。

精选案例

先搞清这些问题

一家宾馆新设立了公共关系部，开办伊始，该部门就配备了豪华的办公室、漂亮迷人的公关小姐、现代化的通信设备……但部长却发现无事可做。后来，这个部长请来了一位公共关系顾问，向他请教。于是这位顾问一连问了以下几个问题。

“本地共有多少宾馆？总铺位有多少？”

“旅游旺季时，本地的游客每月有多少，国内的外地游客有多少？国外的游客有多少？”

“贵宾馆的‘知名度’如何？在过去三年中，花在宣传上的经费共多少？”

“贵宾馆最大的竞争对手是谁？宾馆潜在的竞争对手将是谁？”

“去年一年中因服务不周引起房客不满的事件有多少起？服务不周的症结何在？”

对这样一些极其普通而又极为重要的问题，这位公共关系部部长竟张口结舌，无以对答。于是，那位被请来的公共关系顾问说道：“先搞清这些问题，然后再开始你们的公共关系工作。”

四、公共关系调查的方法

为了使公共关系调查工作行之有效地进行，必须采用科学的调查方法。公共关系调查常用的方法有文献调查法、访谈法、观察法、抽样调查法和问卷调查法。

（一）文献调查法

文献调查法是一种收集、分析和整理现有文献资料的调查研究方法。它具有资料获得比较方便、效率高且花费少的优点，可用于其他调查方法之前。但是通过此种方法获取的资料可能在时间和空间上存在局限性，还可能存在伪造、失真等问题，需要公关人员进行仔细甄别。一般来说，公关人员可通过阅读书籍、报刊、统计报表、文书档案或者网络检索等方法收集文献资料。

（二）访谈法

访谈法是调查者和被调查者通过面对面的访问交谈，以了解组织公共关系状态的方法。访谈法由于反馈迅速，灵活性强，因此应用较为广泛。

访谈法主要分为个别访谈法、集体访谈法和电话访谈法三种形式。其中，个别访谈法是指调查者单独对被调查者进行访谈的方法，它具有保密性强、访谈形式灵活和调查结果准确等优点；集体访谈法是指一名或多名调查者对大量公众进行座谈的方法，它能集思广益，具有工作效率较高且经费投入少的优点；电话访谈法是指调查者对事先选好的被调查者进行电话调查的方法，具有速度快、费用低、不受空间限制等优点。

课堂互动

哪些公共关系访谈节目或报道令你印象深刻？

（三）观察法

观察法是指调查者深入现场，通过直接观察、跟踪和记录被调查者的情况来收集一手资料的调查方法。这种方法要求调查者目的明确，并且事先准备好周密的观察计划，事后要得出具有实际意义的调查结论。

观察法的优点是能够如实地反映问题，不足之处是只能了解被调查者的表面信息，成本较高，并且容易受到调查者自身能力和资源的限制。

（四）抽样调查法

社会经济调查，通常有两种方法：一种是全面调查，又叫普查；一种是抽样调查。全面调查是对需要调查的对象进行逐个调查，这种方法所得资料较为全面、可靠，但调查花费的人力、物力、财力较多，且调查时间较长。全面调查适用于产品销售范围很窄或用户很少的情况，对于种类多、产量大、销售范围广的产品，可以采用抽样调查。

抽样调查法是指公共关系调查人员从需要调查的对象的总体中，抽取若干个个体（即样本）进行调查，并根据调查的情况去推断总体特征的调查方法。抽样调查可以把调查对象集中在少数样本上，并获得与全面调查相近的结果。这种调查方法的优点主要包括调查成本低、工作效率高、结果准确等。

（五）问卷调查法

问卷调查法是指调查者运用统一的问卷提出问题，以了解公众的需要及他们对组织产品、服务或某些问题的认识和看法。采用问卷调查法可同时调查众多对象，成本较低，因此应用非常广泛。但是，问卷调查法存在回收率低的问题，应注意选择对调查有兴趣、有意愿的公众。

调查问卷的结构一般包括封面信、指导语、问题和答案等。在设计问卷时，应注意整体逻辑清晰，问题数量适中且排列有序，用语简洁、准确。不宜在问卷中设置诱导性问题，如“大多数人都喜欢这个产品，你喜欢吗？”选项设计也要合理，不同选项之间不能彼此交叉。例如，“A. 职业女性 B. 中年女性 C. 女大学生 D. 家庭主妇”中，“职业女性”与“中年女性”和“家庭主妇”的概念有所交叉，因此设计不合理，可删除“中年女性”选项。

麦当劳的公关调查问卷

精选案例

××品牌新能源汽车消费情况调查问卷

亲爱的顾客:

您好！感谢您对本公司的关注和支持。这份问卷希望能够在进一步了解您的需求后，给您提供更优质的服务。敬请您填写以下问题，填写时在您所选定的选项前画“√”。第 17 题烦请您简洁地写上几句，您的回答对我们很有价值。您的资料我们会给予保密，敬请放心。

××新能源汽车有限公司

××××年××月

（1）您的基本情况。

① 您是:

A. 本地人　　B. 外地人

② 您的性别:

A. 男　　B. 女

③ 您的年龄:

A. 26 岁以下　　B. 26～35 岁　　C. 36～50 岁　　D. 50 岁以上

④ 您的驾龄:

A. 2 年以下　　B. 2～3 年　　C. 4～5 年　　D. 5 年以上

⑤ 您的月收入:

A. 5 000 元以下　　B. 5 000～10 000 元

C. 10 000 元以上

⑥ 您的婚姻状况:

A. 单身　　B. 已婚　　C. 离异　　D. 丧偶

⑦ 您的职业：

A. 企业　　B. 事业单位

C. 自由职业者　　D. 其他

（2）您对××品牌新能源汽车的态度。

⑧ 近期您是否有购买新能源汽车的打算：

A. 有　　B. 没有

⑨ 您购买新能源汽车最关注的因素：

A. 经济性好、性价比合理　　B. 售后服务好、维修成本低

C. 品牌知名度高　　D. 能体现身份地位

⑩ 您能够接受的新能源汽车价格区间：

A. 15 万元以下　　B. 15～30 万元

C. 31～50 万元　　D. 50 万元以上

⑪ 您最愿意接受的支付方式：

A. 现金一次付清　　B. 银行分期贷款

⑫ 您喜欢哪一类促销活动：

A. 优惠券购车抵现金

B. 优惠展销、免费试驾三天

C. 6 折维修卡、专家免费检测

⑬ 您通过什么途径获知该品牌的新能源汽车：

A. 报纸、杂志　　B. 电视、广播

C. 实地展销厅　　D. 亲友介绍

⑭ 请您对该品牌汽车销售人员进行评价：

A. 非常好　　B. 很好　　C. 一般　　D. 不好

⑮ 您试驾后的感受：

A. 非常好　　B. 很好　　C. 一般　　D. 不好

⑯ 您对该品牌新能源汽车哪方面顾虑最大：

A. 售后服务　　B. 电池续航力

C. 充电便捷性　　D. 维修成本

⑰ 您认为应怎样解决这一（些）问题？请您提出宝贵意见！

姓名________ 班级________ 学号________

任务测试

一、选择题

1.【单选题】（　　）是指公众心目中已经形成的对组织的总体印象和总体评价。它主要表现为组织的知名度和美誉度。

A. 期望形象　　B. 实际形象
C. 形象差距比较分析　　D. 自我形象

2.【单选题】（　　）是组织公共关系活动的开端。

A. 公共关系调查　　B. 公共关系策划
C. 公共关系评估　　D. 公共关系实施

3.【单选题】（　　）是调查者和被调查者通过面对面的访问交谈，以了解组织公共关系状态的方法。

A. 文献调查法　　B. 观察法
C. 访谈法　　D. 抽样调查法

4.【多选题】组织形象调查主要包括（　　）。

A. 期望形象调查　　B. 实际形象调查
C. 形象差距比较分析　　D. 目标公众调查
E. 社会环境调查

5.【多选题】公共关系调查的方法包括（　　）。

A. 文献调查法　　B. 访谈法
C. 观察法　　D. 抽样调查法
E. 问卷调查法

6.【多选题】一般而言，构成公共关系调查报告的主要部分包括（　　）。

A. 标题　　B. 前言
C. 正文　　D. 结尾
E. 附件

二、案例分析题

美国某营养食品生产商的母亲座谈会

美国某营养食品生产商合资在我国广州建立了婴幼儿食品厂。但是，生产什么样的食品来开拓广阔的中国市场呢？筹建食品厂的初期，生产商做了大量调查工作，多次召开“母亲座谈会”，充分听取公众的意见，广泛了解消费者的需求，征求广大母亲对婴儿产品的建议，摸清各类食品在婴儿哺养中的利弊。之后进行综合比较、分析研究，根据母亲们提出的意见，生产商试制了一些样品，免费提供给一些托幼单位试用；同时，广泛收集和征

姓名____________ 班级____________ 学号____________

求社会各界对产品的意见、要求，并相应地调整原料配比。他们还针对儿童食物因缺少微量元素而易造成儿童营养不平衡、影响身体发育的现状，在食品中加进一定量的微量元素，如锌、钙、铁等，从而使食品配方更趋合理，使产品具有极大的吸引力。于是，该生产商生产的婴儿营养米粉等系列产品迅速走进了千千万万中国家庭。

问题分析：

（1）该营养食品生产商是怎样运用公共关系调查开拓中国市场的？

（2）公共关系调查的程序是什么？

任务二　进行公共关系策划

任务描述

通过本任务的学习，能够了解公共关系策划的含义和原则，掌握公共关系策划的程序和方法，并学会撰写公共关系策划方案。

知识精讲

一、公共关系策划的含义

公共关系策划是指公共关系人员为实现组织形象战略目标，在公共关系科学理论的指导下，以公共关系调查为基础，对各类公共关系活动进行设计和谋划，并筛选出最佳策划方案的过程。公共关系策划是公共关系工作的中心环节，具有强烈的战略性和创造性。

二、公共关系策划的基本原则

公共关系策划的优劣关系着公共关系活动开展的成败，因此，公共关系人员在进行公共关系策划时，应当遵循相应的原则。

（一）尊重客观事实

尊重客观事实的原则贯穿于公共关系工作的始终，是公共关系策划最基本的原则。

公关策划的核心

在进行公共关系策划时，应在尊重客观事实的基础上，收集符合事实的资料，以客观事实为依据进行策划，不能为追求一时的轰动效应而进行过分的夸大或粉饰。在传播过程中，要保证信息客观、真实，不能隐瞒组织自身存在的问题。如果在策划中出现问题或失误，要勇于承担责任，及时改正，以消除不良影响。

（二）兼顾组织和公众的利益

在进行公共关系策划时，应以组织自身的利益为主要目标，使公共关系活动能够为组织创造良好的社会和经济效益。与此同时，组织还应兼顾公众的利益，充分满足公众的需求，以实现双赢的效果。

课堂互动

外地的工人在上海某商厦购买了一台微波炉，下楼时，他将微波炉放在电梯扶手上。没想到，微波炉顺势而下，碰倒了大型灯箱，修复灯箱的费用为 6 000 元。请问，从“兼顾组织和公众的利益”的原则出发，应如何解决上述问题？

（三）兼顾创造性与可行性

为了吸引公众的注意，策划的公关活动应充满创意，具有独特的方式和新颖的内容。但是，再好的创意策划如果不具备可行性、不能落到实处，也不过是空想空谈。因此，公关人员在保证策划活动具有创造性的同时，必须兼顾其可行性，不可偏废其一，否则公共关系活动将无法顺利进行。

（四）兼顾计划性与灵活性

公共关系策划应具有一定的计划性，以保证后续活动能够顺利推进。但是，在公共关系活动实施过程中，组织内、外部的环境可能会发生意想不到的变化，从而打破原有的计划。对此，公关人员应增强变化意识，预测变化趋势，掌握变化情况，根据变化的情况灵活修改策划方案。

三、公共关系策划的程序

公共关系策划是一个系统性的过程，可以分为确定策划目标、分析目标公众、设计主题、选择媒介、预算经费和确定策划方案六个阶段。

（一）确定策划目标

公共关系策划的目标是一个科学的体系，根据不同的划分标准，可以分为多种类型。

（1）从时间上看，在组织总目标的制约下，可以把公共关系策划目标看作由长期目标、中期目标和短期目标组成的目标体系。在这一体系中，中期目标和短期目标从属于长期目标，是长期目标在特定时间段的细化。长期目标通常在 5 年以上，是组织长期奋斗的理想目标；中期目标通常为 1～5 年，能够使组织明确公共关系工作的任务和方向；短期目标以 1 年为限（包括 1 年），也可称为年度目标，确定 1 年中日常工作、定期活动和专门活动。

（2）从目的上看，公共关系策划的目标可分为传播信息、联络感情、改变态度和引起行为四种类型。① 传播信息是指组织向公众开展传播宣传活动，让公众知晓有关组织的真实情况，这是公共关系策划最基本的目标，也是公共关系策划首先要考虑的问题；② 联络感情主要是联络组织与内、外部公众的感情，是组织的感情投资工作；③ 改变态度是指组织通过引导、沟通，最终改变公众对组织的某种观念和态度，是公共关系策划的主要目的；④ 引起行为是指组织开展的一切公关活动，是为引起公众对组织有利的行为，这也是公共关系策划的最终目标。

无论公共关系策划的目标怎样划分，在进行策划时都要根据公共关系活动的具体情况具体分析，选择合适的公共关系目标体系。在确定公共关系目标时，应当做到明确、具体，所策划的公共关系目标应当与组织的总体发展目标相一致，并且切实可行、便于掌控。

（二）分析目标公众

组织面对的公众各种各样，由于精力和资源有限，只能根据公关活动的目标选择目标公众，做到有的放矢。

对目标公众进行分析之前，首先要确定哪些公众是组织的目标公众。明确公共关系目标公众的具体方法有如图 3-2-1 所示三种。

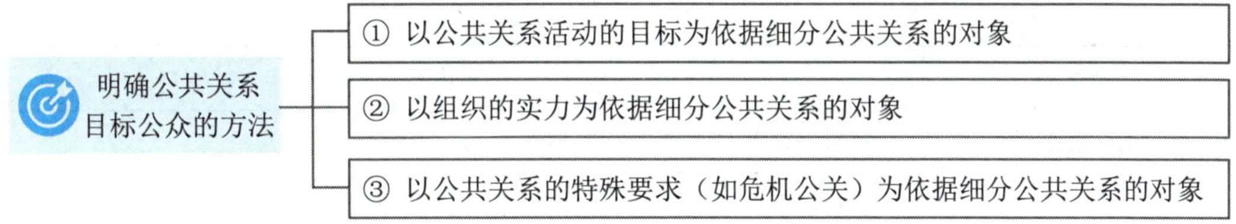

图 3-2-1　明确公共关系目标公众的方法

目标公众确定之后，公共关系人员还应对目标公众进行分析。只有真正了解目标公众，才能明确策划工作的策略和重心。目标公众分析的具体内容如图 3-2-2 所示。

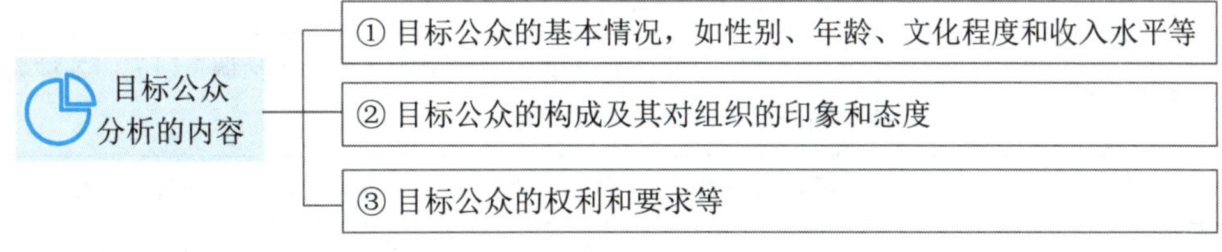

图 3-2-2　目标公众分析的内容

（三）设计主题

公共关系活动的主题是公共关系策划目标和内容的高度概括，在整个公共关系活动中起着提纲挈领的作用。公共关系活动的主题具体要求如图 3-2-3 所示。

图 3-2-3　公共关系活动的主题要求

（四）选择媒介

媒介是组织与公众之间的信息纽带，各种传播媒介都有其自身的优势和特点，因此，进行公共关系策划时，应当根据自身的需要选择合适的媒介，以提升活动的效果。在选择媒介时，需要考虑目标公众、预算方案和传播内容等因素。例如，传播热点新闻，可采用电视、网络等电子媒介；传播调查报告，可采用报纸、期刊等印刷媒介。

（五）预算经费

开展公共关系活动需要一定的经费支持，而公共关系策划也包括对经费进行合理的预算和安排。

1. 经费的内容

经费的具体内容如表 3-2-1 所示。

表 3-2-1　经费的内容

经费名称	具体内容
劳务报酬	包括公共关系活动所有参与人员的相应报酬
器材设备费用	主要包括公共关系活动所购买和租赁的摄影器材、音响器材，以及各种印刷品、纪念品和工艺美术器材的费用
行政办公费用	包括房租、水电费、电话费、交通费和文具费等
宣传推广费用	包括报纸、杂志、广播、电视和网络等媒介上宣传所产生的费用，以及展示、宣传品印制等费用
活动经费	是指在具体的公共关系活动中所产生的费用，包括调查研究、各种会议、各种专题活动及人员培训等的费用
赞助费	包括赞助社会文化、体育、教育、福利事业、慈善事业等方面的费用
预留机动费用	是用于突发事件的费用，一般按活动费用总额的 5%～10%计算

2. 预算经费的方法

通过编制预算，能够使公关人员预先了解活动的投入成本，并能在事前进行全面安排，以保证公关工作的正常开展。预算经费的具体方法主要有如表 3-2-2 所示三种。

表 3-2-2　预算经费的方法

预算经费的方法	具体内容
销售收入抽成法	是指按组织的总销售收入抽取一定比例作为公共关系预算，经费一旦确定，基本不再增补或删减。该方法一般用于公共关系部门的年度预算
目标作业法	是指先确定公共关系工作所期望达到的目标，然后逐项列出所需经费，最后核定单项活动和全年活动的预算
投资报酬法	是指将公共关系活动的开支作为一项投资，即以相同数量的资金投入获得效益的大小作为依据，优先投资收益率高的项目

（六）确定策划方案

确定策划方案是公共关系策划的最后阶段，内容包括方案的确定、优化及论证。

1. 方案的确定

方案的确定即通过确定目标、分析目标公众、设计主题、选择媒介和预算经费等一系列准备阶段，进入实际策划阶段，并将策划的过程以文字形式呈现出来。

2. 方案的优化

方案的优化就是尽可能地完善公关方案，提高方案的合理性和可行性，降低活动成本。

3. 方案的论证

方案的论证一般由有关高层领导、专家和实际工作者对方案提出问题，由策划人员进行答辩论证。最终确定的方案应具有系统性、应变性、效益性和可操作性。

四、公共关系策划的方法

公共关系策划的方法多种多样，根据组织的实际情况、社会环境的差异及不同类型的公众，可灵活地采取不同的方法。

（一）制造新闻法

制造新闻法是指在不损害公众利益的前提下，策划或举办具有新闻价值的事件或活动，吸引新闻界和公众的注意，争取被报道的机会，以达到提高知名度、扩大社会影响的目的。

制造新闻法是一种借助新闻媒介向公众传递组织信息或产品信息的方法。它不同于做广告，是一种经济实惠、影响广泛的传播手段，也是很多组织乐于采用的公共关系手段。这种方法能引起公众的注意，既新奇又能直接展示组织的“实物”，能加深公众对组织的印象并增加信任感。为了使策划能够引起轰动效应，达到满意的效果，公关人员要选择公众关心的或与其利益相关的话题，并且制造的新闻应具有“新、奇、特”的特点。

精选案例

鸽子事件

某公司的一幢52层的总部大楼竣工了，结果一大群鸽子竟抢先“进驻”，把房间弄得很脏。公关顾问并不认为这是件无关紧要的小事，而是将其看成一个扩大公司影响的好机会。于是，在征得公司领导同意后，他立即下令关闭这幢大楼的所有门窗，不能让一只鸽子飞走。接着，他设计并导演了一场妙趣横生的“制造新闻”活动。

这位公关顾问首先请动物保护委员会迅速派人来处理这件有关保护动物的“大事”，紧接着就给新闻界打电话，告诉他们一大群鸽子飞进大楼的奇景，而且还告诉他们动物保护委员会将来捕捉鸽子。于是，电视台、广播电台和报社等新闻传播媒介纷纷派出记者进行现场采访和报道。

动物保护委员会花了3天的时间捕捉鸽子，在这3天中，各新闻媒介对捕捉鸽子的行动进行了连续报道。这些新闻报道把公众的注意力全部吸引到此公司上来，结果，公司总部大楼名声大振。同时，公司首脑充分利用在荧屏上亮相的机会，向公众介绍公司的宗旨和情况，加深和扩大了公众对公司的了解，从而大大提高了公司的知名度和美誉度。通过“制造新闻”，该公司轻易地完成了向公众发布总部大楼竣工消息的任务。

（二）时机选择法

公共关系策划要选择合适的时机，合适的时机能使公共关系的开展起到事半功倍的作用，从而增强组织的传播效果。在进行公共关系策划时，组织可合理选择以下时机：

1. 企业自身时机

组织可以开展公关活动的时机很多。例如，推出新产品、新服务，周年庆典，开业、竣工之日等都是提高组织形象的好机会。

2. 固定时机

固定时机是指利用节假日、纪念日等固定日期来开展公共关系活动的日子。这样的日子对各种组织来说是均等的机会，要想把这种固定的节日过出新意，获得良好的效果，需要做好公共关系策划工作。

3. 突发事件时机

组织可以利用突发事件的机会来开展公共关系活动，如果合理利用这些时机，会产生巨大的公关效益。

精选案例

“双十一”的由来

11月11日本来仅是流传于年轻人之间的娱乐性节日，被称为“光棍节”，而淘宝网却把这种非法定节假日过出了新意，取得淘宝网、淘宝卖家和消费者多方共赢的成果。

如果不是淘宝的成功营销，可能很多消费者并没有在“光棍节”这天疯狂购物的习惯。从2010年淘宝商城“双十一”大促开始，网民对这个购物节日的热衷程度直线上升。2010年11月11日，淘宝网单日交易额9.36亿元；2011年11月11日，零点上线，8分钟交易额就突破1亿元，全网共计52亿元……2016年11月11日，总交易额超过1 207亿元，无线交易额占比81.87%，覆盖235个国家和地区；2021年11月11日，总交易额达到5 403亿元，创下历史新高。

（三）借势造势法

借势造势法是公共关系策划中最常见的方法，策划者可借助组织外部的条件和环境进行策划，将公众和媒介的注意力吸引到组织身上，来扩大对组织的影响。一般来说，策划者往往会借助比组织更受关注的人或事物（如知名建筑、名城和名山大川等）。

知识拓展

借势的主要类型

（1）借“事件”之势：借助某一事件进行公关策划。

（2）借“政策”之势：借助最新政策进行公关策划。政策不是一成不变的，所以要关注政策在不同时期的变化。

（3）借“时间”之势：借助某一特殊的、有重大纪念意义的时间进行公关策划。

（4）借“人物”之势：借助某一名人的影响进行公关策划。人物可以分为古人和今人，只要他们有影响力，就可以借势。

（5）借“特产”之势：借助某地特产进行公关策划。

（6）借“舆论导向”之势：借助一定时期内大众和新闻舆论关注的焦点和热点进行公关策划。

除了以上类型外，还有借“文化”之势、借“民俗”之势、借“宗教”之势等。

（四）头脑风暴法

头脑风暴法又称自由思考法，是由美国创造学家奥斯本于 1939 年首先提出的，其核心是高度自由的联想。头脑风暴法是利用群体共同探讨和研究某个问题，提供能够相互启发、引起联想的机会和条件，使大脑处于高度兴奋状态，从而不断提出创意的方法。

采取头脑风暴法进行策划的具体步骤如图 3-2-4 所示。

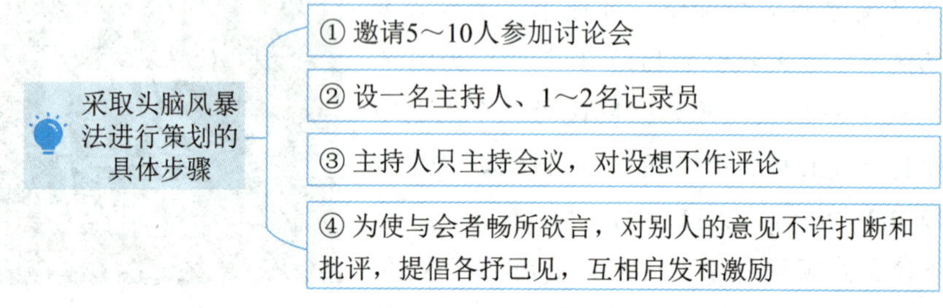

图 3-2-4　采取头脑风暴法进行策划的具体步骤

五、公共关系策划方案

公共关系策划方案是公共关系策划成果的体现，是公共关系活动实施的行动依据和指南，其基本结构包括以下几个部分：

（一）封面

策划方案的封面要美观、大方，并且策划方案名称要完整，注明策划者的姓名、所在单位和职务、日期等。

（二）前言

前言是对策划活动开展的必要性和重要性的说明，其浓缩了全文的精华，展示了策划方案的核心创意。

（三）目录

策划方案的目录方便读者看完后能了解整个策划的概貌。

（四）正文

正文是策划方案的主体部分，主要内容包括活动背景、活动目标、活动主题、活动参与者、实施方案和效果预测等。在撰写过程中，要考虑周全，使方案具有可操作性。

1．活动背景

活动背景应说明策划该项活动的原因，还可引述与该项活动密切相关的背景资料，包括活动所处的社会背景和所在行业的大环境等。必要时，可进行 SWOT 分析。

知识拓展

SWOT 分析法

SWOT 分析法是 20 世纪 80 年代初由旧金山大学的管理学教授韦里克提出来的。SWOT 四个英文字母分别代表：优势（Strength）、劣势（Weakness）、机会（Opportunity）、威胁（Threat）。所谓 SWOT 分析，即态势分析，就是将与研究对象密切相关的各种主要内部优势、劣势、机会和威胁等通过调查列举出来，并依照矩阵形式排列，然后用系统分析的思想，把各种因素相互匹配起来加以分析，从中得出一系列相应的结论，而结论通常带有一定的决策性。

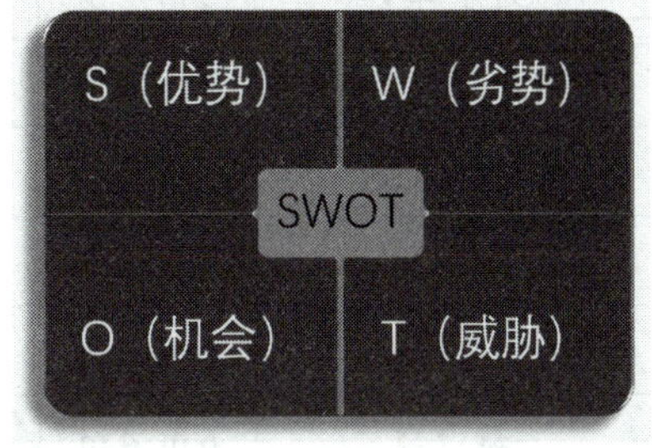

2. 活动目标

活动目标应说明活动预期达到的效果，以及活动的价值和意义等。

3. 活动主题

活动主题要具有创造性、艺术性和感染力，能充分体现活动的特色，给人留下深刻的印象。例如，“最潮三月三”（最潮三月三品牌三月春季展会创意活动方案）；“浪漫随行，敞享七夕”（汽车品牌七夕活动方案）；“以爱之名，与家同行”（七夕购房节活动方案）。

4. 活动参与者

活动参与者一般包括多人或多家机构，具体有如图 3-2-5 所示三种类型。

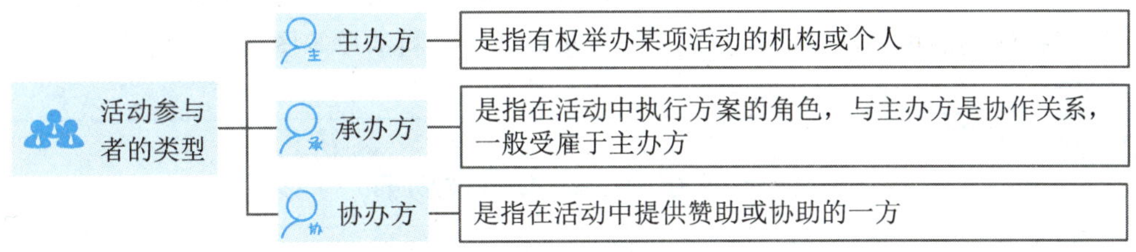

图 3-2-5 活动参与者的类型

5. 实施方案

实施方案主要包括活动名称，活动的主要内容、方式和基本要求，项目相关人员责任分配表，策划进度表，预算方案，媒介方案，场地安排，所需物料等。

需要注意的是，在撰写实施方案时，应交代清楚所有的细节，可制作表格进行逐一列举，防止遗漏。例如，某酒店举办开业庆典所需物料清单如表 3-2-3 所示。

表 3-2-3　某酒店开业庆典所需物料清单

物料名称	规格	单位	数量	单价	金额	备注
音响	基本配置	套	1	1 500	1 500	—
欢迎水牌 1	3 m×2 m	块	2	300	600	项目正门外，租用
欢迎水牌 2	2 m×1 m	块	1	200	200	项目大门侧，租用
停车导示牌	1 m×3 m	个	1	260	260	停车入口处，租用
醒狮	—	对	1	1 800	1 800	包括点睛、采青物料
主席台背景	6 m×3 m	个	1	900	900	—
舞台	6 m×4 m	个	1	1 100	1 100	—
剪彩绣球、剪刀、托盘	—	套	1	100	100	—
幕布及装饰布置	—	处	1	300	300	揭幕用
合计	6 760 元					

6. 效果预测

效果预测主要是对公共关系活动的效果进行预测，包括以下几个方面：

（1）传播媒介对本次活动的反应和态度。

（2）活动覆盖的公众范围及公众对活动的看法和评价。

（3）活动对组织的公共关系所产生的积极影响。

（五）附件

附件是指附在正文后、与正文有关的参考资料，对正文内容起到辅助说明的作用。附件主要包括活动的相关许可证、获奖证书、预算表、材料清单等图文或表格等。

精选案例

××超市公共关系策划书

（1）目标及宗旨。

总目标：对企业文化进行全面宣传，让市民接受××超市文化，了解××超市。

阶段目标：扩大××超市的影响，吸引更多的市民关注××超市。

具体目标：利用周年庆典活动，吸引市民到××超市购物。

（2）创意说明。

① 活动主题：庆典兴××，商家齐让利。

② 活动目标、宗旨：通过店庆的宣传进一步加深广大消费者对××超市的认识。

③ 活动名称、项目：双喜临门，你乐我也乐。

④ 活动介绍：为庆祝元旦及店庆，北京××超市农大南路店将于2020年1月1日起正式举办此活动。

⑤ 活动时间：2020年1月1日至1月3日。

⑥ 活动地点：××超市卖场内。

⑦ 活动内容：商品全面特价，让利酬宾。

a. 食品：F6，5个品项；F7，30个品项；F9，20个品项。

b. 生鲜：F1～F5共30个品项，蔬菜、水果天天低价。

c. 百货：服饰以儿童服饰为重点，降价20%；一层儿童服装城，全场儿童服装六折优惠，部分儿童服饰让利10～15元给广大顾客；文体文教用品全部降价10%～30%；家纺用品降价20%～30%；日化商品30个品项降价20%～30%；家电商品推出10～20个品项，“让利惊爆加买赠”，全场家电低价酬宾，免费送货到家。

⑧ 配合部门：

a. 采购部在2019年12月28日前将各组特价商品报至××超市企划部。

b. 卖场内特价商品由楼面进行专柜陈列，每层形成特价一条街，设置免费试吃、试喝精品大展台。

c. 广播室协助活动进行连续广播，引导顾客购买商品。

d. 企划部组织店内外各种宣传活动，营造喜庆热烈的购物氛围。

（3）媒介策略（传播沟通方案）。

①《北京晚报》2019年12月30日：夹页广告宣传（A. 2112期快讯品项；B. 总经理致辞；C. 庆典活动内容）。2019年12月31日：软性报道（××超市在广大市民中所形成的影响）。

②《北京日报》2019年12月30日：夹页广告宣传（A. 2112期快讯品项；B. 总经理致辞；C. 庆典活动内容）。2019年12月31日：软性报道（××超市带给百姓的利益及对当地经济的推动）。

（4）活动计划。

① 活动一：庆典兴××，商家齐让利。

a. 活动时间：2020年1月1日至1月3日。

b. 活动地点：北京××超市农大南路店停车场。

c. 活动内容：10～15家知名品牌联手进行场外酬宾活动。

d. 具体安排：

a）采购部：于2019年12月29日前将协商好的10～15家知名品牌名单报与企划部。

b）保卫部：保证活动期间的活动场地秩序井然，并保证活动期间停车场内无车。

c）客服部：落实广播室每天的活动广播宣传。

d）企划部：负责活动场地的布置及安排（如条幅、气球、舞台、促销桌等的摆设）。

② 活动二：低价商品限时大抢购。

a. 活动时间：2020 年 1 月 1 日至 1 月 3 日。

b. 活动地点：北京××超市农大南路店内。

c. 活动内容：

a）由采购部同供应商协商，争取到供应商对××超市最大的支持，甚至在部分商品上负毛利支持，每天由供应商保证提供最少 3 个品项在卖场内进行限时大抢购。

b）每天活动时间定为：11:00～13:00，15:00～17:00。

c）根据供应商提供特价商品的数量，开展限量、限时抢购活动，具体操作由楼面人员负责。

d. 具体安排：

a）采购部：于 2019 年 12 月 29 日前将协商确定好的商品品项目录交与企划部。

b）企划部：进行每天的场外宣传工作；及时配合楼面进行 POP（卖点广告）书写或打印。

c）楼面：根据抢购活动时间安排，及时将每天所备的抢购商品安排到位；设好专门的抢购架位；及时更换抢购商品的 POP。

（5）经费预算。

a. 媒体宣传（报纸）费用：9 800 元。

b. 场地布置费用：5 000 元。

c. 宣传费用：300 元。

d. POP 广告费用：800 元。

e. 预算共计：15 900 元。

（6）效果评估。

感谢广大消费者多年来对××超市的厚爱是我们这次活动的重要目的之一。消费者以较低的价格买到满意的商品，一定会产生一种愉快的感觉。利用消费者的口碑效应可以提升××超市在消费者心中的形象。

姓名____________　　班级____________　　学号____________

任务测试

一、选择题

1.【单选题】（　　）是公共关系工作的中心环节，是公共关系工作中最富有创意的部分。

A. 公共关系调查　　B. 公共关系策划

C. 公共关系实施　　D. 公共关系评估

2.【单选题】（　　）是公共关系策划的最终目标。

A. 传播信息　　B. 联络感情

C. 改变态度　　D. 引起行为

3.【单选题】（　　）通过策划或举办具有新闻价值的事件或活动，吸引新闻界和公众的注意，争取被报道的机会，以达到提高知名度、扩大社会影响的目的。

A. 制造新闻法　　B. 时机选择法

C. 头脑风暴法　　D. 借势造势法

4.【单选题】在企业公共关系活动的经费开支中，房租、水电费、电话费、交通费等属于（　　）。

A. 劳务报酬　　B. 器材设备费用

C. 行政办公费用　　D. 宣传推广费用

5.【多选题】下列属于公共关系策划方法的有（　　）。

A. 制造新闻法　　B. 问卷法

C. 时机选择法　　D. 借势造势法

E. 头脑风暴法

二、案例分析题

"本店绝不食言！"

香港一家经营强力胶水的商店，坐落在一条鲜为人知的街道上，生意很不景气。一天，这家商店的店主在门口贴了一张布告："明天上午九点，在此将用本店出售的强力胶水把一枚价值 4 500 元的金币贴在墙上，若有哪位先生、小姐用手把它揭下来，这枚金币就奉送给他（她），本店绝不食言！"这个消息不胫而走。第二天，人们将这家店铺围得水泄不通，电视台的录像车也开来了。店主拿出一瓶强力胶水，高声重复广告中的承诺，接着便在那块从金饰店定做的金币背面涂上一层薄薄的胶水，将它贴到墙上。人们一个接着一个地上来试运气，结果金币纹丝不动。这一切都被录像机摄入镜头。这家商店的强力胶水从此销量大增。

姓名____________　　班级____________　　学号____________

问题分析：

（1）你从此案例中得到什么启示？

（2）为什么说“制造新闻”是一种最有效、最主动、最经济的传播信息的方式？

任务三　促进公共关系实施

任务描述

通过本任务的学习，能够熟悉公共关系实施的特点、方式、原则和注意事项，并能够根据组织的具体情况选择最佳的实施时机。

知识精讲

公共关系实施是将公共关系策划方案付诸行动的过程，这也是公共关系工作中最复杂、最多变的环节。

一、公共关系实施的特点

（一）动态性

在公共关系实施过程中，组织内外部环境随时会出现难以预料的新问题、新变化，因此，公关人员需要及时地根据实际情况对策划方案进行适当的调整和优化。

（二）创造性

首先，从观念的角度来讲，公关人员应该将公共关系实施看作一种艺术性的工作，而不是一个机械、刻板的执行过程。其次，在整个活动过程中，公关人员都要发挥创造性，根据现有的组织资源、传播媒介等条件，敏锐地捕捉契机、制造话题，从而使活动达到更好的效果。

（三）影响性

任何公共关系活动的实施，都会对组织内外部环境产生影响，主要体现在两个方面：① 对组织的公众对象产生影响，改变他们的观念或态度，如公众从厌恶或排斥某酒店到认可该酒店的服务和理念。② 对整个社会的风俗和文化产生影响。例如，某个社区举办皮影戏观赏活动，可以增加人们对古老皮影艺术的了解，从整个社会层面引起人们对保护非物质文化遗产的关注。

二、公共关系实施的方式

实施公共关系方案，要根据不同类型的公众对象、组织机构及其发展过程中的不同阶段，分别采取适合的工作方式，才能达到预期的效果。通常认为，比较行之有效的公共关系工作方式有以下几种：

（一）宣传型公共关系

宣传型公共关系是指利用各种传播媒介，向组织的内外公众传播本组织信息的公共关系活动方式，如产品与技术展览会、企业形象推介会、记者招待会、新闻发布会等。其特点是主导性强、时效性强，有助于提高组织的知名度，扩大组织影响。

（二）交际型公共关系

交际型公共关系是指在人与人之间的交往中开展的公共关系活动方式。例如，通过各种座谈会、茶话会、交谊舞会、沙龙、宴会和专访等方式，为组织建立广泛的社会关系网络，以提高组织的社会地位。其特点是富有人情味，具有直接性、灵活性和较多的感情色彩，属于情感营销。

精选案例

出色的推销员

吉拉德是一位出色的汽车推销员，多年来他推销的新车数量居国内推销人员之首。其成功的秘诀何在呢？按吉拉德本人的说法是："真正的推销工作开始于把商品推销出去以后，而不是在此之前。"他说："买主还没走出我们商店的大门，我的儿子已经把一封感谢信写好了。当顾客把汽车送回来进行修理时，我就会尽一切努力使他的汽车得到最好的维修……你得像医生那样，他的汽车出了毛病，你就要为他感到担忧。"

顾客们非常喜欢吉拉德给他们寄去的卡片，卡片的内容随时间季节的变化而变化。他每月几乎要发出 13 000 张明信片，通过这些明信片，吉拉德与顾客保持长期联系，了解他们的期望、要求和不满，为他们提供各种各样的帮助。吉拉德的这种交际方式充满着人情味，所以他与顾客的关系十分融洽，并能使他随时把握顾客的"消费脉搏"，为他在今后的推销活动中提供更适合顾客需要的服务创造了条件。

（三）服务型公共关系

服务型公共关系是指组织通过优质的服务，用实际行动拉近组织与公众之间的关系的公共关系活动方式，如售后服务、消费引导和义务咨询等。对于组织来说，树立良好的形象进行自我宣传固然十分重要，但起决定作用的还是组织的服务水平。只有不断增强服务意识，端正服务态度，丰富服务内容，掌握服务技巧，实行有效的服务，才能赢得公众的好评。

（四）社会型公共关系

社会型公共关系是指组织通过举办各种社会性、公益性和赞助性的活动，来塑造良好组织形象的公共关系活动方式，如公益活动、赞助活动、开业庆典与周年纪念活动等。它具有公益性、文化性、社会性和宣传性的特点。

精选案例

肯德基赞助"希望工程"

1992 年 3 月 10 日，北京肯德基有限公司、肯德基国际公司在人民大会堂宣布，向"希望工程"捐款 10 万元人民币和 5 万美元，用于建造"希望小学"。北京肯德基有限公司还向社会各界宣布：今后本公司每位员工每年都将负担起贫困地区一名少年儿童的学杂费，并将此内容写入《员工手册》，让肯德基从公司到员工都承担起一份社会责任。此举得到响应，1993 年年初，员工们纷纷解囊，每人掏出 40 元人民币，作为一个小学生一年的学杂费。肯德基有限公司对教育事业提供赞助，体现了该公司的社会责任感，电视台和新闻媒介都做了广泛报道，由此使我国广大公众对该公司留下了良好而深刻的印象。

（五）征询型公共关系

征询型公共关系是指组织通过采集信息、舆论调查、民意测验等手段，了解民情民意，掌握整个社会发展趋势的公共关系活动方式，如产品试销调查、访问重要用户、征询使用意见、开展各种咨询业务等。

（六）建设型公共关系

建设型公共关系是指在组织初创时期或新产品、新服务首次推出时期，为开创新局面、提高组织知名度而进行的公共关系活动方式。建设型公共关系能够帮助组织提高美誉度，形成良好的第一印象，或使公众对组织的产品及服务产生兴趣，如开业庆典、新产品试销、新服务介绍、新产品发布会、免费试用、开业折价酬宾和赠送宣传品等。

（七）维系型公共关系

维系型公共关系是指组织在稳定发展期间，维持知名度、巩固良好形象的公共关系活动方式。这种方式通过不间断的、持续的公关活动向公众传递组织的各种信息，巩固和维持与公众的良好关系，如向长期客户赠送一些小礼品、定期刊发有关组织情况的新闻等。

精选案例

北京长城饭店的"醉翁之意"

1986 年的圣诞节，北京长城饭店公共关系部请了一批孩子来饭店装饰圣诞树，除供应他们一天的吃喝外，临走时还特地送给每人一份小礼物。这些孩子分别来自各国的驻华使馆，他们的父母都是使馆的官员。长城饭店是五星级豪华饭店，顾客主要是各国的来华人士，邀请这些孩子来饭店，表面上是为孩子们举行一次符合西方习惯的传统活动，但"醉翁之意"是希望通过孩子来维系长城饭店与各使馆的关系。孩子在饭店待了一天，长城饭店的豪华设施在他们幼小的心灵中留下了深刻的印象，他们的父母也一定会问孩子圣诞节在长城饭店过得是否快乐，还可能看看赠送给孩子的礼品，从而对长城饭店的好感油然而生，随之而来的必然是宾客盈门。

（八）防御型公共关系

防御型公共关系是指组织为防止自身的公共关系失调，而采取的一种防患于未然的公共关系活动方式。这种方式能够在组织公共关系出现不协调预兆的时候，及时调整组织的政策和行为，维护组织与公众的良好关系。

实施防御型公共关系，公关人员必须确切地了解组织的公共关系现状，能够敏锐地发现公共关系产生的问题，针对问题采取对策，及时消除隐患，促使组织向良好的公共关系方面转变。

精选案例

35 次紧急电话

一名美国女记者在日本某百货公司买了一台未开启包装的电唱机，准备送给住在东京的婆婆。结果当她到婆婆家试用时，却发现电唱机少了重要的内件，她心中非常恼火，当晚写了一篇名为《笑脸背后的真面目》的新闻稿准备发表。第二天，正当她动身出门准备找公司交涉时，百货公司的副总经理和一名职员找上门来当场道歉，承认失误，并亲手将一台完好的电唱机外加一张著名唱片、一盒蛋糕奉上。美国女记者了解到，为了寻找她，公司打了 35 次紧急电话，包括打国际长途到她所在的美国公司、她父母亲家，以了解她在东京的住处。她非常感动，立即重新写了一篇新闻稿——《35 次紧急电话》。

（九）进攻型公共关系

进攻型公共关系是指组织为了摆脱被动局面，采取主动出击的方式来树立和维护良好形象的公共关系活动方式。

在实施进攻型公共关系时，组织应当采取以攻为守的策略，抓住有利的时机和条件，及时调整决策和行为，改变对原来环境的过分依赖，以开辟新的环境和新的机会。其特点是内容形式新颖，能迅速吸引有关公众的注意和兴趣，可以迅速提高本组织的信誉度与知名度。

（十）矫正型公共关系

矫正型公共关系是指组织在遇到问题与危机、公共关系严重失调、组织形象受到损害时，为了扭转公众对组织的不良印象或已经出现的不利局面而开展的公共关系活动。

矫正型公共关系的目的是对严重受损的组织形象及时纠偏、矫正，挽回不良影响，重新树立组织的良好形象。其要求是“及时”，即工作时能够及时发现问题，及时纠正问题并且及时改善不良形象。

三、公共关系实施的原则

公共关系实施是一个复杂的过程，必须进行科学的实施，其原则如表 3-3-1 所示。

表 3-3-1　公共关系实施的原则

公共关系实施的原则	具体内容
准备充分原则	通常来讲，准备越充分，公共关系活动的实施过程就越顺利。因此，公关人员要对组织外界环境、组织自身能力、目标公众的需求、传播媒介等因素进行深入研究，把握全局，为公共关系活动实施做好准备
目标导向原则	目标导向原则要求公关人员在公共关系活动的实施过程中，必须始终围绕组织目标，不受外界各种因素的干扰
整体协调原则	整体协调原则是指组织的所有工作人员都要有整体观念和协调意识，做到各部门之间协同合作，使公共关系活动能够顺利实施
反馈调整原则	反馈调整原则是指公关人员对实施过程进行密切监控，将发现的问题、公众的评价和意见等及时反馈给领导层，以便及时纠偏，使公共关系活动能够更好地实施

四、公共关系实施的注意事项

（一）有效排除实施中的障碍

公共关系活动在实施过程中难免会遇到各种障碍，需要公关人员及时采取措施予以清除。总体来说，影响公共关系实施的障碍主要包括以下几个方面：

1. 主体障碍

主体障碍是由实施主体引发的障碍，具体类型如表3-3-2所示。

表3-3-2　主体障碍的类型

主体障碍的类型	常见障碍	清除障碍可以采取的措施
实施人员的障碍	①实施人员专业素养差；②管理水平低、观念落后、思维陈旧等	①对实施人员进行严格的培训和教育；②加强与实施人员的交流沟通；③建立完善的管理制度；④密切监控实施过程
目标障碍	①公共关系目标与组织的整体目标产生冲突；②目标不切实际，没有可行性；③目标的实现期限过短或过长；④实施人员没有足够权限完成目标等	①检查公共关系目标与组织整体目标是否一致；②检查目标是否切实可行；③检查目标的期限是否合适；④检查实施人员是否有足够权限完成目标
创意障碍	①创意不符合公众的心理需要和欣赏习惯；②创意过于天马行空，可操作性差；③创意质量差，缺少趣味和影响力等	①进行真实、可靠的调研，以真实信息为依据，做出充满创意的活动方案；②提高公关人员的素质，培养其开放性思维

2. 沟通障碍

沟通障碍是指在公共关系实施过程中，由于语言、习俗、心理、年龄、观念等方面原因造成的传播不畅通。常见的沟通障碍具体体现如表3-3-3所示。

表3-3-3　常见的沟通障碍

常见的沟通障碍	具体内容	清除沟通障碍的措施
语言文字障碍	指语言差异、语意不明等引起的沟通困难，如用词不当、语意不明和表达不畅等	①提高语言表达能力；②提升文化修养，充分了解不同国家和地区的习俗、道德和礼仪规范等；③对于心理、年龄和观念等因素造成的障碍，沟通者应首先建立信任，然后尽可能地消除双方各自的偏见，一切从事实出发，以共同利益促进双方达成共识
习俗障碍	指在沟通过程中违背了道德、礼仪、习惯、传统、风俗等	
心理障碍	指人的认识、情感、态度等心理因素对沟通造成的障碍，如消费心理、交际心理、政治心理等	
年龄障碍	指不同年龄阶段的公众对事物有着不同的看法，所能接受的信息也不同	
观念障碍	指组织公众原有的观念给沟通带来的障碍，如封建观念、保守观念、地方保护主义观念等	

精选案例

礼品赠送风波

国内一家专门接待外国游客的旅行社，有一次在接待意大利游客时准备送每人一件小礼品。于是，该旅行社订购制作了一批真丝手帕，每个手帕上绣着梅兰竹菊等花草图案，十分美观大方。手帕装在特制的纸盒内，料想一定会受到游客的喜欢。旅游接待人员带着盒装的真丝手帕，到机场迎接来自意大利的游客，欢迎致辞热情得体。

在车上，旅游接待人员代表旅行社将两盒包装甚好的手帕作为礼品赠送给了每位游客。没想到车上一片哗然，议论纷纷，游客们显出很不高兴的样子。特别是一位夫人，大声叫喊，表现得极为气愤，还有些伤感。旅游接待人员心慌了，好心好意送人家礼物，不但得不到感谢，还出现这般景象。原来，手帕在意大利人眼中是擦泪水用的，是离别、分别时才送的礼物，并且菊花在意大利文化中是悼念逝者的象征物品。

课堂互动

请以你知道的公共关系活动为例，分析在该活动实施的过程中出现了哪些沟通障碍，应该采取哪些措施消除障碍。

3．突发事件障碍

在公共关系实施过程中，干扰性最大的因素莫过于突发事件。突发事件具有影响力大、涉及面广和传播速度快等特点，一般分为如表 3-3-4 所示两种。

表 3-3-4　突发事件的类型

突发事件的类型	常见举例	清除突发事件障碍的措施
自然因素引起的突发事件	地震、火灾、水灾等	① 在日常工作中，做好防范预警工作；② 当事件发生后，公关人员应保持头脑冷静，认真剖析原因，正确选择对策，使组织的形象损失降到最低
人为因素引起的突发事件	投诉、舆论、负面新闻等	

（二）选择最佳实施时机

选择最佳的实施时机是提高公共关系方案成功率的必要条件。在选择时机时，应注意以下几点：

（1）凡是与重大节日没有任何联系的活动都应避开节日，以免被节日活动冲淡；而与重大节日有联系的公关活动，则可考虑利用节日烘托气氛，以扩大活动的影响力。

（2）凡是需要广为宣传的公关活动，都应避开国内外重大事件，以免被重大事件所冲淡。但是需要为大众所知的，可以借助重大事件提升传播效果；需要控制活动影响范围的，也可选择重大事件发生之时，以分散和减弱公众对活动的关注。

（3）避免同时实施两项重大的公共关系活动，以免其活动效果相互抵消。

姓名____________ 班级____________ 学号____________

任务测试

一、选择题

1.【单选题】(　　)是指组织通过采集信息、舆论调查、民意测验等手段，了解民情民意，掌握整个社会发展趋势的公共关系活动方式。

A. 宣传型公共关系　　B. 防御型公共关系
C. 矫正型公共关系　　D. 征询型公共关系

2.【单选题】通过各种座谈会、茶话会、交谊舞会、沙龙等方式，为组织建立广泛的社会关系网络，以提高本组织的社会地位，属于公共关系实施的(　　)方式。

A. 宣传型公共关系　　B. 维系型公共关系
C. 交际型公共关系　　D. 服务型公共关系

3.【多选题】下列属于公共关系实施的原则有(　　)。

A. 准备充分原则　　B. 目标导向原则
C. 整体协调原则　　D. 尊重客观事实原则
E. 反馈调整原则

4.【多选题】公共关系实施的特点有(　　)。

A. 动态性　　B. 即时性
C. 创造性　　D. 互动性
E. 影响性

5.【多选题】主体障碍是由实施主体引发的障碍，主要包括(　　)。

A. 实施人员的障碍　　B. 目标障碍
C. 心理障碍　　D. 创意障碍
E. 语言文字障碍

6.【多选题】常见的沟通障碍包括(　　)。

A. 习俗障碍　　B. 目标障碍
C. 心理障碍　　D. 年龄障碍
E. 语言文字障碍

二、案例分析题

Z公司中国大学生社会公益奖榜单揭晓

Z公司是全球领先的油漆和涂料企业，也是专业化学品的主要生产商。该公司设立了一项大学生公益奖，这是以大学生社团为奖励对象的社会公益奖项，旨在鼓励那些在社会公益领域有突出贡献的大学生社团，赞扬他们积极参与社会公益活动，并在社会中普及公益理念，提升社会大众对社会公益的关注度及参与度的行为。

姓名____________ 班级____________ 学号____________

在中国，支教和助学已经成为大学生开展社会实践、参与社会公益事业的主要方向。几乎在每一所中国大学中，都有大学生支教和助学社团。2014 年 11 月 5 日，Z 公司揭晓第三届中国大学生社会公益奖的最终评选结果：5 个优秀项目凭借其富有创意、契合当代社会需求且卓有成效的实践，从近 300 个申报项目中脱颖而出，荣获金奖。5 个金奖获得团队分别是清华大学科技教育交流协会、浙江大学学生心系西部协会、同济大学彩云支南协会、复旦大学科技教育文化交流协会及兰州大学敦煌组。

Z 公司管理委员会成员、首席人力资源官在颁奖典礼上表示："创新精神的繁荣离不开教育。我们坚信教育能推动建设更多人文城市，并长期以来一直支持教育，大学生公益奖这个项目就是例证。"三年来，Z 公司大学生社会公益奖共收到来自全国 65 座城市 450 个社团的 700 多个申报项目，影响力覆盖全国 150 所高校的数百万大学生，并已向近 200 个优秀的支教助学团队提供了奖励及支持。

问题分析：

（1）结合案例，简要说明公共关系实施的原则有哪些。

（2）该公关活动在实施中有可能存在哪些障碍？

任务四 完成公共关系评估

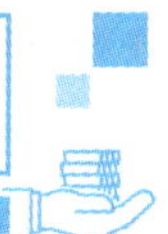

任务描述

通过本任务的学习，能够了解公共关系评估的作用和内容，认识公共关系评估的程序，并能撰写公共关系评估报告，从而具备分析问题和解决问题的能力。

知识精讲

所谓公共关系评估，是指根据特定的标准，对公共关系的整体策划、实施情况及效果进行检查、评价和总结的过程。其目的是获取关于公共关系工作过程、工作效益和工作效率的反馈信息，总结经验和教训，为进一步开展公共关系活动、改进公共关系工作和制订公共关系计划提供依据。

一、公共关系评估的作用

公共关系评估是公共关系“四步工作法”的最后一步，对公共关系活动起着总结、衡量和评估的作用。公共关系评估的作用主要表现在以下几个方面：

（1）公共关系评估是改进公共关系工作的重要环节。

（2）公共关系评估是开展后续公共关系工作的必要前提。

（3）公共关系评估是鼓舞士气、激励内部公众的重要形式。

（4）公共关系评估是有效提高公共关系部门效率的手段。

（5）公共关系评估结果是调整组织的公共关系目标、政策和行为的依据。

二、公共关系评估的内容

公共关系评估是对公共关系活动进行的全方位的检测，其内容主要包括以下几个方面：

（一）公共关系工作程序评估

公共关系工作程序评估是指对公共关系工作的各个步骤、各个环节的工作进行评估，其主要内容如下：

1. 调查过程评估

调查过程评估主要包括调查方法的选择是否得当，调查工作的组织实施是否合理，调查结论分析是否科学等。

2. 策划过程评估

策划过程评估主要包括公共关系计划的目标是否合理，目标公众的选择是否全面，主题设计是否恰当，媒介选择是否合适，经费预算是否准确等。

3. 实施过程评估

实施过程评估包括各项准备工作、沟通协调工作是否执行到位，实施过程的安排是否环节完整、重点突出、富有创意，信息的传播是否达到预期效果等。

4. 活动影响效果评估

活动影响效果评估包括了解组织信息影响的公众数量，改变观点或态度的公众数量，发生期望行为和重复期望行为的公众数量，达到的目标和解决的问题，对社会和文化发展产生的影响等。

（二）专项公共关系活动评估

专项公共关系活动是指有计划地运用有关技术、手段去达到公共关系目的的专门性活动。专项公共关系活动评估主要包括日常公共关系活动效果评估、公共关系专题活动效果评估、年度公共关系活动效果评估和长期公共关系活动效果评估。

1. 日常公共关系活动效果评估

日常公共关系活动效果评估的主要内容如图 3-4-1 所示。

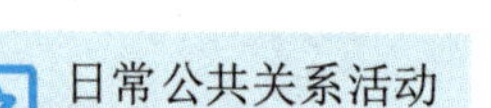

① 组织的全员公共关系运作状况
② 组织内外部公共关系活动的开展情况
③ 全体员工的公共关系意识和行为表现
④ 组织各部门在经营管理各环节上的公共关系投入
⑤ 公共关系网络
⑥ 内外部公共关系状况
⑦ 人际沟通和协调
⑧ 组织的知名度、美誉度
⑨ 公关人员的工作情况、与领导工作的配合和沟通等

图 3-4-1　日常公共关系活动效果评估的主要内容

2. 公共关系专题活动效果评估

一般而言，公共关系专题活动通过专项计划而开展，重大公共关系专题活动会对组织产生非常大的影响。

公共关系专题活动效果评估的主要内容如图 3-4-2 所示。

公共关系专题活动
效果评估的主要内容

① 活动的计划是否合适
② 活动的目标与公关总目标是否一致
③ 活动的目标是否已经实现
④ 活动所计划的交流沟通是否成功地覆盖了目标公众
⑤ 活动有无产生意料之外的影响，影响的对象和范围如何
⑥ 活动的支出是否超出预算，以及超支的原因
⑦ 活动为组织形象带来的改变
⑧ 活动中是否有突发事件和纰漏，原因何在，是否采取了补救措施
⑨ 活动对实现组织整体目标产生了哪些影响
⑩ 活动为下次同类活动提供了哪些有益的借鉴

图 3-4-2　公共关系专题活动效果评估的主要内容

3. 年度公共关系活动效果评估

年度公共关系活动效果评估是指对计划年度内的所有公共关系活动进行总体评估，以总结经验、吸取教训，为下一年度的公关计划提供依据。

年度公共关系活动效果评估的主要内容如图 3-4-3 所示。

年度公共关系活动效果评估的主要内容

① 年度公关计划目标是否实现
② 年度公关活动实施过程中存在哪些问题和障碍
③ 年度内出现了哪些重大的公关事件，对此采取的措施是否得当
④ 年度内开展了哪些重大的公关活动，效果如何
⑤ 年度内是否有超出公关计划的活动，效果如何
⑥ 年度内公关活动有无意料之外的影响，影响的对象和范围如何
⑦ 年度公关预算是否符合实际工作的需要，预算是否超支，原因和效果如何
⑧ 年度内公关活动带来的经验或教训
⑨ 内部公众对企业的各项公关活动有哪些意见和建议

图 3-4-3　年度公共关系活动效果评估的主要内容

4. 长期公共关系活动效果评估

长期公共关系活动效果评估是指对某一长期公共关系项目或公共关系长期工作的效果进行分析，需要将日常活动评估结果、专题活动评估结果、阶段性工作评估结果一并吸收进来，进行系统分析，从而得出总结论。同时，应将前几种公共关系活动效果评估的内容要点加以归纳整理和分析研究，要特别注重公共关系战略的得失问题、公共关系变动规律问题、公共关系与经营管理者的关系问题等。

（三）公众状态评估

对主要公众的状态进行评估研究，旨在通过各类公众关系的变化来评估以往公共关系工作的成效。公众状态评估包括内部公众关系评估与外部公众关系评估两种类型，如表 3-4-1 所示。

表 3-4-1　公众状态评估的类型

公众状态评估的类型	具体内容
内部公众关系评估	① 组织政策在沟通中被全员接受的程度；② 员工的士气；③ 组织的凝聚力；④ 组织中各种工作关系的处理情况；⑤ 双向沟通为组织带来的利益；⑥ 影响员工关系的因素测评；⑦ 沟通渠道需做哪些改进；⑧ 传播策略和目标有何欠缺；⑨ 公共关系在经营管理活动各个环节中的融合有无障碍等
外部公众关系评估	① 消费者关系评估，即了解消费者的态度和行为变化的特点，评估组织对消费者关系的沟通传播及人际协调方面的工作成效；② 媒介关系评估，即了解媒介对组织所持的态度；③ 政府关系评估，即了解政府的支持情况、组织与政府的沟通效果、政府关系的沟通协调策略等；④ 社区关系评估，即了解各类社区公众对组织及其有关活动的看法等

（四）传播效果评估

传播效果评估旨在分析组织公共关系中的传播效果，主要包括以下几个方面：

1. 信息制作的评估

信息制作的评估不仅包括评估公关人员的信息加工能力，如一定期限内的新闻稿件撰写数量、其他传播资料的制作数量等，还包括评估信息加工的表现形式、表现手法等。

2. 信息曝光度的评估

信息的曝光度是影响信息传播效果的重要因素，因此，需要对信息曝光度进行评估，以把握信息传播的覆盖面。其内容包括信息被新闻媒介采用的数量、传播媒介的效果、传播行为对现有资源的利用情况等。

3. 信息传播有效性的评估

信息传播有效性的评估主要包括：① 公众对信息的了解情况，包括对信息了解的公众数量和了解程度；② 公众接受信息的程度，以及这部分公众占公众总数的比例；③ 公众对组织信息的认可和赞同程度；④ 多少公众对组织产生了良好印象；⑤ 传播沟通方案的整体效果如何，包括目标选择、传播策略、媒介选择和执行情况等。

三、公共关系评估的程序

（一）明确评估目标

在进行公共关系评估时，首先要确定评估目标；其次明确评估的对象、时间、地点、内容、方式方法和需要收集的资料；最后，在评估过程中应始终严格地围绕目标进行，避免在与目标无关的环节上浪费时间和精力。

（二）选择评估标准

评估标准的选取，应当以组织所期望达到的效果为依据。不同的组织对不同活动有不同的期望，因此应设置相应的评估标准，并使标准具有可操作性。例如，组织将“让公众了解自己支持当地福利机构，以改善自己的形象”作为公共关系活动的目标，那么，评估标准就不单是组织在网络和报纸上有多少篇新闻报道，而应侧重于有多少公众对组织的观点、态度和行为发生了变化。

（三）全面实施评估

实施评估的过程就是收集信息、汇总资料的过程。首先，公关人员要以评估目标为导向，收集有效的信息和资料。其次，要对这些资料进行整理和分析，从中掌握活动的进度和动态。最后，将活动的实施情况与原有计划进行对比，明确公共关系目标和计划落实的程度及存在的问题，从而对整个工作展开全面的评估。

（四）撰写评估报告

公关人员需要将公共关系活动的评估结果以书面形式报告给领导。报告应通过文字、图表或其他形式展现公共关系工作的成绩、经验、教训等。其目的是使组织领导及时了解公共关系活动的进展，保证公共关系活动的目标始终不偏离组织的总目标和战略方向。

（五）运用评估结果

评估结果对组织日后的公共关系活动具有重要的借鉴和指导意义，因此，合理运用评估结果，有助于清除组织公共关系活动中可能存在的障碍，使活动获得更好的效果和更广泛的影响力。

四、公共关系评估的方法

（一）观察反馈法

观察反馈法强调评估人员直接参与实施过程，即评估人员进行实地考察，记录各个环节的实施状况和进展情况。其优点是评价反馈迅速，改进意见具体，易于落实；缺点是很难测量公共关系活动的长期效果。

（二）新闻分析法

新闻分析法是指通过分析新闻媒介对组织公共关系活动的报道情况来评估公共关系活动的效果的方法。组织可以通过分析传播媒介（新闻、电视、报纸等）的相关报道，及时了解自身在新闻媒介乃至广大公众心目中的形象。

新闻分析法的主要内容包括：① 统计新闻报道的情况，如新闻媒体报道的时间、频率和篇幅等；② 统计新闻媒体的情况，如新闻媒体的权威性、影响力和影响范围；③ 统计新闻报道所用的形式，如新闻媒体对组织的活动是正面报道还是负面报道，是全面报道还是部分报道等。

（三）舆论和态度调查法

舆论和态度调查法是指在公共关系活动开展前后分别进行一次舆论调查，以了解公共关系活动对公众的态度、动机、心理和舆论等方面的影响的方法。

舆论和态度调查法的主要内容包括：① 组织知名度和美誉度的提升程度；② 组织的实际形象与期望形象之间差距是否缩小。

（四）自我评估法

自我评估法是指由主持和参与公共关系计划实施的人员凭对公共关系工作的整体感觉来评估工作效果的方法。自我评估要客观、公正、实事求是，尽量消除主观色彩。

（五）专家评估法

专家评估法是指聘请外部专家对本组织的公共关系活动进行评估的方法。一般来说，专家评估的立场比较客观，能够得出相对可靠和准确的结论，有利于推动组织形象的提升和公共关系工作的进步。

知行合一

由于当今社会国际商品交换的扩大和科学技术与经济发展之间的紧密联系，世界博览会这一国际经济、科技、文化的奥林匹克盛会显得举足轻重。中国正以它前所未有的发展速度，以及在世界政治、经济、国际事务中的影响和作用令世人瞩目，举办一届成功的世界博览会显得极其重要。申办及举办世界博览会，不仅反映出一个国家的建设成就和综合国力，更显示出主办国成功迈向下一世纪的决心和信心。

上海作为中国最大的经济中心城市，其综合经济实力已达到中等收入国家水平，特别是经过 1999 年财富全球论坛、2001 年亚太经合组织会议的洗礼，上海举办大型国际活动的能力得到进一步增强。

上海申博办申请
2010 年世界博览会

申博成功将对长江三角洲影响巨大。网络调查也证明，90%以上的民众支持上海举办世博会。为塑造上海国际大都市形象，展现上海魅力，整个公关策划围绕上海的五大优势展开，彰显了上海开放、包容的鲜明个性，让世界认同“上海是最好的选择”。通过大规模全方位的宣传，中国最终获得 2010 年世博会的主办权……

学生可通过扫描“二维码”和查阅相关资料，在详细了解我国在国际社会展示中国实力，并成功塑造良好的国家形象的同时，培养自身对国家的认同感，提升文化自信。

姓名__________ 班级__________ 学号__________

任务测试

一、选择题

1.【单选题】（　　）是指对计划年度内的所有公共关系活动进行总体评估，以总结经验、吸取教训，为下一年度的公关计划提供依据。

A．日常公共关系活动效果评估　　B．公共关系专题活动效果评估

C．年度公共关系活动效果评估　　D．长期公共关系活动效果评估

2.【单选题】（　　）是指由主持和参与公共关系计划实施的人员凭对公共关系工作的整体感觉来评估工作效果的方法。

A．观察反馈法　　B．新闻分析法

C．自我评估法　　D．专家评估法

3.【多选题】传播效果评估主要包括（　　）。

A．信息制作的评估　　B．信息曝光度的评估

C．信息传播有效性的评估　　D．活动影响效果评估

E．策划过程评估

4.【多选题】公共关系评估的方法包括（　　）。

A．观察反馈法　　B．新闻分析法

C．自我评估法　　D．专家评估法

E．舆论和态度调查法

二、案例分析题

荷兰 Q 公司的公益活动

随着我国机动车数量的不断增加，交通安全问题备受重视。作为一家世界领先的石油化工公司，荷兰 Q 公司在全球范围内积极参与各种社会公益事业。秉承这一企业优良传统，Q 公司在上海某教育制片厂合作拍摄了一套交通安全科教片——“交通规范”。该片针对不同的道路使用者，以科学的方法和丰富的实例生动形象地介绍了道路安全常识和遵守交通规则的重要性，并于 1997 年 3 月 19 日在北京举行了捐赠仪式。

捐赠仪式策划如下：

（1）确定捐赠对象。选择全国范围内 18 个大中型城市的交通管理局和中小学校作为捐赠对象。

（2）召开新闻发布会。在北京组织新闻发布会，在大众媒介上宣传交通安全对小学生的重要性，同时把 Q 公司定位成积极关心社会、承担社会责任的企业公民。

（3）举办“Q 公司与道路安全”图片展。在新闻发布会和捐赠仪式现场，布置一个“Q 公司与道路安全”的图片展，展示 Q 公司在世界其他国家从事道路安全公益活动的情

况，以提升公司的公益形象。

（4）选择嘉宾。在新闻发布会上，邀请相关交通主管部门的代表、教委和学校的代表作为嘉宾出席活动，更好地强调交通安全教育的重要性。

（5）发送新闻录像带。在北京举行新闻发布会之前，发送专用新闻录像带给全国 18 个城市的电视台青少年部，从而真正配合各地电视台做好每年一度的“安全日”宣传节目。

（6）发送新闻稿。新闻发布会之后，有关捐赠活动的新闻稿在全国发放，以期获得最大限度的宣传报道。

（7）开展后续活动。Q 公司向全国 18 个城市的中小学校捐赠近万盘录像带。

问题分析：

（1）请对本次捐赠活动进行公共关系评估。

（2）结合本案例谈谈公共关系评估内容包括哪些。

姓名__________　　班级__________　　学号__________

项目实训

一、实训目标

通过实训能够树立公共关系意识，掌握公共关系活动的策划和实施，提高公关技能和交际能力。

二、实训内容与要求

【实训内容】

为你熟悉的学校或企业设计一项公共关系活动，并撰写公共关系活动策划方案。

【实训要求】

（1）学生自由分组，每组3～6人，并推举出小组长。

（2）每个小组撰写一份公共关系策划方案。

（3）将策划方案制作成PPT，由小组长上台进行演示。

（4）各小组相互评议，教师给予点评、总结。

项目考核

<table>
<tr><th rowspan="2">项目名称</th><th rowspan="2">评价内容</th><th rowspan="2">分值</th><th colspan="2">评价分数</th></tr>
<tr><th>小组互评</th><th>教师评价</th></tr>
<tr><td rowspan="3">个人素养考核项目（20%）</td><td>日常考勤</td><td>5分</td><td></td><td></td></tr>
<tr><td>与团队成员合作配合</td><td>5分</td><td></td><td></td></tr>
<tr><td>课堂纪律与学习态度</td><td>10分</td><td></td><td></td></tr>
<tr><td rowspan="3">专业能力考核项目（80%）</td><td>积极参与教学活动并正确理解任务要求</td><td>10分</td><td></td><td></td></tr>
<tr><td>任务测试题目的正确率</td><td>30分</td><td></td><td></td></tr>
<tr><td>认真完成项目实训，公共关系策划方案格式规范，内容全面有创意</td><td>40分</td><td></td><td></td></tr>
<tr><td colspan="2">合计</td><td>100分</td><td></td><td></td></tr>
<tr><td colspan="3">综合分数（小组互评30%+教师评价70%）</td><td colspan="2"></td></tr>
<tr><td>教师评语</td><td colspan="4">教师（签名）：</td></tr>
</table>

项目四

网络公共关系与组织形象建设

项目导读

在互联网时代，网络公共关系（即网络公关）的重要性日益凸显。如果组织精通网络公共关系的相关知识和管理方法，能够开展有效的网络公关活动，将会收到事半功倍的效果，并且获得巨大的经济效益和社会效益。

组织的形象会直接影响其生存和发展，而公共关系的根本目的就是为组织建立声誉、塑造形象，提高知名度、美誉度和认可度，赢得公众的信任和支持，创造良好的公众舆论环境。因此，组织形象建设的重要程度是不言而喻的。

本项目主要介绍网络公关的特点和类型，网络公关的传播和策略，网络公关危机的应对措施，组织形象的塑造，组织形象的定位与设计，组织形象的建立等内容。

学习目标

知识目标

（1）了解网络公关的特点和类型。

（2）熟悉网络公关的传播和策略。

（3）掌握网络公关危机的应对措施。

（4）了解组织形象的概念和特征。

（5）熟悉组织形象的构成要素、定位与设计。

能力目标

（1）能够有效应对网络公关危机事件。

（2）能够准确塑造和建立组织形象。

素质目标

通过学习网络公关的传播和策略，以及组织形象的建设，增强网络公关意识，培养应变能力和创新精神。

引导案例

江小白酒文艺青年的崛起

白酒行业早就流行一种说法：白酒没有未来（因为年轻人不再喝白酒）。然而江小白却打破了这种断言，用一款青春小酒征服了 80、90 后人群，它是怎样做到的呢？

（1）需求匹配：给白酒“调频道”。

江小白能够从白酒行业中异军突起，迅速赢得新生代的芳心，首先是找准了目标人群，并使自己主动与目标人群的消费需求相匹配。避开大多数传统白酒“成熟稳重”的做法，江小白给自己树立了标准的漫画形象：长长的黑发略显韩范，配一副黑框眼镜；穿着白色 T 恤衫，围着灰色围巾；英伦风的黑色长外套，搭配深灰色牛仔裤、棕色鞋子。这和电视剧《男人帮》里的顾小白有几分相似，而这也是江小白名字的由来。

在品牌调性的表现上，江小白也同样别具一格——“每个吃货，都有一个勤奋的胃和一张劳模的嘴”，“吃着火锅唱着歌，喝着小白划着拳，我是文艺小青年”……这些江小白式的品牌宣传语，与传统白酒企业完全不在一个频道上。但是，所有这些，江小白无不在向市场传递着一个清晰的目标——主打 80、90 后消费人群。

（2）免费社交媒体打开销路。

除了符合受众的品牌理念、具象化的形象与容易记住的名字，江小白为媒体赞许最多的是其 O2O 的营销模式。既然品牌是一个人物，就应该赋予他故事，同时也是在赋予品牌的故事。江小白就完全配合这一形象，做一个有故事、有情义的文艺范青年。

江小白是近乎完全依赖社交媒体造势出来的品牌。2011 年 12 月 27 日，江小白发布了自己的第一条微博：“我是江小白，生活很简单！”目前，江小白发布微博超过 8 000 条，粉丝数超过 22 万。

江小白几乎不在主流媒体做广告，除去地铁广告，江小白用得最多的是免费的社交媒体。对于互动性很强的社交媒体，江小白的微博营销显示出以下几个鲜明的特点：

① 文案植入，将有意思的话题与江小白的产品联系在一起。

② 对应自己的品牌形象，将微博的运营完全拟人化，在所有的热点事件中发声，表明自己的态度。

③ 利用微博组织线下活动，并与线上形成互动。例如“寻找江小白”活动，要求粉丝将在生活中遇到的江小白拍下来，并回传至微博。通过简单的互动活动，增强了粉丝黏性，也在无形中扩大了宣传范围。

（3）微信活动玩成“约酒大会”。

2015 年 1 月 10 日，一场题为“江小白约酒大会”的综艺晚会在曙光 798 城市体验馆上演，18 个微信群的 1 000 多人从线上来到线下相约一堂，有爱好机车的车友帮、爱好美食的美食帮等，现场气势恢宏、气氛热烈。

这次活动虽是由江小白发起，但整场活动却是由网友们积极组织传播、群策群力的。通过一起策划活动及线下的见面和交流，这些微信群友增进了相互了解，同时各个群之间的关联度和互动性也越来越高，最终演变成 18 个微信群自导自演的一场千人约酒晚会。这次活动不仅从侧面印证了微信的影响力，也传播了江小白的品牌文化。

任务一　认识网络公共关系

任务描述

通过本任务的学习，能够了解网络公关的特点和类型，熟悉网络公关的传播和策略，掌握网络公关危机的应对措施，从而增强网络公关意识。

知识精讲

网络公共关系（简称网络公关），是指组织借助互联网，传播组织内外部信息，加强组织与公众之间的交流，以达到塑造组织良好形象的目的。

随着网络逐渐成为人们工作、生活不可或缺的辅助工具，网络公关也成为塑造组织形象的新兴途径和有力武器。

一、网络公关的特点

（一）互动性

在传统媒介传播过程中，信息的传播是单向的线性传播，而网络传播最大的特点就是信息传输是双向的，具有互动性。用户不仅可以接收信息，而且可以发出信息，成为信息的传播者。

（二）即时性

网络传播的即时性特点，缩短了信息传播的周期，拉近了受众与信息传播者之间的距离，增强了公众与组织之间的信息交流。但是，这对于组织的公关活动也是巨大的挑战。

在信息传播加快的同时，一些不利于组织形象的负面信息也可能会在网上迅速传播，因此需要公关人员保持高度的警觉性。

（三）全球化

传统媒介的传播范围往往受到一定的地域限制，只能传播给一定范围内的公众。而网络的全球互联性则使信息传播具有全球化的特点，组织信息传播的受众可以遍布全世界，传播的范围可以无限扩大。

（四）多元化

网络信息传播呈现多元化的特点，主要体现在以下几个方面：

1．传播主体

传统的信息来源较为单一，总是被特定的传播组织或者传播机构所控制；而网络传播中的信息可以来源于与网络相联系的任何个体，无论其从事何种职业、是何种身份及所在何处。

2．传播方式

网络媒介在传播方式上比传统媒介更加多样，不再是组织至公众的单向传播，而是包括组织对公众传播、公众对公众传播及公众对组织传播等多种形式。

3．传播价值标准

网络公关传播主体的多元化，导致其在传播过程中所表现出的传播价值标准也呈现多样化的趋势。例如，传播主体的受教育程度、生活环境、职业及年龄等都会影响其对传播信息的选择。

4．内容和表现方式

网络媒体几乎可以将所有传播媒体所使用的表现手段都整合在一起。它可以充分应用文字、色彩、声音、图片和视频等多元内容和多样方式，给受众带来强烈的视觉冲击和听觉冲击。

二、网络公关的类型

随着网络技术的飞速发展，网络公关可以选择的传播手段已经越来越多元化。目前，网络公关的主要类型包括以下几种：

（一）搜索引擎公关

搜索引擎公关是指组织通过一定的公关手段，使搜索引擎优先显示关于自身的正面信息，并使负面信息靠后显示，从而在网络上塑造组织良好形象的公关活动。例如，组织可使用百度的竞价排名服务，通过支付一定数量的广告费，使用户在搜索有关的关键词时，可以优先看到本组织的信息。

（二）网络新闻公关

网络新闻公关是指组织通过企业官方网站、新闻门户网站或其他相关行业网站，向公众展示关于组织的新闻事件和动态信息，以达到宣传和推广目的的公关活动。

（三）互动问答公关

互动问答公关是指组织在百度问答、新浪爱问和搜狗问问等互动问答平台，与公众进行互动交流的公关活动。互动问答可分为组织自问自答、公众提问组织回答等模式。组织可采用不同的模式，和公众探讨与本组织和行业相关的话题，以宣传自身的理念和文化，从而提高知名度。

（四）网络论坛公关

网络论坛（BBS）是指公众进行思想交流与沟通的平台。任何公众都可以在上面发布、浏览和回复信息。网络论坛公关是指组织通过在网络论坛上发布信息等方式，引导公众舆论的公关活动。

（五）SNS 公关

SNS 是社交网络服务的简称，是旨在帮助人们建立社交网络的互联网应用服务，主要包括社交网站和社交软件，如微博、微信、QQ、Facebook 等。以下是两种最常见的 SNS 公关类型。

1. 微博公关

微博公关主要包括以下内容：

（1）发布信息。组织可利用官方微博发布组织的官方信息和最新动态，也可利用微博进行同步直播，还可以直接向粉丝推介产品。

（2）利用网络意见领袖增强品牌影响力。网络意见领袖是指通过各类网络平台聚集大量“人气”，言行举止能够对网络社区形成重大影响力的网络人物。组织可以根据自身产品的性质选择微博上的网络意见领袖来宣传产品。例如，企业邀请知名博主推广其产品等。

（3）征集创意。微博具有传播广、速度快的优点，是组织征集创意的广阔平台。例如，上海某海洋公园官方微博发布“‘鲸奇海洋’主题景观艺术作品征集活动”（见图 4-1-1），鼓励广大热爱海洋、热爱文化建筑景观的设计师积极参与。

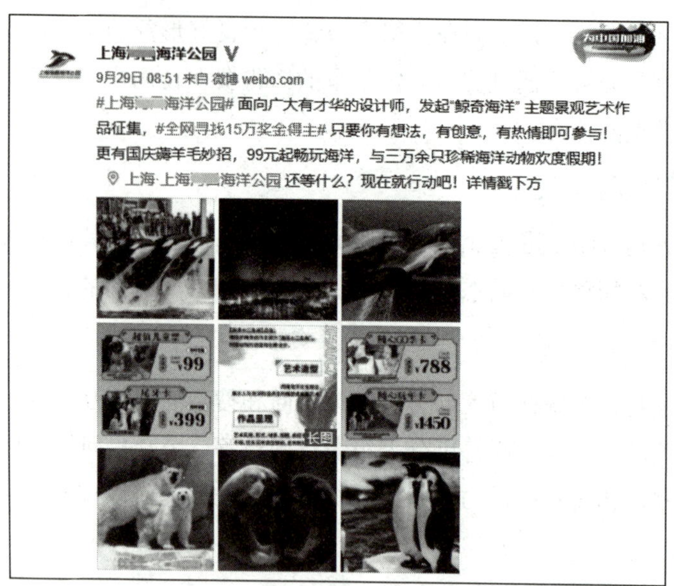

图 4-1-1　上海某海洋公园有奖征集“鲸奇海洋”主题景观艺术作品

微博传播的特点

（4）与客户沟通。组织利用微博与客户沟通的方式主要包括公开回复和私信回复。公开回复适用于大多数客户都存在疑问的情况，只要回复了一位客户，其他存在相同问题的客户就能得到解答。私信回复则适用于单个客户存在疑问的情况，通过一对一交流的方式解决问题、维护客户关系。此外，私信回复也可用于向新关注的客户表达谢意等。

（5）组织间相互交流。组织通过微博，可以与合作伙伴进行信息交流，可以观察竞争对手的动态或者学习竞争对手的工作方法等。

2. 微信公关

微信公关的两种方式如表 4-1-1 所示。

表 4-1-1　微信公关的方式

微信公关的方式	具体内容
微信公众平台公关	组织可登录微信公众平台，注册微信公众号或者建立小程序，定期发布组织信息；还可借助一些网络名人的影响力，在其公众号上发表广告和文章等推广信息，使公众充分地了解组织
朋友圈公关	朋友圈公关是指通过发朋友圈的方式，对外展示组织的动态和形象。值得注意的是，朋友圈并非完全的私人空间，公关人员应当注意自身的言行，尤其是对于组织发生的重大事件，切忌在朋友圈发表带有个人情绪和偏见的言辞，避免因为个人的不当言论而影响组织形象

（六）网络视频公关

目前，网络视频公关主要包括以下内容：

（1）组织把广告片、产品信息等投放到视频平台上，以吸引网民。

（2）组织根据自身需求制作视频，寻找目标公众聚集的视频媒体进行传播或者依靠意见领袖帮助传播。

（3）组织策划有影响力的公关事件，编写有趣味性的故事，将该事件拍摄成视频并上传网络，开辟新的公关价值。

精选案例

大自然的搬运工

2016年，农夫山泉成立20周年。为致敬农夫人20年的艰辛与努力，农夫山泉特别推出4部短纪录片。这4部短片不是单纯地介绍产品，或者说教式地鼓吹自己的成就，而是通过纪录的方式，让 4 位不同岗位的员工讲述他们的故事，将农夫山泉水源的纯净、服务的卓越、员工的负责和对水源地的重视等巧妙地融入其中，进一步强调它是“大自然的搬运工”。

2016年2月至5月，农夫山泉西藏篇与贵州篇相继在优酷、爱奇艺、腾讯视频以5秒关闭的方式投放，最终投放量达736 649 440次，而有效观看次数达541 344 639次，有效观看率达 73%。纪录片除了官方投放外，在网络上的自发二次传播更是引起了不少话题与讨论，使很多消费者对农夫山泉的品牌印象更加深刻。

三、网络公关的传播和策略

（一）网络公关的传播

组织进行网络公关传播，首先要确定传播内容、对象、媒体和方式，为达到良好的网络公关传播效果奠定坚实的基础。

1. 传播内容

网络公关的传播内容根据组织公关活动的目的而确定。一般来说，若公关活动的目的是塑造组织形象，可采取新闻稿、网络评论稿、网络专题等形式，并且应当将这些稿件投放到大型新闻门户网站；若公关活动的目的是宣传产品或服务，则应当在网络上发表产品体验软文、产品评测报告等内容。

2. 传播对象

组织网络公关的对象遍及全球，大致可分为两大类型：一种是围绕着组织、由利益驱动形成的垂直网络用户，包括员工、股东、供应商、分销商、顾客及目标市场中的其他成员；另一种是围绕某一主题形成的横向网络用户，包括竞争对手、行业协会和联合会等。组织应针对不同的传播对象，制定有差异的网络公关方案，以提高公关活动的效率。

3. 传播媒体

为了达到最佳的传播效果，组织通常是将网络媒体和传统媒体结合起来使用。两者结合通常有两种模式，即先传统媒体后网络媒体和先网络媒体后传统媒体。

（1）先传统媒体后网络媒体。这种传播模式是指消息开始在少部分传统媒体上传播，经由网络媒体大范围地转载，引发相关媒体的关注和跟踪，从而形成新一轮的传统媒体聚焦，实现最大的传播效果，即“逆向二次传播”。

（2）先网络媒体后传统媒体。这种传播模式主要用于特殊事件和信息，如尚未最终核实的信息或者最新出现的信息，可以先在合适的网络媒体上发布。随后，报纸等其他传统媒体开始跟踪报道，周报、周刊刊登综合评述，月刊则从不同角度有选择性地报道相关内容，网络也不断转载反馈，从而实现传播效应的最大化。

课堂互动

在上述两种传播模式中，哪种模式的传播效果更好？为什么？

4. 传播方式

常见的网络公关传播方式包括网络口碑传播和病毒传播两种类型。

（1）网络口碑传播。

网络口碑是指网民通过论坛、博客和微博等网络渠道发表对组织的管理、产品等方面的评价信息。网络口碑传播即网民对组织的网络口碑进行人际传播。它具有成本低、可信度高和效果显著的特点。网络口碑传播的一般程序如下。

① 建立口碑传播的公关理念。

良好的口碑是组织的重要资源，组织应当树立网络口碑传播的公关理念，对于正面口碑，重点集中在口碑的宣传和效果放大等方面；对于负面口碑，则重点集中在口碑的消除和影响范围缩小等方面。

② 正面口碑的建立。

正面口碑建立的方法如图 4-1-2 所示。

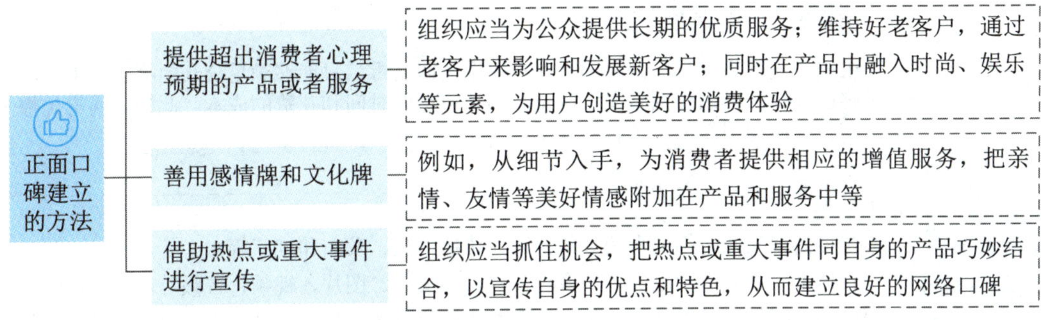

图 4-1-2　正面口碑建立的方法

③ 正面口碑的传播。

正面口碑传播的方法如图 4-1-3 所示。

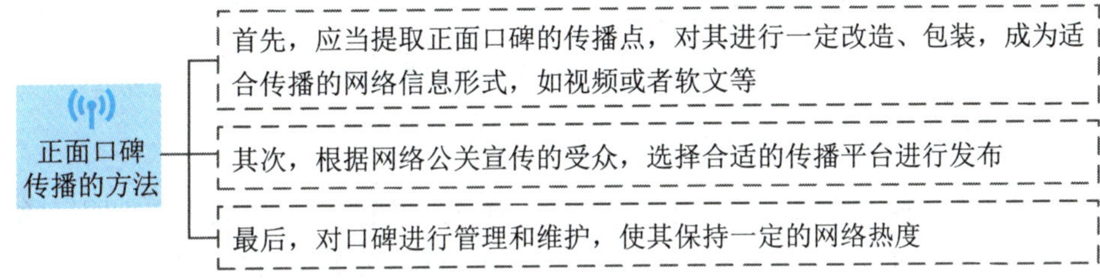

图 4-1-3　正面口碑传播的方法

④ 负面口碑的消除。

负面口碑的产生主要包括两个原因：一是消费者对组织的产品不满意，二是竞争对手的恶意竞争。对于这两个原因所采取的消除方法如图 4-1-4 所示。

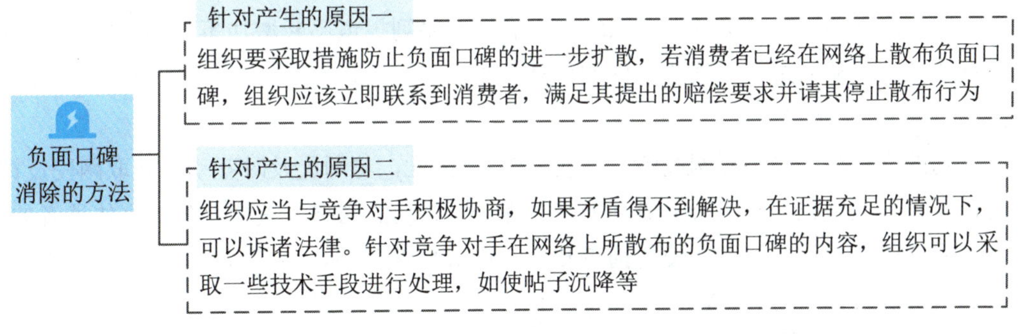

图 4-1-4　负面口碑消除的方法

（2）“病毒”传播。

“病毒”传播是指组织将带有目的性的信息，通过网络信息资源，以低成本、快速复制的方式传向目标公众的传播行为。“病毒”传播的一般程序如图 4-1-5 所示。

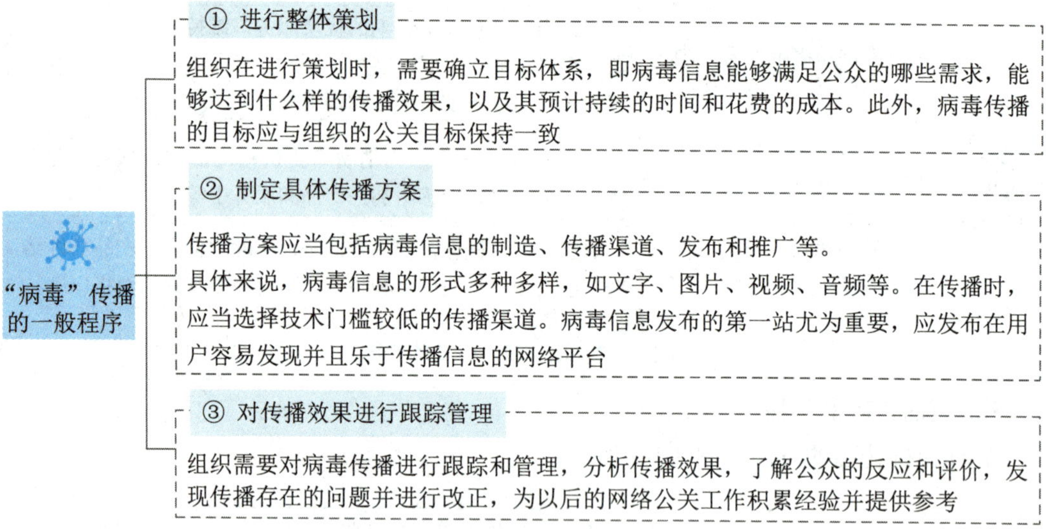

“病毒”传播的一般程序

① 进行整体策划

组织在进行策划时，需要确立目标体系，即病毒信息能够满足公众的哪些需求，能够达到什么样的传播效果，以及其预计持续的时间和花费的成本。此外，病毒传播的目标应与组织的公关目标保持一致

② 制定具体传播方案

传播方案应当包括病毒信息的制造、传播渠道、发布和推广等。

具体来说，病毒信息的形式多种多样，如文字、图片、视频、音频等。在传播时，应当选择技术门槛较低的传播渠道。病毒信息发布的第一站尤为重要，应发布在用户容易发现并且乐于传播信息的网络平台

③ 对传播效果进行跟踪管理

组织需要对病毒传播进行跟踪和管理，分析传播效果，了解公众的反应和评价，发现传播存在的问题并进行改正，为以后的网络公关工作积累经验并提供参考

图 4-1-5 “病毒”传播的一般程序

（二）网络公关的策略

对组织来说，在网络公关活动中采用恰当的策略，能够成功地吸引广大网民的关注，提升组织形象，从而达到促销、推广等目的。在制定网络公关策略时，需要注意以下几点：

1. 制造热点，吸引公众眼球

组织在开展网络公关活动时，应当了解公众的消费需求和心理特点，通过网络媒体曝光等方式制造热点吸引公众眼球，从而提高自身关注度。

2. 注重整体、系列、连续性策划

找准热点，吸引公众眼球只是一个好的开端，要想使网络公关取得良好的效果，必须注重整体、系列和连续性策划。组织应通过后续的系列报道不断增加事件的热度，持续吸引公众的关注，从而进一步强化事件的传播效果。

3. 与网民及时互动

成功的网络公关离不开网民的“推波助澜”，因此，与网民及时互动，获取网民反馈，及时调整公关策略也是网络公关成功的重要保证。成功的网络公关能有效地将传播者的主动性和受众的需求结合起来，使传播者和公众形成良性互动。

4. 选择合适的传播渠道

互联网向用户提供了广阔的交流平台，从新闻门户类网站、论坛到博客、微博、微信等，都为组织网络公关活动的开展提供了多种多样的渠道。组织应结合自身需求和受众情况，选择合适的传播渠道，使公关效果最大化。

5. 发挥网络意见领袖的作用

网络意见领袖的喜好、观点往往能够影响公众。因此，组织应重视各个网络平台上的意见领袖的作用，与其建立良好的关系，邀请其帮助组织进行正面的公关宣传。

知识拓展

网络公关的三大误区

公关人员在开展网络公关活动时，有时由于自身存在观念陈旧、思维偏颇、操作不当等问题，很容易走入误区。一般来说，网络公关有以下三种误区：

（1）重发布、轻点击。

组织在进行网络公关时，有时会存在重发布、轻点击的误区。例如，花费重金在多家网站上发布大量新闻稿，而点击率、评论数和转载量却寥寥无几。这样的网络公关活动无法引起网民的强烈反响，势必是无效的。

因此，组织在进行网络公关时，不能只看重稿件的发布量，而是要充分了解信息的点击和阅读情况，以全面衡量网络公关的效果。

（2）重媒介、轻互动。

组织进行公关活动的目的是加强与公众的沟通，树立良好的形象。各种媒介传播只是实现目的的手段。而一些公关人员则可能本末倒置，即重媒介、轻互动。例如，一些公关人员在媒介上支付大量的推广费宣传产品和品牌，却忽视了后续与目标公众的及时沟通，导致公众很快就将注意力转向别处，使得公关活动收效甚微，无法达到原有的目的。

因此，组织在进行网络公关时，不能只看重媒介的资源和优势，而要充分与公众互动，通过网络口碑的传播，使更多的公众知晓组织，并参与到活动中来。

（3）重执行、轻应变。

一些公关人员在实施网络公关方案时，有时会存在重执行、轻应变的误区。实际上，网络公关活动在执行过程中会出现各种意外，如公众产生误解、网民发表负面评论、专家进行批评质疑等。公关人员若缺乏应变的意识和准备，在面对意外时会措手不及，导致公关活动失败，甚至使组织的名声受损。

因此，组织在进行网络公关时，绝不能只是按部就班地执行方案，更应该做好应变措施，及时调整自身的方案和策略，这样才能使活动收到预期的效果。

四、网络公关危机的应对

（一）网络公关危机的类型

网络公关危机往往是由极易被人们忽视的小事引发的，在组织处理不当的情况下，这些危机会借助互联网效应愈演愈烈，如微博中关于组织的差评，论坛中关于组织的爆料帖子等。网络公关危机按照其传播渠道的不同，可划分为如表 4-1-2 所示的五种类型。

表 4-1-2　网络公关危机的类型

网络公关危机的类型	具体内容
新闻门户网站公关危机	对于组织来说，新闻门户网站上发表的关于组织的负面报道可能会引起公关危机。此类公关危机一旦形成，影响范围非常广泛，造成的后果往往十分严重
电子邮件公关危机	组织如果对内部电子邮件管理不善，导致一些领导、员工或客户的邮件被泄露，使其中关于组织的内幕信息被公开，也可能会引起网络公关危机
论坛公关危机	论坛发帖在互动性方面比博客、微博更强。目前大多数论坛都是按照回帖时间来排列帖子顺序，某个帖子的关注量越多，排序越靠前。在这种情况下，关于组织的某些争议话题很容易被筛选出来，处于论坛首页，然后被大量网友复制、转发，造成网络公关危机
SNS 公关危机	虽然各种社交网站和社交软件交流成本极低，但是在网民中普及率非常高。如果组织没有妥善处理某位用户对产品的投诉，可能导致该用户借助社交软件发表对产品的负面评价和发泄不满情绪。倘若这种负面言论被网民大范围地转发，或者被新闻媒体跟踪报道，就会造成网络公关危机
搜索引擎公关危机	在网络时代，人们关注某件事件，就会通过搜索引擎搜索相关信息，不断增加对事件的了解。这些搜索信息的源头依然是新闻门户网站、博客、论坛等。但搜索引擎可能将组织不太注意的某些网站的不良信息也列举出来，或者出现不良信息排在前面而组织的澄清内容排在后面的情况，这些都会对网民的认知和价值判断产生影响，并在一定程度上造成网络公关危机

（二）网络公关危机的管理

组织在管理网络公关危机时，应针对不同的公关危机对症下药，建立一套完整、有效的管理机制。

1. 网络公关危机的防范

（1）信息传播渠道的日常维护。

在网络时代，公众对事件的关注和反应速度往往出乎组织的意料。因此，组织必须树立起防范网络公关危机的意识，做好日常的网络公关危机防范工作。

组织应当把维护自身与主要媒体和核心客户群体的关系作为日常工作的一部分，积极关注大型门户网站、社区类网站等目标客户聚集的地方性或专业性网站，争取这些网站工作人员和核心客户的认可，并与其建立长期的良好关系。

当网络媒体上出现有关组织的信息时，组织应当提供全面、客观的信息或进行妥当的反馈，及时消除潜在的网络公关危机。

精选案例

就算老公一毛钱股份都没拿到

2017 年 2 月 23 日，《就算老公一毛钱股份都没拿到，在我心里，他依然是最牛的创业者》一文刷屏。作者称她老公是某游戏创业公司的第二名员工，以联合创始人身份自居，但 7 年来从来没有谈过股份等事，如今和 CEO 谈股份，却不讲情面地谈崩了……

在网友们的深扒之下，这家公司浮出水面，大家纷纷预测该事件十有八九会反转，但是一直到第二天晚上，这篇来自当事人的正面回应文章还是没有出现。直到第三天中午，公司 CEO 终于在个人知乎上回应了这件事。但是，不仅回应的时间晚了，而且内容基本上都已经被网友和周边知情者爆料完了，没有太多让剧情发展变化的爆点。

这篇文章之所以会错过最佳的公关时间，唯一的理由是，这家公司没有一个合适的渠道来发布这篇文章！公司虽然注册了微信公众号，但并没有企业认证，而且历史消息为空，形同虚设。其微博账号更是只有区区 5 个粉丝，并且只在 2014 年发布过一条招聘信息后就荒废了。

（2）建立网络监测体系。

组织要想成功地预防网络公关危机，就必须通过各种技术手段和人工监测的手段，建立网络监测体系，对网络信息进行监测、评估和预警。

首先，组织应当全面监测媒体。由于每个网民都可能是信息的传播源头，将事件迅速传播、扩散。因此，组织应当对门户网站、传统媒体网络版、微博、论坛、博客等网络媒体进行日常监测。

其次，组织应当对监测的信息进行统计、分析。组织应当利用专业技术手段，统计搜索引擎曝光指数、预警指数、搜索引擎分析、网站类型分布和网站域名分布等多方位数据，得出网络舆论发展的趋势。根据统计结果分析公众对事件的整体看法，从而及时进行危机预警。

（3）加强日常管理。

在日常管理中，组织应当重视与网民的沟通，及时回应网民的意见，与网民建立起良好的关系，并树立起组织的良好形象。组织若能做到上述几点，当有人传播对组织不利的信息时，网民就不会贸然转载和散布，而是选择相信组织或者向组织求证。

2. 网络危机公关的处理

（1）负面消息的抑制。

当网络上曝出不利于组织的信息时，组织应当对其进行清理、稀释和管制，防止其进一步扩散。

① 负面消息的清理。

负面消息出现以后，要想完全消除是不可能的。组织应当将重点放在大型的资讯类媒体和论坛类媒体的负面消息的清理上，确保负面消息不会大范围传播。

对于大型资讯类媒体负面消息的清理，组织可以通过投放广告等方式与其建立合作关系。在危机发生后，迅速与其达成协议或者依靠与网站负责人的良好关系，消除负面消息。

对于大型论坛类媒体负面消息的清理，组织可以采取的方法如表 4-1-3 所示。

表 4-1-3　大型论坛类媒体负面消息清理的方法

方法	具体内容
删帖	是指直接删除负面消息，但这种措施太过激进，很容易引起网民的反感，进一步引发危机
回帖和发帖	是指组织对负面问题进行回复，回复速度越快，排列的位置越靠前，越容易引导网民。由于回帖只能出现在原来的帖子里，而发布新帖则可以在论坛内显示出标题，占据醒目的位置，因此，回帖和发新帖都是必不可少的手段
灌水压制	是指在论坛内不断发布一些没有明确内容或与当前内容无关的帖子，将负面信息压制在论坛下面，降低其影响力
不回应	是指当话题较为陈旧时，可以不予回应，使其慢慢沉降

② 负面信息的稀释。

当组织面临危机时，可以制造新的关注焦点，以转移危机事件话题，将公众的关注引导至其他方面。

③ 负面信息的管制。

当组织发生被人刻意诬陷、被不实报道困扰等情况时，可以借助法律手段进行舆论监管，控制危机的继续蔓延。

（2）正面消息的传播。

在网络公关危机刚开始的时候，组织就应该在官方网站、主要新闻门户网站、主流论坛等网络媒体上发表官方声明，并使官方声明处于醒目位置。官方声明必须体现组织的诚意和解决危机的决心。

在危机的处理过程中，组织应当主动搭建与公众沟通的平台，通过沟通、交流以达到双方的相互理解和信任。在危机解决后，组织要在各种网络媒体上传播危机解决的信息，以便网民在搜索相关信息时，能搜到整个事件的完整过程，而非单一的负面消息。

知识拓展

网络危机公关的误区

（1）应对危机只堵不疏。

传统媒体时代，媒体之间相对独立封闭，人们获取信息的途径有限；而且媒体采编时间较长，即时新闻至少需要 4～5 小时才能发布；遇到不实舆论时，还可以向媒体主管部门申诉，争取不刊发或者不播出。因此，企业面对危机时通常只“堵”不“疏”，采用阻止或者删除等方式来平息负面新闻。

但在新媒体时代，人们可以通过互联网即时获取和发布新闻消息。一条新闻的发布最快只需要几分钟，在网络上大范围发酵也只需要 1～2 小时；即使迅速查到消息源头并删除消息，也无法阻止早已遍及全网的传播。因此，如果继续采用传统媒体时代“只堵不疏”的思维模式去应对危机，情况只会愈演愈烈。

（2）不擅长利用网络优势。

传统媒体遭遇危机时，通常会加强监控并向市政府等相关部门汇报。但网络上的媒体传播事件通常不便定性，相关部门也难以快速有效地指导全局，勒令限制负面消息的传播。如果企业继续使用传统方法，在低时效性的处理过程中，负面舆论已经难以控制。企业之所以会犯这样的错误，主要是对网络传播的认识与利用程度不足，没有意识到时代已经变化，必须运用新时代的技术解决问题。

事实上，微信、微博等网络媒体的主要特点就是方便、快捷。任何人、任何信息都能快速传播，如果企业能充分重视这一点，比负面新闻的传播者更加熟悉媒体的调性，就能有效地通过意见领袖等进行充满责任感的正面传播，或者以自嘲、调侃的方式向网民表明态度，化解矛盾。

（3）回应速度迟缓、态度傲慢。

如果网络危机已经发生，但企业没有在第一时间内快速反应，便会让渴望获得解释的网民们陷入没有希望的等待，情绪在等待的过程中持续发酵，猜想也往往在这个等待的过程中催生。比回应延迟更糟糕的是，企业在回应中态度倨傲，不能以情动人。

知行合一

打开中华传统典籍，忧患意识源远流长。一部《诗经》“忧”字出现近百次，其中“靡不有初，鲜克有终”“战战兢兢，如临深渊，如履薄冰”等诗句，反复提醒人们心存戒惧、谨慎从事。《周易》中最早出现“忧患”一词，泰与否、损与益、既济与未济等概念相反相成，“自强不息”“安不忘危”“泰极生否”“朝乾夕惕”等表述发人深省。历代仁人志士基于对自然和社会的深刻洞察、对人民疾苦的深切同情、对国家和民族的深沉挚爱，创造了大量饱含忧患意识的经典名言。

因此，小到个人，大到国家，都应该树立忧患意识，懂得居安思危、未雨绸缪。只有这样，才能在危机来临时从容应对。

姓名＿＿＿＿＿＿　　班级＿＿＿＿＿＿　　学号＿＿＿＿＿＿

任务测试

一、选择题

1.【单选题】（　　）是指网民通过论坛、博客和微博等网络渠道发表对组织的管理、产品等方面的评价信息。

A. 网络口碑　　B. 组织传播

C. 人际传播　　D. 病毒传播

2.【单选题】（　　）是指组织通过企业官方网站、新闻门户网站或其他相关行业网站，向公众展示关于组织的新闻事件和动态信息，以达到宣传和推广目的的公关活动。

A. 搜索引擎公关　　B. 互动问答公关

C. 网络论坛公关　　D. 网络新闻公关

3.【单选题】当组织面临危机时，可以采取制造新的关注焦点转移危机事件话题的方法，分散公众的注意力。这属于负面消息的（　　）。

A. 清除　　B. 清理

C. 稀释　　D. 管制

4.【多选题】以下属于网络公关特点的有（　　）。

A. 互动性　　B. 专业性

C. 即时性　　D. 全球化

E. 多元化

5.【多选题】网络公关危机的类型包括（　　）。

A. 新闻门户网站公关危机　　B. 电子邮件公关危机

C. 论坛公关危机　　D. SNS 公关危机

E. 搜索引擎公关危机

6.【多选题】大型论坛类媒体负面消息清理的方法包括（　　）。

A. 删帖　　B. 回帖和发帖

C. 灌水压制　　D. 不回应

E. 建立网络检测系统

二、案例分析题

央视 3・15 曝光“饿了么”

在 2016 年的 3・15 晚会上，央视曝光了“饿了么”网络订餐平台故意引导商家虚构信息进行注册。在部分无照经营的黑作坊中，厨房满是污渍，卫生条件严重不合格，甚至厨师尝过的菜还会扔回锅里。

姓名____________ 班级____________ 学号____________

食品安全是社会高度敏感的话题，数千双眼睛等待“饿了么”的反应。当晚，“饿了么”官方微博发布了一份声明，表明自己“致力于推进中国餐饮业的数字化进程”。全文公关文风明显，且并没有“致歉”的字眼，这种反应让很多消费者表示寒心。

更令人不解的是，网友发现一个认证为“饿了么网上订餐高级市场经理”的微博，以“幽默”方式回应此事“对不起，饿了么今天忘记给央视续费了”。随后，“饿了么”的工作人员还在微信群中对媒体记者表示，要“注意口径、求涨粉、求扩散”。种种行为激起了媒体和消费者的反感，在各大社交媒体上，掀起了二次讨伐的浪潮。

问题分析：

（1）请结合案例说明网络公关的特点有哪些。

（2）“饿了么”应如何进行网络公关？

任务二　做好组织形象建设

任务描述

通过本任务的学习，能够了解组织形象的概念和特征，熟悉组织形象的构成要素、组织形象的定位与设计，能够对组织形象工作有整体认知，学会建立组织形象。

知识精讲

一、组织形象的塑造

（一）组织形象的概念

组织形象是指组织的内部或外部公众对组织综合认识后形成的全部看法、认识和评价。在现代社会中，一个组织的形象如何，会直接影响组织的生存和发展。因此，树立良好的组织形象，是组织的重要任务，也是公共关系工作的重要目的。

（二）组织形象的特征

1. 客观性

公众心目中的组织形象是其在对组织各方面有了具体的感知和认识之后才形成的印象，是组织各方面活动和外在表现的客观状况所呈现在公众心目中的反映。因此，组织形象具有鲜明的客观性。组织可以通过开展或参加各种公益活动、提供优质的产品和服务及不间断地进行公共关系传播等影响公众，从而达到提升组织形象的目的。

2. 主观性

组织形象作为公众对组织的一种综合性的印象，必然会受到公众自身的价值观念、思维方式、道德标准、审美取向、性格差异等主观因素的影响。因此，一个组织在不同的公众心目中会有不同程度的形象差异。为了塑造良好的组织形象，组织应重视自己的每项活动，力求把每件小事做好，以便给公众留下良好的印象。

3. 相对性

组织形象的好坏既受同一定的参照物相比较所表现出来的优劣的影响，又受主客观两方面因素的影响，其中任何一种要素的变化都会对组织的形象产生作用。因此，组织形象具有相对性特征。组织形象的相对性具体可以分为两种情况，即：① 组织发展过程中形象的对比与差异；② 组织与同行其他组织形象的对比与差异。

4. 稳定性

组织形象是组织综合行为的结果。组织的形象一旦形成，不论其内在理念还是外在形象，都会在一定时空条件下，在一定的公众心目中形成一种心理定势。它不会随着组织行为的某些变化而马上变化。因此，组织形象具有一定的稳定性。

（三）组织形象的构成要素

1. 产品形象

产品形象是指产品的质量、性能、款式、包装、品牌、商标、价格等留给公众的整体印象。产品形象是组织形象的基本要素，公众直接通过产品了解组织，组织通过产品争取公众，产品形象是整个组织形象的客观基础。不同的组织有不同的产品形式，除了企业的产品，还有服务的项目和品种、出版社的书籍、电视台的节目、学校培养的学生等。它们都有其特定的产品形象。

2. 管理形象

管理形象是指公众对组织的管理行为所形成的认知和评价。具体来说，组织的管理体制、规章制度、工作效率、服务态度、人事政策、技术实力等，都综合地反映着组织的管理形象。

3. 员工形象

员工形象是指员工的工作态度、精神状态、文化水平、工作能力、言谈举止、道德风貌、仪表着装等给公众的整体印象。员工的品行、素质、能力、态度、仪表等都具体体现着一个组织的形象。员工形象包括组织领导人的形象、管理人员的形象、全体员工的形象。它们都是组织形象的缩影和化身。因此，许多公司，尤其是国际大公司都注重员工的培养。

4. 环境形象

环境形象是指通过组织及其相关环境设施所展现的形象。它是构成组织形象的硬件部分，包括组织的门面、招牌、厂容店貌、展览室、会客室、办公室、生产场地等。

5. 文化形象

文化形象是指通过组织文化系列要素展现出来的形象。它是构成组织形象的软件部分。组织的特定文化制约着组织形象的个性，标志着组织形象的特定风格。组织文化包括组织的价值观念和管理观念，组织的历史与传统，组织的榜样人物和标志性事件，组织的职业素质与职业道德，组织的礼仪与行为规范，以及组织的口号、训诫、厂歌、厂旗、厂服，各种宣传品等。它们鲜明地体现着组织形象的特色。

6. 社区形象

社区形象是指公众对组织的社区活动形象的认知和评价。组织的社区形象是一种睦邻形象、地方形象、左邻右舍的形象。社区是组织生存和发展的根基，与组织在空间上紧密地联系在一起。组织的各种社会关系是通过社区形成和延伸的。

7. 标识形象

标识形象是指通过标志和识别系统所展现的组织形象。标识本身就是组织形象的标志，能够帮助公众识别和记忆组织的形象，如组织的名称、产品的品牌、广告代言人、宣传的主题词和典型音乐、标准的字体和色彩、包装的风格等。

8. 媒介形象

媒介形象是指公众对组织在大众媒介上有关的宣传报道所形成的认知和评价。在现代信息社会和大众传媒时代，人们对外界的认知和判断越来越依靠各种传媒。因此，大众媒介成为广大公众认知组织的重要渠道。公众对组织的认知与评价，在很大程度上受媒介宣传的引导，因而媒介宣传的概貌影响和制约着组织的形象。

（四）组织形象塑造的方法

目前，组织形象塑造比较流行的方法是实施组织形象管理——CIS 战略。CIS 是英文 Corporate Identity System 的缩写，一般译为企业识别系统。CIS 战略不仅适用于企业，也被各类组织广泛采用。

所谓 CIS，是指组织为了塑造自身形象，将经营理念、经营行为、视觉形象及一切可感受的形象实行统一化、标准化与规范化的科学管理体系。CIS 是由理念识别（Mind Identity，简称 MI）、行为识别（Behavior Identity，简称 BI）和视觉识别（Visual Identity，简称 VI）三部分构成，三者之间相互联系、共同作用、相互配合。

1. 理念识别

理念识别在 CIS 中处于核心地位，是 CIS 的基本精神所在，也是 CIS 运作的原动力。它包括组织的经营理念、精神标语、方针策略、组织口号、组织文化等。例如，海尔集团通过“真诚到永远”的理念，强化人本化的经营管理与产品设计，对消费者产生了巨大的吸引力和企业品格的感召力。

什么是 CIS

2. 行为识别

行为识别是一个组织的动态识别系统，是组织理念的具体体现。行为识别通过组织内外部各种活动的开展来塑造组织形象。在组织内部，行为识别的内容包括组织内部环境的营造、组织制度的构建、员工教育、工资福利、生产流程、制度规范等；在组织外部，行为识别的内容包括市场调查、产品销售与开发、营销活动、公关活动、公益活动、文化活动等。

3. 视觉识别

视觉识别是将组织的一切可视化事物进行统一的视觉识别表现，并通过标准化的语言

和系统化的视觉符号传达给公众，塑造组织的独特形象，达到组织形象识别的目的。视觉识别包括组织名称、组织商标、组织标准字、组织标准色、象征图案、组织造型等。一个成功的企业标志应具备的特点包括设计独特、容易识别、产品的适合性、美观大方、力求单纯。例如，可口可乐商标就具有很强的视觉识别效果，红色背景上的八个充满波动条纹的字母“Coca・Cola”，流畅飘逸，生动形象，易于记忆，有很强的视觉冲击力。

二、组织形象的定位与设计

（一）组织形象定位的要素

组织形象定位是指组织根据环境变化的要求、组织的情况和竞争对手的实力，选择自己的经营目标、经营理念及领域，为自己设计出一个理想的、独具个性的形象位置。

一般来讲，组织形象定位的要素包括以下三个方面：

1．主体个性

主体个性是组织在其品质和价值方面的独特风格。组织形象定位必须以主体的存在特性作为基础，而且必须是组织所具有的个性，不能夸张，也不能编造，否则一定会被公众所遗弃。例如，劳斯莱斯是以“不求廉价便利，只求高档豪华”作为形象定位的，但这种定位必须以过硬的产品及服务作为基础。如果一家品质一般、服务平平的组织，也提出高档豪华的形象定位，其结果只能事与愿违。

精选案例

日本五大电器公司的形象定位

日本的五大电器公司都是以各自个性来表现其组织形象定位的。索尼是以“冒险、创新”精神作为其形象定位；东芝以“尽量满足公众的各种需求而生产包罗万象的产品”为其形象定位；松下则在为“生产像自来水一样廉价的家电用品”而努力；日立是以“不断改革自身技术”来发展企业形象；三洋则是在“薄利多销”上狠下功夫。这些定位都从不同程度上体现了组织目标、组织精神、组织风格。

2．传达方式

主体个性信息如果不能有效传达，公众根本无法去了解和把握。传达方式主要指营销、广告与公关等宣传方式。良好的组织形象不见得在主体个性上有过多的优势，但其传达能力是不容置疑的。例如，IBM 并不是电脑的发明人，从这一点讲，它在电脑方面的主体个性肯定不是优势，但是 IBM 确实运用有效的传达方式使人们将电脑与 IBM 联系起来，并以优良的服务建立起“IBM，意味着最佳服务”的形象定位。

3．公众认知

确定主体个性，并运用有效的传达方式后，形象定位将步入真正的最后一步——公众的认知。公众对组织形象的认知是在获得组织提供的物质、服务的同时，也要能获得精神上、感受上的满足，这样才能使组织形象更容易被公众所认知和接受。

上述三个要素，分别从主体、通道、客体三个方面构成了完整的组织形象定位，使得组织形象的功能和效应得以发挥。这与组织开展公共关系工作的主体、传播程序、客体具有一致性。

（二）组织形象定位的方法

组织形象定位的方法有很多种，但目的只有一个，即在公众心目中留下深刻、清晰的组织形象。这里主要介绍以下三种：

1. 个性张扬的定位方法

个性张扬的定位方法主要指通过充分表现组织独特的信仰、精神、目标与价值观等来树立组织形象的方法。它不易被人模仿，是自我个性的具体表现。这既是组织形象区别于他人的根本点，又是公众认知的辨识点。例如，麦当劳以“品质、服务、清洁、价值”为经营理念；美国 IBM 公司以“科学、进取、卓越”来表现组织形象定位。这种个性形象可以是整体性的，也可以是局部性的，如组织的人员个性、产品个性、外观个性、规范个性等。

2. 优势表现的定位方法

在这个“好酒也怕巷子深”的竞争激烈年代，组织要想立于不败之地，必须扬长避短，充分展现组织的优势。公众对组织形象的认识，实质上是对其优势性的个性形象的认识。组织以自身优势做形象定位，才能赢得公众的好感与信赖。例如，可口可乐公司曾宣称“只有可口可乐，才是真正的可乐！”这是可口可乐公司确立其在软饮料市场上领导地位的根本。这一概念最先进入人们的思想，并加深了可口可乐在人们心目中的印象。

3. 公众引导的定位方法

公众引导的定位方法是指组织通过对公众从感性上、理性上、感性与理性相结合上的引导来树立组织形象的定位方法，如图 4-2-1 所示。

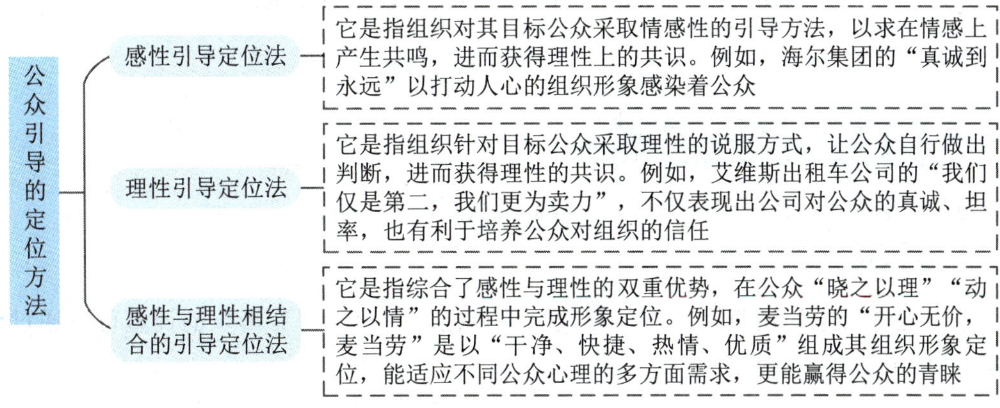

图 4-2-1　公众引导的定位方法

（三）组织形象设计

组织形象设计就是根据组织形象定位的指导思想把重要的形象要素视觉化、符号化或进行系统的形式化的设计。

组织形象设计包括形象内涵的设计和形象外延的设计两大部分。形象内涵主要涉及组织整体特别是组织主要产品品牌的定位问题。如果组织形象缺乏内涵的塑造，视觉设计和形象推广就缺乏依据和内容。形象外延的设计，强调形象内涵应该通过一些可以观察到的形式体现出来。

1. 组织形象设计的依据

组织形象设计具有浓厚的主观色彩，但离不开自身条件及客观环境等因素的影响。组织形象设计的依据如图 4-2-2 所示。

图 4-2-2　组织形象设计的依据

2. 组织形象设计的原则

组织形象设计的原则如图 4-2-3 所示。

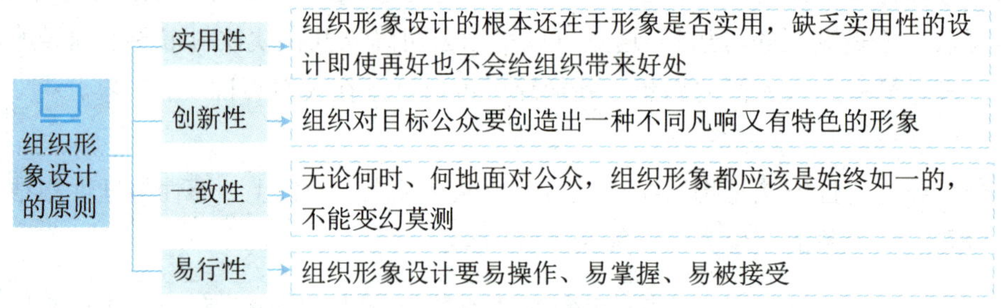

图 4-2-3　组织形象设计的原则

三、组织形象的建立

对于组织而言，组织形象的建立一般需要做到以下几点：

（一）组织现有形象的调查

组织现有形象的调查是组织形象建立的依据。对组织现有形象的调查可以通过如图 4-2-4 所示三个方面进行。

组织现有形象的调查

- 内部调查
  - 通过对组织经营理念、行为准则、营运机制、生产管理水平、技术及人才储备、产品结构、员工状况、产品开发策略、财务、信息传达方式、现存组织形象等方面的内部研究和分析，整理出组织形象的问题点
  - 可采取与高层主管访谈、与员工访谈、文案调查、情报视觉审查等方法
- 外部调查
  - 包括经济、政治、社会、科研、竞争对手、市场调查等几个方面
- 组织综合指数调查
  - 主要调查公众对本组织的认识、态度和印象。这是一个受综合因素影响和作用的效果。其中主要包括组织文化、组织精神、组织产品质量、组织服务态度，而组织认知度、组织美誉度、组织和谐度这三个指数更是调查的基本内容

图 4-2-4　组织现有形象的调查

（二）组织形象框架的设定

组织形象是否能扩大，是否能成功，与这一阶段的工作成果有很大的联系。组织形象框架的设定主要从以下几个方面来进行：

1. 确立组织理念

通过确立组织理念，把价值观念、最高追求连为一体，为组织的发展指明方向。组织理念主要包括组织使命、组织精神、组织的价值观和组织目标等。其具体表现形式为口号、标语、守则、歌曲、警语、座右铭，以及组织高层人员精神讲话等。

2. 确立行为规范

组织形象最终必须落实到行动上，即组织行为。组织的行为主要包括五个方面的规范化管理，即组织领导的规范化、组织决策的规范化、产品流转的规范化、专业工作的规范化、部门工作与岗位工作的规范化。

精选案例

麦当劳员工行为规范

麦当劳为了保证组织行为达到高度的统一，针对全体员工专门制定了一本厚达 385 页的行为规程，主要内容如下：

（1）麦当劳营运训练手册。该手册详细记载了麦当劳的有关政策、餐厅各项工作的程序和方法，是指导麦当劳运转的“圣经”。

（2）岗位观察检查制度。麦当劳把全部工作分为 20 多个工作段，每个工作段都建立岗位观察检查表，详细说明该岗位职责及注意事项等。

（3）品质参考手册。麦当劳管理人员都有一本袖珍品质参考手册，上面载有诸如半成品接货温度、储存温度、保鲜期等指标及关于机器设备方面的数据。

（4）管理人员发展手册。为提高员工自身素质，培养餐厅高级管理人才，公司设计了一套管理人员发展手册。该手册实际上是具有麦当劳特色的餐厅管理教科书，即结合麦当劳的实际情况，讲解餐厅管理的方法，同时给出大量案例，要求员工结合实际工作来完成。当员工掌握一定的理论与实践后，还要系统学习一些相应课程。在完成上述学习后，要想担当餐厅经理，还必须到美国汉堡包大学进修高级运营课程。

3．建立识别系统

识别系统是组织形象外在的主要表现。该系统所包括的内容必须清晰可见，非常明确，具有极强的感染力和传播力。识别系统的设计必须遵循以组织理念为核心的原则，美学原则，习惯原则，法律原则，民族个性设计原则，化繁为简、化静为动、化具体为抽象的设计原则，才能使其具有很强的感觉冲击力和识别度。

4．论证组织形象方案

组织形象框架确立之后，必须经过多次反复的论证，才能得出切实可行的行动方案。论证的主体是专家，因此，组织在选择专家时不仅要注意选择本部门、同行中造诣较高的专家，而且还要注意选择各门学科，如社会学、心理学、经济学、管理学、文化学、传播学等方面的专家，共同为组织形象的可行性加以论证，才能保证方案全面、合理。

姓名＿＿＿＿＿＿ 班级＿＿＿＿＿＿ 学号＿＿＿＿＿＿

任务测试

一、选择题

1.【单选题】（　　）是指组织的内部或外部公众对组织综合认识后形成的全部看法、认识和评价。

A．标识形象　　B．组织形象

C．管理形象　　D．媒介形象

2.【单选题】在 CIS 中，BI 代表（　　）。

A．理念识别　　B．视觉识别

C．行为识别　　D．知觉识别

3.【单选题】（　　）是组织形象的基本要素，公众直接通过产品了解组织，组织通过产品争取公众。

A．产品形象　　B．员工形象

C．管理形象　　D．标识形象

4.【多选题】组织形象的特征包括（　　）。

A．客观性　　B．主观性

C．相对性　　D．多元性

E．稳定性

5.【多选题】一般来讲，组织形象定位的要素包括（　　）。

A．主体个性　　B．传达方式

C．公众认知　　D．组织理念

E．组织行为规范

6.【多选题】组织形象的设计原则包括（　　）。

A．实用性　　B．创新性

C．一致性　　D．易行性

E．互动性

二、案例分析题

格力是如何打造其品牌形象的？

2015 年，中国品牌价值评价信息发布，格力凭借 446.82 亿元的品牌价值毫无悬念地继续雄踞家用电器行业榜首，位居全行业品牌榜第 18 名，与工商银行、长安汽车等国内知名企业一道在各自行业处于领先位置。

纵观格力品牌的发展，格力 2015 年的品牌价值较 2014 年净增值 31 亿元，同比增长 7.5%，而与 2013 年品牌价值 347.1 亿元相比，增长了近 30%。这再次验证了格力电器董

姓名____________　　班级____________　　学号____________

事长的话："真正的竞争对手是你自己，你永远要挑战自己，让自己成为行业的领导者，这不是喊出来的，更不是跟别人打架打出来的，而是你跟自己挑战出来的。"

如此地位是要有实力支撑的。自 1995 年至 2015 年，空调产销量连续 20 年位居中国第一；自 2005 年至 2015 年，空调产销量连续 10 年位居世界第一，全球用户超过 3 亿；2014 年实现营业总收入 1 400.05 亿元，净利润 141.55 亿元，纳税总额 133.34 亿元，继续保持行业第一。

根据"产业在线"数据显示，格力主导产品国内市场占有率 2015 年高达 43.19%，国际市场占有率也达到 30.91%，行业排名第一。根据中国标准化研究院顾客满意度测评中心的数据，格力的顾客满意度 2015 年高达 83.3 分，稳居行业首位。

格力有着极强的品牌意识，"成就格力百年的世界品牌"是格力的目标。截至 2015 年，格力所拥有的自主品牌在全球 214 个国家和城市进行了品牌注册申请。在品牌推广方面，格力多年来持续保持高投入，以 2014 年为例，格力在品牌推广方面的投入高达 15 亿元，占销售比例的 1.07%。正是在这些品牌推广和品牌保护的推动下，格力品牌影响力不断扩大。2015 年，据美国《福布斯》杂志公布，格力电器位列福布斯全球上市企业 500 强第 385 位，强力挺进全球 500 强，在家用电器分类中排名第一。

问题分析：

（1）组织形象的构成要素有哪些？

（2）2015 年格力品牌价值位居家用电器行业榜首，格力的产品、服务及实力形象要素表现在哪些方面？

（3）上网查询关于格力组织理念识别的相关资讯。

姓名__________ 班级__________ 学号__________

项目实训

一、实训目标

通过实训，进一步理解与熟悉网络公关的热点问题，具有一定的网络公关意识，能将理论与实践结合起来解决各种问题。

二、实训内容与要求

【实训内容】

选择一个网络公关事件，分析其采用的网络公关策略，并进行简单评述。

【实训要求】

（1）学生自由分组，每组3～6人，并推举出小组长。

（2）小组成员通过网络查找或查阅书籍收集相关资料。

（3）将分析结果制作成PPT，由小组长上台进行演示。

（4）各小组相互评议，教师给予点评、总结。

项目考核

<table>
<tr><th rowspan="2">项目名称</th><th rowspan="2">评价内容</th><th rowspan="2">分值</th><th colspan="2">评价分数</th></tr>
<tr><th>小组互评</th><th>教师评价</th></tr>
<tr><td rowspan="3">个人素养考核项目（20%）</td><td>日常考勤</td><td>5分</td><td></td><td></td></tr>
<tr><td>与团队成员合作配合</td><td>5分</td><td></td><td></td></tr>
<tr><td>课堂纪律与学习态度</td><td>10分</td><td></td><td></td></tr>
<tr><td rowspan="3">专业能力考核项目（80%）</td><td>积极参与教学活动并正确理解任务要求</td><td>10分</td><td></td><td></td></tr>
<tr><td>任务测试题目的正确率</td><td>30分</td><td></td><td></td></tr>
<tr><td>认真完成项目实训，案例分析观点合理、条理清晰、层次分明</td><td>40分</td><td></td><td></td></tr>
<tr><td colspan="2">合计</td><td>100分</td><td></td><td></td></tr>
<tr><td colspan="3">综合分数（小组互评30%+教师评价70%）</td><td colspan="2"></td></tr>
<tr><td>教师评语</td><td colspan="4">教师（签名）：</td></tr>
</table>

项目五

公共关系专题活动

项目导读

在公共关系工作中，专题活动是综合运用公共关系理论和操作技术的专项公共关系实践，是组织与广大公众进行沟通、塑造自身良好形象的有效途径。组织在谋求生存和发展的过程中，为了使公众了解本组织的情况，与公众在交流中建立起信任关系，提高声誉，会有目的地开展各种专题活动。这种活动对于增强公众对组织的直观印象、奠定沟通基础具有重要作用。

本项目主要介绍组织常见的几种公共关系专题活动，包括新闻发布会、展览会、庆典活动和赞助活动等。

学习目标

知识目标

（1）了解各种公共关系专题活动。

（2）熟悉各种专题活动的特点与类型。

（3）掌握各种专题活动的组织程序。

能力目标

能够根据组织实际情况策划相应的公共关系专题活动，并组织实施。

素质目标

通过学习各种专题活动相关内容，增强并提升自身在实际工作中的团队意识和敬业精神。

引导案例

美的在AWE期间打出的系列好牌

2018年3月8日，中国家电及消费电子博览会（AWE）在上海拉开帷幕，美的集团首次携旗下消费电器、暖通空调、机器人与自动化、智能供应链（物流）等四大板块联袂出征。在开展首日，美的展位异常火爆，单单通过网络直播观看本次展会的观众就超过350万人次。是什么吸引如此多的人对美的"路转粉"？其中的深层原因值得挖掘。

定调：御行业风向而行

AWE期间众声喧哗，每个品牌都在探讨未来，而美的之所以突围，在于不是牵强地"贴热点"，而是以自身独有的优势牢牢把控行业话题的制高点。在预热阶段，美的就以一组系列创意海报先声夺人。海报以"岂止于电器""岂止于制造""岂止于你印象中的美的"等巧妙反问，从不同方面暗示并把近年备受关注的转型进一步深化。

而在2018年3月7日的美的集团年度战略发布会上，美的发布"人机新世代"，宣布以大数据和AI为驱动，赋予产品、机器、流程、系统以感知、认知、理解和决策的能力，则显示出在话题制造上的棋高一着。

人工智能、机器人、工业互联网、制造2025、美好生活等无疑都是时下热门的话题，但此类技术的实践却长期处于一个伪命题的尴尬中。美的的高明之处在于用"人机新世代"强有力的逻辑将这些热点串联起来，成为自身商业与技术发展蓝图中的有机组成部分，既突出了自身全产业链布局的差异化优势，也以实力回答了技术革新、消费升级为行业带来的机遇与挑战，让人工智能、工业互联网等这些炫酷的技术能真正用到实处，给企业带来切身利益。

体验：让"人机共协"近在眼前

美的另一个成功破局的关键，在于把"人机新世代"的概念用富于科技感、互动感的语言重新诠释，让受众通过体验迅速形成记忆点。

在年度战略发布会上，美的没有利用明星站台，却邀请艺术家黄翊与KUKA机械臂跨界演绎了一曲"人机共舞"，同时惊艳了科技界与艺术界，对人与机器间关系的思考，也随着观众们的转发被广泛传播与讨论。

在展会现场，美的则扎实地展现了如何让机器人和人工智能在实际应用中担任主角。5 000平方米的展位成为"人机新世代"秀场，允许大量参展者穿插其中、亲身体验互动：观众可以与智能AI冰箱语音互动、品尝会"辨认"食材的智能烤箱做出的美食、漫步于健康云守护的智慧社区、甚至喝上一杯由工业机器人倒的啤酒……展位火爆的人气证明了美的的策略是对的，并非每个人都能读懂冰冷的技术语言，但通过好玩好看的观展体验去展示技术上的硬实力，则让美的的形象具有了人性化的温度。

传播：多平台争相打 Call，线上线下引爆热议

美的不仅在传统媒体上被连连曝光，社交媒体的传播也做得有声有色。不得不说的是美的对科技大 V 的明智选择与运用，某博主直播逛展不仅吸引了超过 350 万粉丝的观看，更在当天登上微博头条；而机器人与人工智能领域的专家在知乎平台上发起的讨论，也迅速引来了多位科技类 KOL（关键意见领袖）的互动。科技达人的犀利点评，让美的的“黑科技”成功“刷屏”。

2018 年美的 AWE 宣传片

此外，资源联动、巧妙借力也是美的驾轻就熟的技巧：对外一方面携手凤凰网“风直播”及微赞分别对发布会、展会进行直播，另一方面与 AWE 主办方在双微、Facebook 等不同平台上紧密互动；对内则联合旗下各事业部的平台共同发声，有效形成传播合力。

回顾美的在本次 AWE 期间的表现，能让超过 350 万观众“路转粉”的深层原因有两个：一是在传播上“有的放矢”，有效助力品牌建立；二是源于业务与技术的硬实力。两者相辅相成，从而在媒体、业务伙伴、投资人、消费者中大获成功。

所谓公共关系专题活动，是指组织为了某一明确的公关目的、围绕特定主题而精心策划的公共关系活动。公共关系专题活动形式有很多，常见的有新闻发布会、展览会、庆典活动和赞助活动等。

公共关系专题活动与一般公共关系活动相比，具有其鲜明的特点。

（1）针对性。公共关系专题活动是组织在运行过程的某一阶段，根据实际情况和需要，有目的、有针对性开展的公共活动。

（2）主题性。公共关系专题活动的目的较为单一、明确，为某一主题而发起，并围绕这一主题有意识地展开。

（3）计划性。活动开展的每个环节，如确立主题、重点、对象和范围，都必须事先反复斟酌，进行论证和修改，制订周密而详尽的实施计划。

（4）效益性。组织为活动投入人力物力，公众为活动付出时间代价，以达到双方共赢、互相受益的效果。

（5）灵活性。公共关系专题活动方式多样，规模大小随需要而定，活动内容也可以根据需要做出不同安排，在活动过程中也可以进行适时调整。

任务一　举办新闻发布会

任务描述

通过本任务的学习，能够熟悉新闻发布会的特点，掌握新闻发布会的筹备和程序，能够根据要求准备有关新闻发布会的资料，配合组织做好会后工作。

知识精讲

公关人员用来广泛宣传某一信息的最好工具莫过于举办新闻发布会。新闻发布会的最大优点是信息真实、可信度高，容易使组织与公众之间达到相互理解和沟通的良好效果。

一、新闻发布会的概念

新闻发布会也称为记者招待会，是指组织为了公布重要的新闻或者解释重要方针政策而邀请新闻记者与相关人员参加的一种公关活动。

新闻发布会是组织传播信息最有效的手段之一，也是组织与新闻界建立和维持良好关系的重要途径。

课堂互动

外交部发言人是如何通过新闻发布会促进政府形象塑造的？

二、新闻发布会的特点

新闻发布会是一种两级传播：组织先将信息告知记者，再通过记者所属的大众传播媒体告知公众。它一般具有如图 5-1-1 所示五个特点。

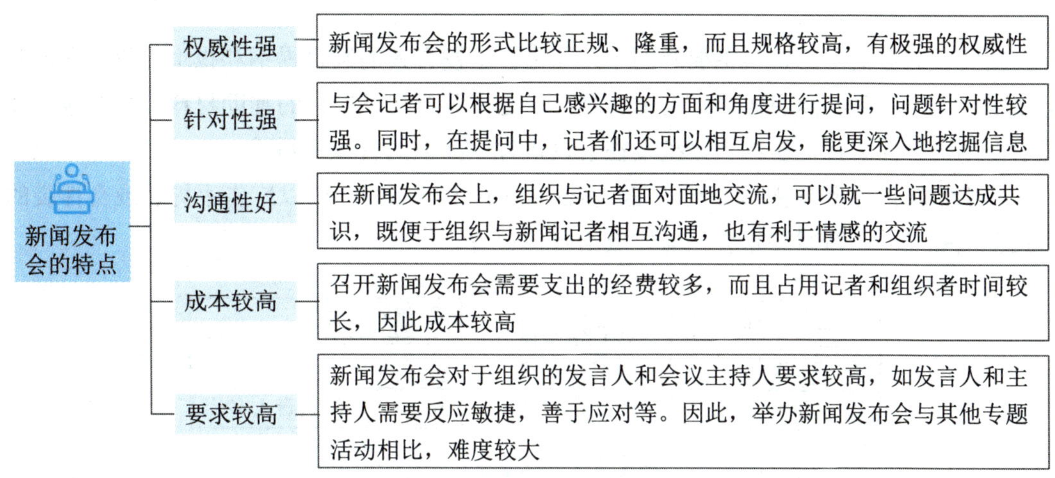

图 5-1-1　新闻发布会的特点

三、新闻发布会的组织

（一）确认新闻发布会的筹备

1．确认新闻发布会的必要性

在举办新闻发布会之前，组织必须对所要发布的信息进行认真的研究分析，确定这些信息是否具有新闻价值、能否广泛传播，当前是否是最佳发布时机等。

通常情况下，适合举办新闻发布会的情形包括组织开张或倒闭、新产品的研发与生产、企业上市、开展重大公益或慈善活动、组织遇到紧急突发事件等。

2．确定新闻发布会的主题

主题是新闻发布会的核心内容，整个活动都要围绕主题开展。因此，在召开新闻发布会之前必须确定其主题，围绕主题开展各项工作，切忌在执行过程中偏离主题。

3．确定新闻发布会的时间和地点

新闻发布会时间和地点的要求如图 5-1-2 所示。

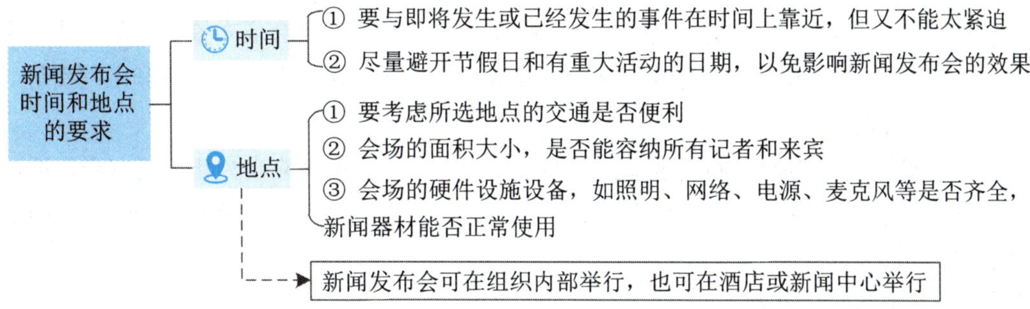

图 5-1-2　新闻发布会时间和地点的要求

4. 准备资料

新闻发布会需用的资料主要有两个：一是会上发言人的发言提纲和报道提纲，在内容上要求全面、准确、简明扼要、突出主题；二是有关新闻发布会的辅助材料，主要包括布置于会场内外的图片、实物、模型及在会议进行中播放的音像资料等。

提供给媒体的资料要尽可能详细、全面（见图5-1-3），一般以广告手提袋或文件袋的形式整理妥当，在新闻发布会之前发放给媒体记者。

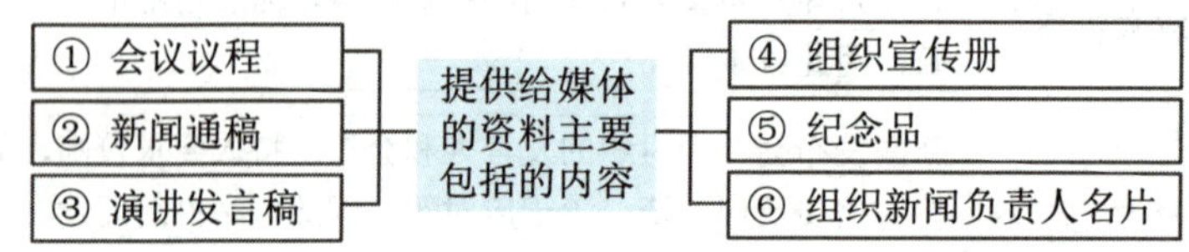

图5-1-3　提供给媒体的资料主要包括的内容

5. 确定主持人和发言人

由于记者的职业要求和习惯，他们常常会提出一些尖锐、深刻甚至很棘手的问题，这就要求主持人和发言人思维敏捷、反应机敏、口齿伶俐，有较高的专业素养和应变能力。此外，新闻发布会还要求主持人能够把握主题范围，掌握会议进程，控制会场气氛，促成会议的顺利进行。

会议的发言人一般由组织的最高领导人担任，因为他们不仅对本组织的整体情况、方针、政策等有全面的了解，而且他们的身份也决定其发言和回答更具有权威性。

6. 确定受邀者范围

组织应根据所发布信息的重要性、涉及的范围等因素来确定邀请记者的范围。例如，新闻内容仅限于本地，则以邀请当地新闻单位的记者出席为主。但同时要注意，邀请的记者覆盖面要广，尽量照顾到报纸、杂志、广播、电视、新闻网站等各种媒体。

一般来说，到会的媒体越权威、越专业，新闻发布会的效果就越好。除新闻记者外，凡涉及其他单位、部门或公众群体，也应在邀请之列。

7. 制定经费预算

经费预算可根据组织的实际情况及新闻发布会的规格和规模制定，并适当留有一定余地，以应对突发状况。新闻发布会的经费一般需要考虑场地费、会场布置费、印刷费、餐饮费、礼品费、文书用具费、音响器材费、邮费、交通费、电话费、传真费和上网费等。

8. 布置会场

布置会场是召开新闻发布会之前的重要准备工作之一。组织应当为新闻发布会创造一个安静无干扰、室内座椅舒适、灯光适宜的良好会议环境，并且保证录音、摄影等新闻器材的正常使用。

9. 安排记者实地参观

在新闻发布会的前后，可根据会议的主题和实际情况安排记者进行参观活动，给记者

创造实地考察、采访、摄影和录像的机会。为保障参观活动的顺利进行，可以预先安排好参观的地点，并派专人接待、陪同及介绍情况。

10. 安排宴请

根据实际情况需要，在组织经济允许的情况下，可以在参会结束后安排宴请记者。这是组织与新闻记者近距离沟通的机会，可以利用这种场合及时收集反馈信息，进一步联络感情。

（二）新闻发布会的程序

一般来说，新闻发布会应当包括以下程序：

1. 签到

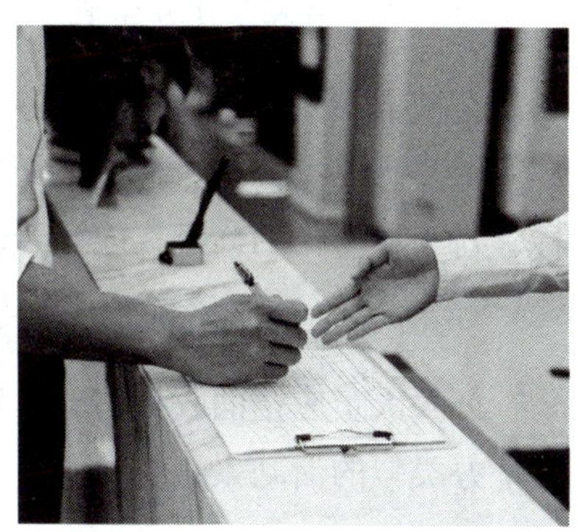

组织应当在接待处设签到簿，安排专门的接待人员。参加会议的人员应当在签到簿上签上自己的姓名、单位、职业和联系电话等。

2. 分发资料

工作人员应当在会议开始前将准备好的资料提前分发给记者，让记者对会议有一个大概的了解。同时，将写有姓名和新闻机构名称的桌牌发给相应与会记者。

3. 主持人讲话

发布会开始时，由主持人说明召开新闻发布会的目的，并对所要发布的信息及有关情况进行简单的介绍和说明。

4. 发言人讲话

由发言人具体、准确地讲述事件的内容。

5. 记者提问

发言人将事件内容介绍清楚后，由记者进行提问，并请发言人做出回答。发言人要准确、流利地回答记者提出的各种问题。

6. 参观和其他安排

新闻发布会结束后，可根据具体情况安排记者进行参观、宴请或其他活动。

知识拓展

新闻发布会的注意事项

在新闻发布会上，发言人只能用肯定的语气公布事实确凿的信息，即“用事实说话”。如果记者的态度明显与发言人的意见相左，主持人应审时度势，尽力把记者的提问及时引入符合主题的正确轨道。对不能回答又无法回避的问题，应得体而果断地申明本次新闻发布会不探讨某个特殊的问题，请记者谅解。发言人和主持人在新闻发布会上都必须做到不用“无可奉告”的外交辞令，更不能狡辩、抢白记者，不随意打断记者的提问。

四、新闻发布会的会后工作

新闻发布会结束后，组织还应做好以下会后工作：

（一）整理会议记录

在会后，公关人员应当尽快整理出新闻发布会的记录材料，对会议的组织、布置、问答和宴请等各环节的内容进行总结，从中汲取经验和不足，并将总结材料归档备查。

（二）调查发稿情况

公关人员对照新闻发布会签到簿，检查与会记者是否都发了稿件，并对各类媒体报道和评论进行归类分析，把握公众的反应和舆论走势，检查是否达到了举办发布会的预期目标。对于检查出的问题，应当及时分析原因并采取补救措施。

（三）了解与会者反应

公关人员应全面收集与会者对此次会议的反应，检查会议的各个环节有无疏漏，为以后举办类似的活动累积经验。

知识拓展

举办新闻发布会的误区

（1）没有新闻的新闻发布会。

有些组织似乎有开发布会的“不良嗜好”。很多时候，组织并没有重大的新闻，但为了保持一定的影响力，证明自己的存在，也要时不时地举办发布会。其造成的后果是，组织虽然花了不少的精力，但几乎没有收成。新闻性的缺乏使得组织往往在发布会的形式上挖空心思、绞尽脑汁，热闹程度可以，效果却不理想。如果过于喧宾夺主，参会者只记住了热闹的形式，却忘了组织想要表达的内容。

（2）含糊其辞，答非所问。

有的组织在传播过程中，生怕暴露了商业机密，凡涉及具体数据时总是含含糊糊，一谈到敏感话题就“顾左右而言他”，不是“无可奉告”就是“正在调查”。这样一来，媒体想知道的，组织没办法提供；媒体不想搭理的，组织又不厌其烦。其效果可想而知。

姓名______________ 班级______________ 学号______________

一、选择题

1.【单选题】公共关系专题活动是组织在运行过程的某一阶段，根据实际情况和需要，有目的、有针对性开展的公共活动，这体现的是公共关系专题活动的（　　）特点。

A. 计划性　　B. 效益性

C. 针对性　　D. 主题性

2.【单选题】公共关系专题活动的目的较为单一、明确，为某一主题而发起，并围绕这一主题有意识地展开，这体现的是公共关系专题活动的（　　）特点。

A. 计划性　　B. 效益性

C. 针对性　　D. 主题性

3.【单选题】（　　）是新闻发布会的核心内容，整个活动都要围绕其开展。

A. 主题　　B. 时间和地点

C. 准备资料　　D. 布置会场

4.【多选题】一般来说，新闻发布会包括的程序有（　　）。

A. 签到　　B. 分发资料

C. 主持人和发言人讲话　　D. 记者提问

E. 参观和其他安排

5.【多选题】新闻发布会的会后工作主要包括（　　）。

A. 整理会议记录　　B. 调查发稿情况

C. 布置会场　　D. 制定经费预算

E. 了解与会者反应

6.【多选题】以下属于新闻发布会特点的有（　　）。

A. 权威性强　　B. 沟通性好

C. 成本较高　　D. 要求较高

E. 针对性强

二、案例分析题

某组织新闻发布会程序

某组织准备召开一个新闻发布会，在其行动计划表上，有如下的内容：

（1）确定新闻发布会计划纲要。

（2）收集各酒店场所报价及提供餐单。

（3）拟定邀请名单、检查核准其姓名。

（4）核对比较各酒店报价。

姓名____________ 班级____________ 学号____________

（5）视察备选的酒店场所。

（6）选定场所。

（7）邀请印刷厂家报价。

（8）选择印刷厂、订印请柬及信封。

（9）确定所需的照片。

（10）校对请柬。

（11）草拟负责人演说词。

（12）订制姓名桌牌、新闻资料夹、签名簿。

（13）租用投影仪、麦克风等设备。

（14）撰写领导人发言稿。

（15）订制布置会场用的美术用品、桌签、标志牌等。

（16）确认参加者名单。

（17）追核尚未答复者及重要嘉宾。

（18）将出席人数、座位布置平面图交给酒店。

（19）打印总经理发言稿。

（20）装好新闻资料。

（21）将所有用品设备送至主会场。

（22）布置会场。

（23）预拍电影或录像。

问题分析：

结合新闻发布会的相关理论知识，分析案例中的新闻发布会。其行动计划表上缺少哪些重要内容？

任务二　举办展览会

任务描述

通过本任务的学习，能够在理解展览会基本知识的基础上，熟悉展览会的特点和类型，掌握展览会的组织工作与基本要求，能够运用相关知识组织策划展览会活动。

知识精讲

一、展览会的概念

展览会是指组织综合利用实物、文字、图片、视频资料或操作演示等形式，对组织自身进行宣传的公共关系活动。

展览会具有知识性和趣味性，既形象又生动，能够使公众更直观、更全面地了解组织及其产品，从而留下深刻的印象。

二、展览会的特点

展览会的特点见表 5-2-1。

表 5-2-1　展览会的特点

展览会的特点	具体内容
传播媒介的复合性	展览会是一种复合性的传播方式。它通常用多种媒介进行交叉复合传播，以实物展出为主，配以文字、图片、幻灯片、录像、电脑等媒介，再加上动人的解说、友好的交谈、优美的音乐、生动的艺术造型，综合了多种媒介的传播优势，具有很强的吸引力
传播方式的直观性	展览会通常以展出实物为主，并进行现场示范表演，能给人以直观、形象的感受，从而使展示的产品给人留下深刻的印象
传播沟通的双向性	展览会为组织与公众提供了面对面沟通的机会。在展览会上，公众可以对组织进行提问，了解自己有疑问或感兴趣的问题；而组织可以介绍产品、宣传自己，对公众进行调查，了解公众对组织的意见和建议，并且根据公众的反馈及时调整自己的工作方向

续表

展览会的特点	具体内容
传播效果的关注性	展览会是一种综合性的大型活动，往往传递着组织的最新信息，是新闻报道的良好题材，也是新闻媒介关注的对象。组织应当充分利用这一机会，扩大其影响，同时与新闻工作者搞好关系，为组织树立良好的形象

三、展览会的类型

展览会的形式很多，从不同的角度可以划分为不同的类型，见表 5-2-2。

表 5-2-2　展览会的类型

分类依据	类型	具体内容
按展览会的性质不同	贸易展览会	贸易展览会是展销结合的展览会，展出的主要是实物或者技术，其目的是促进商品的销售
	宣传展览会	宣传展览会是通过展示组织的产品、图片或资料等，对组织的文化、思想和成就进行宣传，目的是树立组织的良好形象，使组织形象得到提升
按展览会的内容不同	综合性展览会	综合性展览会旨在展示一个国家、一个地区或一个组织的建设成就，既有整体概括，又有具体形象，观众参观后会有一个比较完整的印象。其展出时间较长、规模宏大并且内容丰富全面，具有整体性和概括性。例如，我国举办的“改革开放成果展览会”
	专题性展览会	专题性展览会通常是由组织或行业性机构围绕某一特定专题而举办的展示活动。其内容与综合性展览会相比较为单一、规模较小，但其主题鲜明、内容集中且更有深度。例如，我国举办的“中国酒文化博览会”，以酒为核心，通过酒来展示企业文化和中国传统的酒文化
按展览会的规模不同	大型展览会	大型展览会一般由专业机构举办，规模较大，参展单位和项目较多，涉及面较广，展览技术要求也高，如“中国出口商品交易会”“世界园艺博览会”等
	小型展览会	小型展览会的规模较小，常常由一个组织自己举办，展出的项目比较单一，胜在灵活性较强，组织简便
	微型展览会	微型展览会是最小规模的展览会，看似简单，但其技巧性要求较高，需要更具吸引力

续表

分类依据	类型	具体内容
按展览会的地点不同	室内展览会	室内展览会是比较常见的一种展览方式，较为正式、隆重。其优点是不受天气影响，而且室内设施完善、方式灵活，但需考虑租赁、设备使用等费用
	露天展览会	露天展览会的最大特点是会场布置比较简单，场地较为宽敞，可以容纳大量公众，展出大量展品，但缺点是易受到天气的影响。通常露天举办的展览主要有大型机械、农副产品、花卉等

四、展览会的组织

（一）确认举办展览会的必要性和可行性

举办展览会需要投入较多的人力、物力和财力，如果不进行科学的分析论证，就有可能造成费用开支过大而得不偿失、盲目举办而起不到应有的效果。特别是大型展览会，人力投入多、费用开支大，更应谨慎从事。

（二）明确展览会的主题

展览会主题是展览会的中心思想。每个展览会都应有一个明确的主题，并将这一主题以各种形式反映出来，如展览会的名称、口号、徽标、纪念品等。只有主题明确，才能使展览会的实物、图片及文字说明等有机结合起来，收到较好的效果。

（三）确定参展单位和参展项目

根据确定的主题，为有可能参展的单位提供展览活动的宗旨、展出项目类型、对参展人数与类型的预测、展览活动的要求和费用等基本资料。一般采用广告和发邀请书的形式邀请相应的参展单位。

（四）确定展览会的时间和地点

举办展览会的时间除了因展览内容有特殊要求外，尽量选择在节假日开展，以便吸引更多的公众有暇参观。

选择展览会地点时，需要考虑以下因素：① 所选地点交通是否便利，是否方便参展者前往；② 所选地点场地的大小、质量、设施等是否符合展览要求；③ 所选地点周围的环境是否与展览会主题相协调。

（五）分析参展者类型

展览会的参展者是谁，范围有多大，参展者的层次、要求、数量等状况如何，这些都是公关人员在举办展览会前应分析和研究的问题。做好这些工作才能在接洽、解说和材料准备上根据不同层次的参展者来做准备，从而保证展览会的顺利进行。

（六）准备宣传材料

展览会需要准备的材料很多，如展览徽标、宣传招牌、图片、展品、广告、气球等，还有分发给参展者的宣传材料，如组织及其产品或服务的简介、宣传画册、纪念品等。这些都应在展览活动前做好充分准备。

（七）培训工作人员

展览会组织的成功与否、质量好坏，与工作人员的素质高低有很大关系，特别是一些专业性较强的展览，如果没有一定的专业知识，展览的组织、洽谈、解说、咨询等工作就会受到影响。此外，工作人员的公关素质、接待、礼仪、讲解技巧等，都会影响展览活动的效果。因此，必须对相关工作人员进行展前培训，提高他们的素质和技能。

（八）完善参展设施和相关服务项目

公关人员筹办展览会应准备好电源、电话、照明、音响、影像等辅助设施，以及交通、住宿、保险等相关的服务项目，以保证展览会集中、高效地进行。

（九）与新闻界进行联络

展览会要利用一切可以调动的传播媒介开展公共关系工作，使公众通过视、听等多种渠道了解组织的有关信息。在展览活动前，组织应组建一个专门的宣传组，负责展览活动的宣传工作，邀请新闻界采访、报道，撰写新闻稿并及时向公众传播有关组织的信息，扩大参展单位及整个展览会的影响。

（十）展览费用预算

费用预算既是展览会进行具体实施时的依据，也是会展后评价展览收益的标准。因此，要根据展览会的预期目标进行费用预算，包括场地费、设备租金、运输费、设计布展费、材料费、劳务费、广告费和通信费等。在进行费用预算时也要预留一定的备用金，以便应对突发状况。

（十一）评估展览会效果

组织可以通过参展人数、咨询量、留言簿、问卷调查等信息评估展览会的效果，从中吸取经验教训，以便以后更好地举办展览会。

姓名____________　　班级____________　　学号____________

任务测试

一、选择题

1.【单选题】展览会通常以展出实物为主，并进行现场示范表演，能给人以直观、形象的感受，从而使展示的产品给人留下深刻的印象，这体现了展览会的（　　）特点。

A. 传播媒介的复合性　　B. 传播方式的直观性

C. 传播效果的关注性　　D. 传播沟通的双向性

2.【单选题】展览会是一种综合性的大型活动，往往能成为新闻媒介追踪的对象，是新闻报道的良好题材，这体现了展览会的（　　）特点。

A. 传播媒介的复合性　　B. 传播方式的直观性

C. 传播效果的关注性　　D. 传播沟通的双向性

3.【多选题】展览会的形式很多，从展览会的内容上可以划分为（　　）。

A. 贸易展览会　　B. 综合性展览会

C. 宣传展览会　　D. 专题性展览会

E. 大型展览会

4.【多选题】展览会的特点主要体现为（　　）。

A. 传播媒介的复合性　　B. 传播方式的直观性

C. 传播范围受限　　D. 传播沟通的双向性

E. 传播效果的关注性

二、案例分析题

世界互联网大会·乌镇峰会成功举办

世界互联网大会（World Internet Conference，简称 WIC）由中国国家互联网信息办公室和浙江省人民政府联合主办，乌镇被确定为永久会址，每年举办一次。会议主要邀请国家和地区政要、国际组织的负责人、互联网企业领军人物、互联网名人、专家学者，涉及网络空间各个领域，体现多方参与。

2021 年世界互联网大会乌镇峰会于 9 月 26 日至 28 日在浙江乌镇召开，本次大会以“迈向数字文明新时代——携手构建网络空间命运共同体”为主题，采用“线上+线下”相结合的方式举行，吸引了来自全球 96 个国家和地区的 2 000 多位嘉宾参会。

大会期间举办了 20 场分论坛，分别聚焦 5G、人工智能、开源生态、下一代互联网、数据与算法等网络技术新趋势、新热点，充分回应各方对数据治理、网络法治、互联网企业社会责任、全球抗疫与国际传播等问题的关注。

大会首次开通视频会议直播平台，首次举行“携手构建网络空间命运共同体精品案例”发布展示活动。大会期间，揭晓了 14 项世界互联网领先科技成果，发布了《世界互

姓名____________ 班级____________ 学号____________

联网发展报告 2021》和《中国互联网发展报告 2021》蓝皮书，举行了“直通乌镇”全球互联网大赛总决赛，为期四天的“互联网之光”博览会吸引了 300 余家中外知名企业和机构参展。

这次大会从筹备阶段就吸引了全球媒体的高度关注，共有境内外 111 家媒体的 700 余名记者参会，将大会的盛况、嘉宾观点、会议成果在国内外同步发布、广泛传播。

问题分析：

（1）我国为什么要举办世界互联网大会？

（2）与世界互联网大会类似的活动还有哪些？

任务三　组织庆典活动

任务描述

通过本任务的学习，能够了解庆典活动的概念，熟悉庆典活动类型，掌握庆典活动的组织工作与基本要求，并能够运用相关知识开展庆典活动。

知识精讲

一、庆典活动的概念

庆典活动是指组织在重大节日、社会重大事件发生时或者具有重要纪念意义的时刻举办的活动项目。与新闻发布会和展览会的严肃、严谨相比，庆典活动的风格一般比较轻松、活泼、喜庆，具有较强的感染力。借助庆典活动喜庆和热烈的气氛，对外能够扩大组织影响力，对内能够增强组织凝聚力。

二、庆典活动的类型

庆典活动类型较多，概括起来主要有三种，见表 5-3-1。

表 5-3-1　庆典活动的类型

庆典活动的类型	具体内容
节庆活动	节庆活动是指利用盛大节日或共同的喜事而举行的庆祝活动。官方节日有劳动节、妇女节、消费者权益保护日、国庆节等；民间传统节日有元宵节、重阳节、七夕节等；地方特色的节日有湖南的龙舟节、山东潍坊风筝节等；西方国家的传统节日有情人节、圣诞节等
纪念活动	纪念活动是指利用社会上或本组织具有纪念意义的日期而开展的公关活动，如本组织的周年纪念日及重大成就的纪念日、本行业重大事件纪念日、历史上重要事件发生的纪念日等
典礼仪式	典礼仪式包括各种典礼和仪式活动，如开业典礼、项目竣工典礼、毕业典礼、颁奖典礼、授勋仪式、庆功会、颁奖会、签字仪式、捐赠仪式等。在实际工作中，典礼仪式的形式多样，并无统一模式

三、庆典活动的组织

虽然庆典活动形式并不复杂，所需要的时间也不长，但想要达到预期的效果，公关人员必须精心策划、周密实施。一般来说，庆典活动的组织包括筹备工作、庆典仪式和结束工作。

（一）筹备工作

1. 确定庆典活动的主题

庆典活动的主题要独特新颖，这样才能加深公众对庆典活动的印象，为组织期望达到的公关目标和传播效果服务。

2. 拟定宾客名单

邀请的宾客一般应包括政府有关部门的负责人、社区负责人、知名人士、同行业代表、公众代表、员工代表、新闻媒介等。公关人员应尽早发出请柬，并与宾客及时协调沟通，尽可能地保证重要来宾能够按时出席庆典。

3. 拟定典礼程序

典礼程序一般为签到、宣布典礼开始、宣布来宾名单、致辞、剪彩、摄影等。

4. 拟好开幕词、答谢词

开幕词、答谢词应事先准备好，所有致辞都应言简意赅。

5. 确定剪彩、揭牌人员

剪彩、揭牌人员一般应由地位、职务、声望较高的知名人士担任。

6. 安排接待相关事宜

签到、接待、放鞭炮、摄影、录像、音响等工作都应指定专人负责，这些人员须在典礼开始前到位，确保典礼的顺利进行。

7. 安排一定的娱乐节目

为了烘托气氛，可根据典礼的特点，适当安排助兴节目，如舞龙、放鞭炮、烟花或歌舞表演等。

精选案例

Y公司巧用开业典礼

长沙Y公司于2019年11月中旬开始进行店堂装修，营业面积扩大400多平方米，商品品种增加200余种，准备在2020年元旦重新开业。他们邀请广州某电子联合有限公司为联办单位，赶制了一批精巧的生日纪念卡和小礼品，接着在报纸和电视上打出广告，邀请市内历年元旦出生的人趁公司重新开张之际，来店同庆节日之喜。

一位81岁高龄的老人闻讯后，高兴地说：“我活了81岁，从来没有看到过商店为顾客过生日的，今天看到了。”他特地打发 60 岁的儿子到店里代他受喜。这位花甲老人替父亲领了生日纪念品后，又被琳琅满目的商品所吸引，边看边买，出店时，大包小盒提了一大串。下午 2 点，一名男子手持医院证明来到店里，说他女儿当天上午 10 点才降生。经理代表公司向他表示祝贺，并向他女儿赠送礼品，该男子激动地说："你们给顾客带来了生日的乐趣，把公司的美好情意送到了顾客心里。”到下午 5 点，Y 公司共发出生日礼品千余份，商店的客流已超过 20 万人次，销售额达 100 万元，相当于过去日平均数的十几倍，创该店历史上的最高纪录，并为以后扩大销售奠定了良好基础。

（二）庆典仪式

在庆典仪式开始之前，应设置来宾签到环节。来宾签到后，由接待人员引导来宾入座或去接待室休息等候。

庆典仪式的一般流程如图 5-3-1 所示。

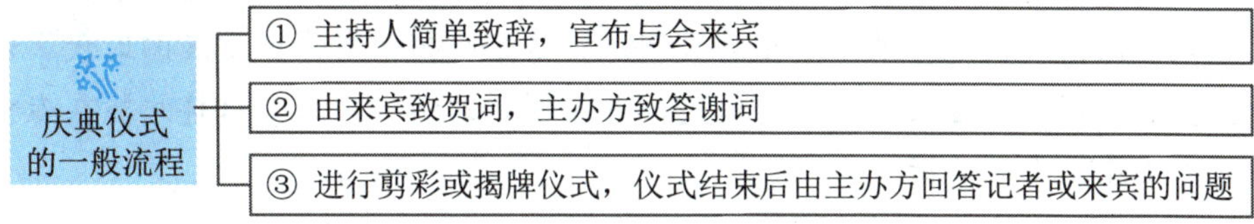

图 5-3-1　庆典仪式的一般流程

在庆典仪式进行过程中，公关人员应按照事先确定好的流程开展工作。如果遇到突发事件，应随机应变，妥善处理。

（三）结束工作

庆典仪式结束后，组织可以安排来宾参观本组织的工作现场、重大项目或特色产品等，也可举办座谈会，或者通过留言簿征集来宾意见，以增进双方的交流与沟通。此外，组织还可举办宴会或者赠送纪念品，以此表达对来宾的感谢。

知行合一

2016 年 3 月 7 日，宝马公司（巴伐利亚发动机制造厂股份有限公司的简称）百年庆典在慕尼黑奥林匹克中心举行，现场大咖云集，气势恢宏。宝马公司前任董事长、现任监事会主席，首先向到达现场的德国信息部长、巴伐利亚州州长、总工会主席、宝马公司大股东，以及 140 个国家的 300 名员工代表表示欢迎。

监事会主席用三个例子证明了在过去 100 年中宝马公司的初心不变："未来属于那些勇于开拓，探索未知，锐意创新的人。”并且再次重申了“预测未来最好的方式

就是创造未来”。巴伐利亚州州长给予宝马公司高度赞扬，他说：“宝马公司是最受喜爱的雇主之一，是巴伐利亚州营业额最高的企业，也是巴伐利亚成功史上一个重要的标志。”他说宝马公司虽然是全球的，但是它有一颗巴伐利亚的灵魂，因为它叫“巴伐利亚发动机工厂”。他把宝马汽车看作巴伐利亚四宝之一，另外三个是风景、啤酒和足球。

不能亲自到场的德国总理发来视频致辞，她称赞宝马汽车代表了“德国传统、精湛的技术以及驾驶乐趣”。她说：“宝马公司在历史上曾推出过颇有传奇色彩的 R32 摩托车和 BMW 2002 车款，今天，BMW i 系列电动车备受全球瞩目。宝马公司在每个时期都为自己树立了新的目标。”

监事会主席与 4 名来自全球的员工共同完成了开启下一个百年的仪式。随后，宝马公司把对未来的愿景导演成了一场大型的舞台剧，用孩子和诗歌的视角，讲述历史，畅想未来。

其实，宝马汽车远远不只是我们印象中的豪华车那样简单。在其身份的背后，是一百多年来的传承及对未来不断的探索与创新，好的产品并不只是高级零件的叠加，融入的思想和创意才是其真正的灵魂。在这个科技信息高速发展的时代下，作为大学生的我们，也要秉承着与时俱进、开拓创新的精神，只有这样才能在专业学习和未来工作上有所建树。

姓名____________ 班级____________ 学号____________

任务测试

一、选择题

1.【单选题】利用盛大节日或共同的喜事而举行的庆祝活动属于（　　）。

A. 节庆活动　　B. 纪念活动

C. 参观活动　　D. 典礼仪式

2.【单选题】学校举行的 20 周年校庆，属于（　　）。

A. 节庆活动　　B. 纪念活动

C. 参观活动　　D. 典礼仪式

3.【单选题】组织在圣诞节举办的活动，属于（　　）。

A. 节庆活动　　B. 纪念活动

C. 参观活动　　D. 典礼仪式

4.【单选题】庆典活动筹备工作的第一步是（　　）。

A. 拟定宾客名单　　B. 确定庆典活动的主题

C. 拟定典礼程序　　D. 拟好开幕词、答谢词

5.【多选题】下列属于庆典活动类型的有（　　）。

A. 节庆活动　　B. 纪念活动

C. 展览活动　　D. 典礼仪式

E. 参观活动

6.【多选题】以下属于典礼仪式的活动有（　　）。

A. 开业典礼　　B. 毕业典礼

C. 北京地坛庙会　　D. 颁奖典礼

E. 庆功会

二、案例分析题

IBM 公司的“金环庆典”活动

美国 IBM 公司每年都要举行一次隆重的庆功会，对那些在一年中做出过突出贡献的销售人员进行表彰，这个活动被称为“金环庆典”。在庆典中，IBM 公司的高层管理人员始终在场，并主持盛大、庄重的颁奖酒宴，然后放映由公司自己制作的、表现那些做出突出贡献的销售人员的工作情况、家庭生活，乃至业余爱好的影片。在被邀请参加庆典的人中，不仅有股东代表、工人代表、社会名人，还有那些做出了突出贡献的销售人员的家属和亲友。

IBM 公司每年一度的“金环庆典”活动，一方面是为了表彰有功人员，另一方面也是同企业职工联络感情、增进友情的一种手段。在这种庆典活动中，公司的主管同那些常年

姓名____________　　班级____________　　学号____________

忙碌、难得一见的销售人员聚集在一起，大家毫无拘束地谈天说地。在交流中，无形地加深了心灵的沟通，尤其是公司主管那些表示关心的语言，常常能使那些在一线工作的销售人员“受宠若惊”。正是在这个过程中，销售人员更加增强了对企业的归属感和责任感。

问题分析：

（1）IBM 公司举行的“金环庆典”属于什么类型的庆典活动？对于公司内部有哪些重大意义？

（2）这种活动对其他公司有何借鉴意义？

任务四　开展赞助活动

任务描述

通过本任务的学习，能够了解赞助活动的概念，熟悉赞助活动的作用和类型，掌握赞助活动的程序，能够运用相关知识开展赞助活动。

知识精讲

一、赞助活动的概念

赞助活动是指组织以捐赠的形式，向某一社会事业或社会活动提供资金或物资，以提高组织社会声誉，树立良好社会形象的公共关系专题活动。

赞助活动既可以为社会公益事业的顺利进行提供保障，同时又能为组织的不断发展创造和谐的社会环境，还有利于获得公众的认可和支持，扩大组织影响力。因此，越来越多的营利性组织以自己收益的一部分回馈社会公益事业，积极承担社会责任。

二、赞助活动的作用

1．树立组织形象

赞助活动是行善之举，有益于社会，不仅给公众留下了良好的印象，还能使公众对组织及其产品和服务产生信任感，从而为组织树立良好的自身形象。

2．扩大组织知名度

组织在赞助活动中会获得更多的曝光机会，可以扩大组织的知名度，增强组织及其产品和服务的影响力和说服力。

3．展示组织实力

组织在赞助活动中需要投入大量的人力、物力，可以充分展示组织的规模和经济实力，提升公众对组织的信任度。

4．培养与公众的良好感情

组织通过赞助活动可以拉近与公众的距离，增进彼此之间的感情，从而有利于组织自身与公众建立良好的关系。

三、赞助活动的类型

赞助活动的类型众多，常见的赞助活动类型见表 5-4-1。

表 5-4-1　赞助活动的类型

赞助活动的类型	具体内容	赞助形式
体育赞助	体育赞助是组织赞助活动中最常见的类型。体育比赛往往会受到公众和各大媒体的关注，具有较高的传播价值。不仅能促进人民体质的增强，而且可以最大限度地提高组织的知名度	赞助体育训练经费或物品、赞助体育竞赛活动和设立体育竞赛奖励基金等
文化事业赞助	文化艺术生活是公众社会生活中的重要内容。组织赞助文化事业，不仅有助于社会文化的发展，而且可以扩大影响力和提高知名度	赞助电影和电视节目拍摄、赞助文化艺术演出活动、赞助出版图书等
教育赞助	教育是立国之本，关系着下一代的未来。赞助教育事业，既有助于教育事业的发展，也显示出组织对国家和社会的高度责任感，使公众对组织建立良好的印象	赞助学校建图书馆、设立奖学金、资助贫困学生等
社会公益赞助	赞助社会公益事业能够体现出组织的社会责任感和担当意识，赢得广大公众的好感，同时构建与社区、政府之间的良好关系	赈灾、捐助敬老院和孤儿院、兴办残疾人事业及提供医疗援助等
科研学术赞助	赞助科研学术活动的影响范围虽然不大，但对组织的意义重大而深远。它不仅可以推动与本组织性质、服务有关研究的深入发展，也能够扩大组织在同行业中的影响力	赞助科研经费、资助科研项目、赞助学术讨论会、设立学术研究基金和资助出版学术著作等

精选案例

可口可乐赞助奥运会

可口可乐是当今世界最大的饮料商之一，全世界每秒钟约有 10 450 人正在享用可口可乐公司所出品的饮料，而且其规模和影响力越来越大。

纵观可口可乐近百年赞助体育事业的历程可以发现，在其形象和品牌建设方面，体育赞助功不可没。并且，赞助体育事业也成了可口可乐的一大特色，也为商家树立了典范。

可口可乐赞助体育事业是从 1907 年赞助美国棒球比赛开始的，至今已有 100 余年的传统。1928 年，1 000 箱可口可乐和参加第九届奥运会的美国代表团一道抵达阿姆斯特丹，揭开了可口可乐赞助奥运会的历史篇章。从那时起，可口可乐就和奥运会结下了不解之缘。从 1985 年国际奥委会实施第一轮四年一度的常年合作伙伴赞助计划开始，可口可乐就一直是这一计划的核心成员。

四、赞助活动的程序

赞助活动一般耗资巨大，因此需要按照科学合理的程序进行，以使组织获得最佳的活动效果和经济效益。

（一）选择赞助对象

在选择赞助对象时，组织需要从如图 5-4-1 所示几个方面进行考虑。

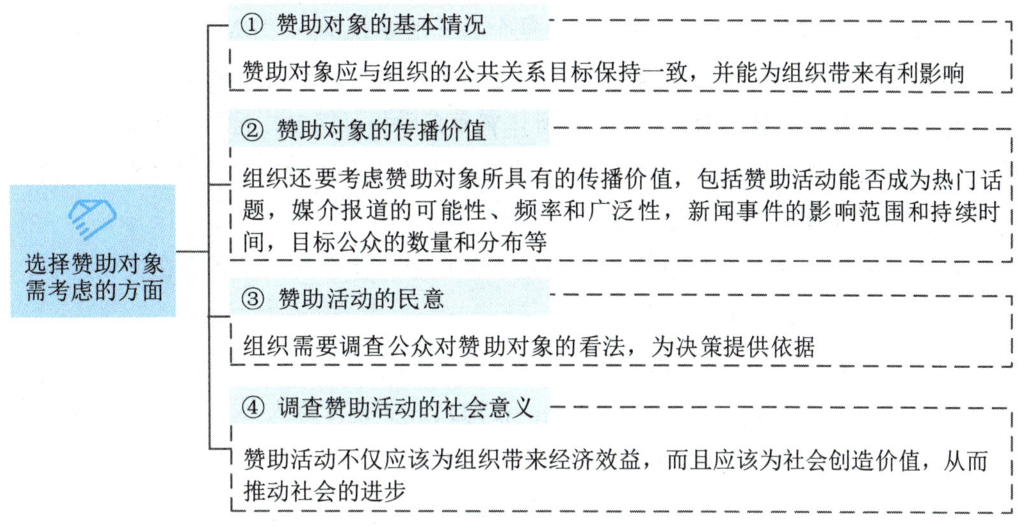

图 5-4-1　选择赞助对象需考虑的方面

（二）制订赞助计划

组织应以调查结果为基础，根据赞助前的研究和组织的赞助政策，制订切实可行的赞助计划。赞助计划一般包括赞助的宗旨、赞助的对象、赞助的形式、赞助的费用预算和赞助的具体实施方案等。

你知道怎么拉赞助活动吗？

（三）实施赞助方案

赞助方案的实施应由组织指派专人负责落实。在赞助活动的实施过程中，公关人员应充分利用各种传播媒介做好宣传工作，使组织借助赞助活动尽可能地扩大社会影响。

（四）评测赞助效果

在赞助活动结束后，组织应该对赞助活动取得的成效进行评测。评测内容包括赞助对象的反馈、公众的评价、新闻媒介的报道情况、资金的使用效益等，以检测赞助活动是否达到了预期目标。将实际效果与预期目标、成果与不足、问题出现的原因和补救措施等形成总结报告，归档储存，以便为日后的赞助活动提供参考。

知行合一

在2021年11月30日举办的2021 BMW（英文全称Bavarian Motor Work，中文简称宝马）企业社会责任论坛上，宝马（中国）汽车贸易有限公司及华晨宝马汽车有限公司以“BMW童悦之家”项目十周年为契机，携手中国教育发展基金会共同发布了面向未来的“天行健计划”。

“天行健计划”旨在2021年至2023年间，针对全国52个于2020年最后脱贫摘帽的原脱贫攻坚挂牌督战县，帮扶资助每个县一所学校加入“BMW童悦之家”项目，助力学校体育工作在保持原有特色的基础上，创新校园足球教学模式，丰富体育教学内容，开展全员运动，打造52所体育示范学校。同时，组织开展针对乡村体育教师的专业培训并惠及超过100 000名学生，探索适合乡村学校的体育教育模式，以助力乡村学校体育教育发展，助力乡村振兴。

在关注中国儿童教育发展的同时，宝马在华企业社会责任还体现在文化保护、社会发展、环境保护等多个维度。

在文化方面，2021年“BMW中国文化之旅”项目已走过十五个年头，在巡礼纪录的同时，与清华大学美术学院合作，帮助众多非遗传承人共同设计开发非遗作品；已有17年历史的“BMW儿童交通安全训练营”在今年增加了“安”“礼”“守”“法”教育主题，将传统文化应用于创新发展之中。

在社会发展方面，河南暴雨期间，宝马迅速响应紧急救灾，并通过宝马爱心基金面向利益相关方和社会公众搭建起爱心捐赠平台，汇聚宝马爱心大家庭和社会各界的正能量。

在环境保护方面，2021年宝马发布了“BMW美丽家园行动”，致力于中国生物多样性保护及国家公园建设。该项目第一期将聚焦支持辽宁省辽河口国家自然保护区。

作为社会组成的一部分，每个企业在创造利润、对股东和员工负责的同时，也要承担对消费者、社会和环境的责任。要积极开展公益活动，始终将促进社会发展视为己任，通过企业社会责任项目带动广泛利益相关方共同参与，助力切实解决社会问题，为建设一个更美好的中国社会而做出长期贡献。

姓名____________ 班级____________ 学号____________

任务测试

一、选择题

1.【单选题】组织在赞助活动中需要投入大量的人力、物力，可以充分展示组织的规模和经济实力，提升公众对组织的信任度，这体现了赞助活动的（ ）作用。

A．树立组织形象　　B．扩大组织知名度

C．展示组织实力　　D．培养与公众的良好感情

2.【多选题】以下属于文化事业赞助活动类型的有（ ）。

A．赞助电影和电视节目拍摄　　B．赞助文化艺术演出活动

C．赞助科研经费　　D．赞助出版图书

E．赞助学校建图书馆

3.【多选题】赞助计划一般包括（ ）。

A．赞助的宗旨　　B．赞助的对象

C．赞助的形式　　D．赞助的效果

E．赞助的费用预算

4.【多选题】赞助活动的程序包括（ ）。

A．选择赞助对象　　B．制订赞助计划

C．实施赞助方案　　D．评测赞助效果

E．确定赞助政策

二、案例分析题

李宁公司精准奥运营销，让运动回归本质

在 2012 年伦敦奥运会“激励一代人”的口号影响下，不仅运动员们在这个大舞台上延续了“更快、更高、更强”的奥运梦想，李宁品牌也以此为平台，集中展现了体育的精神与梦想。这对李宁公司相关奥运产品所带来的商业收益有很强的促进作用。通过整合奥运营销计划的实施，李宁公司新产品的功能性得到了很好的传递，独特的品牌个性也不断加强，很好地传达了其品牌定位，强化了品牌资产。可以说，成功的奥运营销让李宁公司奏响了中国品牌在奥运赛场的最强音。

在传播内容上，李宁公司团队紧紧围绕 2012 年伦敦奥运的契机，通过挖掘运动员与李宁品牌精神相贴合的一面，借此加强公众对李宁品牌的认知，并延续和强化李宁公司与中国体育和奥运的紧密联系，从而帮助李宁品牌实现长期稳定的健康发展。

另外，李宁公司在互联网上，也展开了一次史无前例的深度传播。李宁公司与同样在奥运营销上投入巨大关注的门户网站腾讯强强联手，共建“中国军团”和“五金队专题”，深度植入品牌信息，共获得超过 10 亿人次的浏览，李宁公司所有签约运动员的微博也统

姓名____________　　班级____________　　学号____________

一换成了李宁公司标准的背景模板，获得超过 4 亿人次的访问。

在李宁公司的官方微博上，奥运期间共发布微博 150 余篇。每当运动员有可圈可点的表现，都会第一时间发布和运动员关系紧密的内容，而网友们对此也反应热情，认为李宁公司的微博内容是站在运动员的角度说出了消费者的心声。

在细节方面，李宁公司的注意力并非只集中在金牌之上。体操男子吊环和女子高低杠项目，尽管运动员非常出色地完成了整套动作，最终却获得银牌，引来一片哗然。作为体操队的赞助商，李宁公司第一时间在官方微博上表达了自己的态度："你们用金牌的动作改变了银牌的定义，中国人让改变发生。"网友们普遍表示了对这一理念乃至李宁品牌本身的认同，堪称民族品牌唤起民族共同情感的绝佳案例。

问题分析：

（1）结合案例，判断李宁公司赞助活动的类型，并说出其他四种常见的赞助活动类型。

（2）通过赞助，李宁品牌能否提升社会价值与经济价值？为什么？

姓名__________ 班级__________ 学号__________

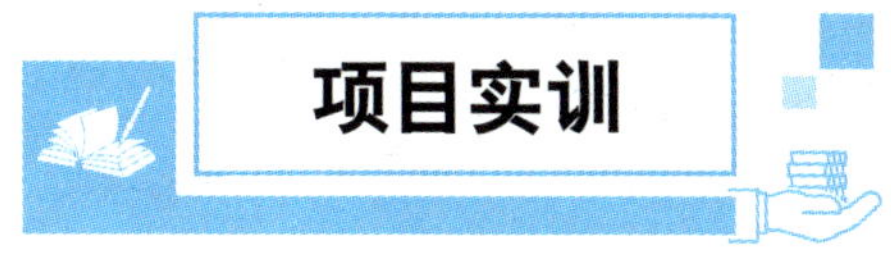

一、实训目标

通过实训，熟悉新闻发布会的流程，进一步掌握新闻发布会的筹备工作及程序。

二、实训内容与要求

【实训背景】

广东某职业技术学院为了扩大学院知名度，特与广东电视台举办一场“当代大学生风采”综艺晚会，并将邀请一些学生喜爱的明星参加。

该学院决定在晚会之前召开新闻发布会，届时将邀请本市的新闻单位和一些媒体的记者参加，新闻发布会发言人主要为教育厅的领导和高校代表。

【实训内容和要求】

（1）学生自由分组，每组 3～6 人，并推举出小组长。

（2）以小组为单位，根据实训背景资料模拟演示本次新闻发布会。

（3）各小组相互评议，教师给予点评、总结。

项目考核

<table>
<tr><th rowspan="2">项目名称</th><th rowspan="2">评价内容</th><th rowspan="2">分值</th><th colspan="2">评价分数</th></tr>
<tr><th>小组互评</th><th>教师评价</th></tr>
<tr><td rowspan="3">个人素养考核项目（20%）</td><td>日常考勤</td><td>5 分</td><td></td><td></td></tr>
<tr><td>与团队成员合作配合</td><td>5 分</td><td></td><td></td></tr>
<tr><td>课堂纪律与学习态度</td><td>10 分</td><td></td><td></td></tr>
<tr><td rowspan="3">专业能力考核项目（80%）</td><td>积极参与教学活动并正确理解任务要求</td><td>10 分</td><td></td><td></td></tr>
<tr><td>任务测试题目的正确率</td><td>30 分</td><td></td><td></td></tr>
<tr><td>认真完成项目实训，新闻发布会准备工作充分，进展顺利，与团队积极配合</td><td>40 分</td><td></td><td></td></tr>
<tr><td colspan="2">合计</td><td>100 分</td><td></td><td></td></tr>
<tr><td colspan="3">综合分数（小组互评 30%+教师评价 70%）</td><td colspan="2"></td></tr>
<tr><td>教师评语</td><td colspan="4">教师（签名）：</td></tr>
</table>

项目六

公共关系文书写作

项目导读

公共关系活动中的传递信息、联系内外、商谈合作、综合协调等，往往是通过文字传播的方式来进行的，如撰写简报和新闻、礼仪柬帖的往来、一般文书的起草等。因此，作为一名公关人员，除了具备组织能力、社会交际能力及公共关系专业技能外，还要具备较强的文字表达能力，把握文字传播的技巧，特别是熟悉各类公共关系文书的写作，这对于更好地开展公共关系活动有很大的帮助。

本项目主要介绍公共关系文书写作的基本知识及常见的公共关系文书。

学习目标

知识目标

（1）了解公共关系文书的概念和特点。

（2）熟悉常见的公共关系文书。

（3）掌握常用的公共关系文书的写作格式和要求。

能力目标

能够运用所学知识熟练撰写简报、新闻、请柬、邀请函等公共关系文书。

素质目标

通过学习公共关系文书写作的相关内容，培养做事有条理、讲效率、善总结的良好习惯。

引导案例

安利创始人耄耋（mào dié）之年再出新书 早逝谣言不攻自破

2013年秋，在网络中大量传播着题为“安利公司的老板56岁英年早逝，吃了一辈子纽崔莱（安利旗下的一款产品），你还会再相信这个品牌及它的保健品吗？”的文章。2014年4月，纽崔莱发出了题为“安利创始人耄耋之年再出新书早逝谣言不攻自破”的新闻稿。

文中第一段就可以看到答案：87岁的安利创始人新书 *Simply Rich* 及新书的中文版即将出版的消息，还有这位创始人耄耋之年的两张慈眉善目的配图，一下子拉近了这位老人及安利品牌与读者的距离。

紧接着，文中第二段介绍了安利创始人的其他书籍及其获得的荣誉。特别提到了他被授予最高荣誉奖的事情，侧面宣扬了其所创公司拥有的积极的价值观。

在两段精要的文字之后，新闻稿内容一转，提到了“安利老板英年早逝”的谣言，不仅交代了谣言的始末，还交代了安利公司已经发表声明，要追究造谣者的法律责任，论据非常有力。

文中接下来重点讲述这位老人积极的人生态度及他的中国情，让中国的读者再次增加对这位安利创始人的好感。这三段文字并不太长，主要的信息却能与读者产生共鸣，让人愿意了解更多。

最后，新闻稿并未在一段安利公司简介或者纽崔莱品牌简介的单调乏味中结束，而是特别爆料，这位创始人竟然还是某篮球队的主席！这个信息足以再次让读者震惊，并留下深刻印象。

总的来讲，这篇新闻稿的标题颇能吸引读者，图文并茂、篇幅适中、架构紧凑，让读者可以一口气读完并感觉收获颇丰。试想，如果这篇新闻的标题是《安利发表声明斥责网络谣言》，内容是义正词严地谴责造谣者，你会饶有兴趣地读下去并相信这是事情的真相吗？好的新闻稿能够引起读者的阅读兴趣，先让读者有兴趣读下去，在潜移默化中向读者传递组织文化和产品信息，塑造良好的组织形象，达到组织的最终目的。

本案例中，安利公司利用新闻稿不仅解除了企业的危机，还借助安利创始人的形象传递了企业的价值观，获得了公众的普遍认可，可以说这是一个完美利用新闻稿的优秀案例。

任务一　了解公共关系文书写作

任务描述

通过本任务的学习，能够了解公共关系文书的概念及分类，熟悉公共关系文书的写作特点，掌握公共关系文书的写作要求。

知识精讲

一、公共关系文书的概念及分类

公共关系文书是指组织为了实现公关目标和开展公关活动而制作的各种书面文字材料，它是文书在公共关系中的运用。一般来说，公共关系文书多种多样，详见图 6-1-1 所示。

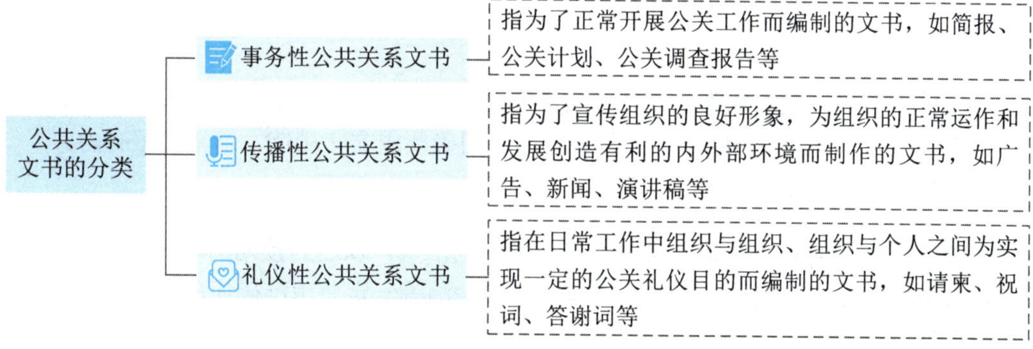

图 6-1-1　公共关系文书的分类

二、公共关系文书的写作特点

（一）明确的实用性

公共关系文书与一般文书类似，其写作具有明确的实用性。公共关系文书是传递信息、交流信息、反馈信息，具体处理公共关系活动中必须用文字来表达的事情，目的非常明确。例如，要宣传本组织，就要写新闻稿；推销产品，就要写广告；要和商业客户联系，就要写信函等，无一不是为了解决实际问题而写作。

（二）格式的规范性

为便于书写、阅读，公共关系文书在写作上有较规范的格式，即比较固定的结构层次、习惯用语、称谓、签字署名等。

（三）内容的真实性

由于公共关系文书服务于一定的公共关系目的，所以其中涉及的事情、人物、情节、数字，一定要真实、准确，不能有假设或虚构，否则就会影响组织声誉，给组织的发展带来不良的后果。

（四）较强的时效性

公共关系文书一般讲究时效，要求文书写作在一定时间内完成，不允许拖拖拉拉，否则就会耽误工作的正常开展。例如，简报和新闻在这方面就有很高的时间要求，超过时间就毫无意义可谈。

（五）作者与读者的特定性

公共关系文书的作者一般为组织或组织的代表，在写作时一定要遵循组织的意图、目标。公共关系文书初稿完成后，还要经过集体讨论、大家提意见，然后修改，最后由负责人审阅通过。另外，公共关系文书的阅读对象也是特定的，如广告的阅读对象为社会公众，简报的阅读对象是组织领导和内部员工等。

三、公共关系文书的写作要求

（一）文字简洁

公共关系文书一般篇幅不长，要求文字简短、语言简洁明了。例如，简报的字数要求千字以内，最多不超过 2 000 字；广告、新闻更明确要求文字精练，篇幅简短有力。

（二）用词准确

公共关系文书的真实性要求文书写作力求用词准确，以达到预期的效果。如在介绍产品的广告中，其性能、规格、特点、专家评价、检测等一定要用准确而严密的语言表述出来，否则就有虚假不实之嫌。

（三）表现得体

公共关系文书大都要在公众中传递，散发面广，因此语言要注意得体。例如，请柬要求语言文雅、庄重、有礼，还要表现出邀请者的诚意；演讲稿要根据听众和场合的不同，在称谓上有所变化等。

（四）语言质朴

公共关系文书是应用文书，因此要求写作内容实事求是，语言平实质朴，做到易看、易读、易懂，但是语言平实质朴也不等于枯燥无味，在运用语言时一定要灵活多变，不拘一格。例如，请柬的语言要求富有感情色彩，情真意切，大方有礼；公关广告则要求运用适当的修辞手法使语言具有感染力，以达到引人注目的效果。

姓名____________ 班级____________ 学号____________

任务测试

一、选择题

1.【单选题】为了正常开展公关工作而编制的文书，如简报、公关计划、公关调查报告等，属于（　　）。

A. 传播性公共关系文书
B. 事务性公共关系文书
C. 私人文书
D. 礼仪性公共关系文书

2.【单选题】为便于书写、阅读，公共关系文书在写作上有较规范的格式，即比较固定的结构层次、习惯用语、称谓等，这体现的是公共关系文书的（　　）特点。

A. 格式的规范性
B. 明确的实用性
C. 内容的真实性
D. 较强的时效性

3.【单选题】为了宣传组织的良好形象，为组织的正常运作和发展创造有利的内外部环境而制作的文书，属于（　　）。

A. 传播性公共关系文书
B. 事务性公共关系文书
C. 私人文书
D. 礼仪性公共关系文书

4.【多选题】下列属于公共关系文书写作特点的有（　　）。

A. 格式的规范性
B. 明确的实用性
C. 内容的真实性
D. 后果的危害性
E. 较强的时效性

5.【多选题】下列属于公共关系文书写作要求的有（　　）。

A. 用词准确
B. 文字简洁
C. 表现得体
D. 语言质朴
E. 含糊其辞

二、案例分析题

苏士澍（shù）建言“汉字书写”：写好中国字，做好中国人

某新闻社北京2014年3月8日电 苏士澍委员在全国政协十二届二次会议第三次全体会议上发言时指出，一字一世界，一笔一精神。越是全球化，汉字书写越显其珍；越是科技进步，汉字书写愈彰其贵。我们必须从现在做起，从你我做起，更从娃娃抓起，写好中国字，做好中国人。

随着科技的发展和手机、互联网的普及，人们对汉字书写的依赖度急剧下降，不规范使用汉字和“提笔忘字”现象越来越多。中共十八届三中全会指出，要建设社会主义文化强国，增强国家文化软实力，推动中华文化走向世界。紧握汉字书写之笔，重兴汉字书写之风，展现汉字书写之美，是中华传统文化传承之需要，是中华民族实现伟大复兴之必然。

姓名____________　班级____________　学号____________

为使书法教育进一步健康有序推进，苏士澍委员建议：一是切实落实《中小学书法教育指导纲要》，解决好师资、教材等问题；二是尽快建立国家级书法学院；三是将每年9月的第一周设定为中国书法周。加大文博系统对民众普及汉字教育和书法艺术教育的职能，营造全民书法的良好氛围。出台鼓励政策，加强对汉字书法、笔墨纸砚等相关产业的开发和扶持力度。

问题分析：

（1）公共关系文书的分类有哪些？

（2）该篇公共关系文书属于什么类型？

任务二　熟悉常见的公共关系文书

任务描述

通过本任务的学习，能够熟悉简报、新闻、请柬、邀请函等公共关系文书的特点和类型，掌握公共关系文书的写作格式和要求，能够撰写公共关系文书。

知识精讲

一、简报

（一）简报的概念

简报是组织内部交流、汇报情况的文字材料或刊物，包括会议简报、工作简报、信息简报、动态简报等多种。

简报写作时应事先制订编写计划，采用汇编、摘编、编写等方式，按版面要求，设计报头、行文与报尾，把名称、期数、编印单位、日期、份数、按语、发送单位等一一列清楚。

（二）简报的特点

简报的特点可以用四个字概括：快、新、实、短，具体如图 6-2-1 所示。

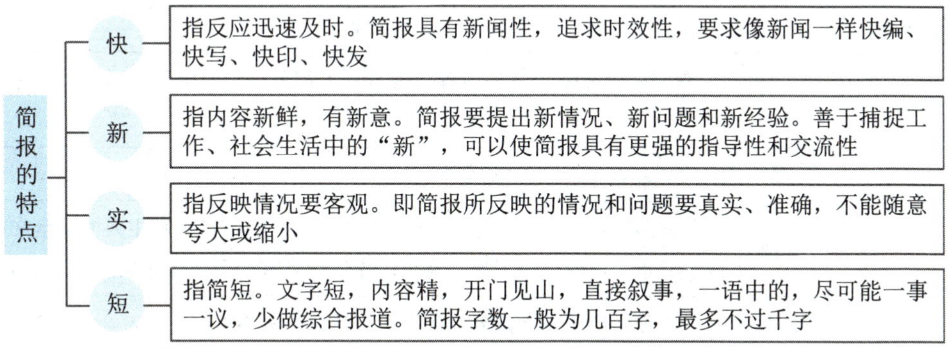

图 6-2-1　简报的特点

（三）简报的写作格式

简报的结构示意图

简报一般由报头、报核和报尾三个部分组成。

1．报头

报头，又称“版头”，在简报的第一页上部，约占简报首页的 1/3 版面，下用红线与报核部分隔开。报头一般包括的内容如表 6-2-1 所示。

表 6-2-1　报头包括的内容

报头包括的内容	相关解释
简报名称	在居中位置，一般用套红大号黑体字印刷，如“××简报”“××动态”“××内部参考”等。如果有特殊内容而不必另出一期简报时，就在名称或期数下面注明“增刊”或“××专刊”字样
期数	排在简报名称的正下方，用括号注明，如“（第 12 期）”，有时还应注明总期数
编发部门	排在横隔线的左上方位置，如“××学院院长办公室”“××会议秘书处”
编印日期	排在横隔线的右上方位置，要求年、月、日齐全，如“2021 年 3 月 2 日”
密级	排在报头的左上方。分为绝密、机密、秘密、内部情况等级别，也可写“内部资料，注意保密”或“内部文件”等字样
编号	在报头右上方，按印数编号，如“011”“012”“013”等

2．报核

报核即刊登简报文稿的部分，是简报的核心，一般由标题、正文和供稿者署名三个部分组成，具体如表 6-2-2 所示。

表 6-2-2　报核组成部分

报核组成部分	具体内容	
标题	简报的标题要准确概括正文的内容与要旨，大都采用新闻报道的写法，单标题、双标题均可	
正文	简报的正文以新闻消息式写法居多，由前言、主体、结尾构成	
	前言	前言即简报的开头部分，类似于新闻的导语。前言内容主要概括全文内容或主要事实，或点出主题及意旨，先让读者有一个总体印象，并引起下文
	主体	主体是简报的主干部分，是对前言部分的具体说明
	结尾	简报的结尾常用一段文字结束全文，也可以进行小结、发表评论、提出建议或希望等。有的简报主体叙述完毕即自然收尾，就无须再加结尾

续表

报核组成部分	具体内容
供稿者署名	简报正文的署名可以是供稿部门的名称，也可以是供稿者的姓名。一般情况下，由编发单位撰写的简报不署作者姓名；如果是约稿、征集的稿件或是有关部门送过来的稿件，则应署名

3．报尾

报尾部分主要包括发送单位和印发份数两项内容，位于简报最后一页的末端，正文和报尾之间要用横线隔开。发送单位一般应分别写明“报：×××（对上级单位）”“送：×××（对同级单位或不相隶属的单位）”“发：×××（对下级单位）”，也可以不加区别，一律写为“发送”，最后标注简报印制份数。

小提示

简报的编发有定期和不定期两种，多数为内部使用，有的也可直接向外发送，但要注意发送的范围与要求，不能像报纸一样到处分发，人人使用。简报不是正式公文，不具备法律效力和行政效力。

二、新闻

（一）新闻的概念

新闻是指新近发生的、重要的、有意义的、能引起广泛兴趣的事实报道。撰写新闻是公关人员利用大众传播媒介对公众施加影响的重要手段，也是组织与新闻界保持密切联系的纽带和桥梁。

新闻有广义和狭义之分，狭义的新闻专指消息，广义的新闻则包括新闻传播媒介中所有的新闻报道体裁，有消息、通讯、专访、新闻述评等。本书把新闻的概念界定为狭义的新闻。

（二）新闻的类型

以写作特点来区分，新闻（消息）可以分为四类，即动态性新闻、综合性新闻、经验性新闻和评述性新闻，具体如表 6-2-3 所示。

表 6-2-3 新闻的类型

新闻的类型	具体内容
动态性新闻	是指对新近发生或正在发生的事件和活动的报道。它重在揭示事物发展、变化的特征，用于反映社会生活中的新气象、新情况、新问题，是最常见的一种新闻报道形式

续表

新闻的类型	具体内容
综合性新闻	是指把发生在不同地区或部门的性质相似又各有特点的事件综合起来，从不同侧面阐明一个共同的主题思想，反映一个时期内带有全局性的情况、成就、趋势或问题的新闻报道。它总揽全局、报道面广、声势较大，给人以较为完整的印象。常见的综合新闻有两种类型：一种是横断面的综合性新闻，一种是纵深度的综合性新闻
经验性新闻	是指对一个组织乃至一个行业领域的先进经验、成功典型的新闻报道。这类新闻往往偏重交代情况、介绍做法、反映变化与效果，大都提供背景材料，因而篇幅比其他类型的新闻要长一些
评述性新闻	是指一种且述且评、夹叙夹议的新闻报道。它在“用事实说话”，在报道具有普遍意义的新闻事实的基础上，结合形势和动向，对事实进行适当的分析、评述，揭示其本质意义，指明其发展趋势，以指导实际工作

（三）新闻的基本要素

一篇完整的新闻应该包括六个基本要素，即5W1H，具体如图6-2-2所示。

图6-2-2　新闻的基本要素

（四）新闻的结构

新闻的六要素

新闻（消息）一般由标题、导语和主体组成。新闻中时常也要介绍一些背景资料，但由于它不是独立的，因而不能被看作是新闻结构的一个独立的部分。有的新闻结构还有结尾部分，但对多数新闻来说，结尾部分并非必须具备的。

1．标题

新闻的标题，可以说是一篇新闻稿的点睛之处。它能迅速地向读者提供简要的信息，同时又能吸引读者的注意，使读者产生阅读这篇新闻的兴趣，所以标题要语言凝练、中心突出、醒目有力。

新闻的标题形式有单行标题（只有一个主标题）、双行标题（一个主标题，一个引标题或副标题）、三行标题（一个引标题，一个主标题，一个副标题）。一般来说，内容比较简单的新闻稿，有一个主标题就可以了。内容比较重要而且包含信息较多的新闻稿，则需要添加副标题和引标题，以构成更加完整的标题。

知识拓展

标题范文

（1）单行标题。

松下中国区域脱胎换骨家电业务缩减到30%

200多家候选企业将角逐电信供应商百强

“空壳村”变“产业村”，科技让广西乡亲们家门口致富

（2）双行标题。

变“两张皮”为“一体化”

——××公司加强企业思想政治工作的调查

（3）三行标题。

亲商　护商　为商

福州全方位推进开放型经济

实际利用外资超过80亿美元，世界500强落户31家

2．导语

导语是新闻的开头，是新闻稿中最重要、最具有新闻价值的内容，并能引起读者的阅读兴趣。

导语的关键是“导”字，它应当起到引导、诱导、前导的作用。也就是说，它应当用简洁的语言，写出最主要、最新鲜、最吸引人的事实，给读者留下深刻的印象。因此，导语写作要求开门见山、中心突出、简明扼要、生动有趣。

3．主体

主体紧接着导语之后，是对导语进一步展开说明的部分，应以充足、典型、具有说服力的材料具体阐述导语中概括叙述的主旨和新闻事实。

一般来说，新闻主体应当包含两部分内容，具体如图6-2-3所示。

新闻主体包含的内容
- ① 对导语提出的主要事实、问题或观点进行具体的阐述或回答，使导语部分的内容借助于一连串丰富的材料而得到进一步的说明和解释，使新闻诸要素更为明确和详尽
- ② 用附加的次要材料来补充导语中没有涉及的新闻内容，提供新闻背景，说明事件的来龙去脉，使新闻内容充实饱满，主题更加突出

图 6-2-3 新闻主体包含的内容

主体部分常见的结构形式如表 6-2-4 所示。

表 6-2-4 主体常见的结构形式

主体常见的结构形式	具体内容	优点
以事件的重要程序为序组织材料	这就是常说的倒金字塔结构。这种写作方法，多用于动态新闻。所谓倒金字塔结构，就是大头在上面，小头在下面。具体来说，一篇新闻，先把最重要、最新鲜的事实放在导语中，主体部分的内容则依照重要程度呈递减的顺序来安排：较重要的材料往前放，较次要的往后放，最次要的放在最后面	重点突出，阅读简便，同时便于编辑删减、修改稿件
以事件的时间先后为序组织材料	这种主体结构形式，通常是按事件发生的时间顺序来组织材料，事件的开始是新闻稿的开头，事件的结束为新闻稿的结尾。比较适用于内容较为复杂但线条单一的新闻的写作，如报道节日游行盛况、一场灾祸、一次球赛等	能够清楚地反映新闻事件的来龙去脉和前因后果，使人们对事件的全过程有完整印象，符合一般读者的阅读习惯，在实际写作中也较容易掌握

4. 新闻背景

新闻背景是有关新闻事件的历史和环境的材料，有助于读者更深刻地理解新闻的主题。并非所有的新闻都要介绍背景，只有当背景材料有利于突出新闻的主要事实，能深化主题时才有运用的必要。背景只是新闻的从属部分，可穿插在导语、主体、结尾甚至标题中，并没有固定的位置。

5. 结尾

结尾总收全文，使读者得到总体印象，并常常与导语相呼应，起到升华主题的作用。常见的写法有：小结式、展望式、引语式等。

三、请柬

（一）请柬的概念

请柬，也称请帖、柬帖，是主办者为邀请客人参加各种纪念活动、婚宴、晚会、诞辰或重要会议等而发出的一种书面形式的通知。在一些规格较高的会议、宴请、展览等重要场合，需要宾客参加时，主办者通常都发出请柬，一般用红纸制成帖子的形式，所以又称柬帖。

（二）请柬的结构

请柬通常有标题、称谓、正文、结尾和落款五部分，其结构模板如图 6-2-4 所示。

标题	请　柬
称谓	尊敬的××先生/女士：
正文	写明邀请的事由及活动的内容、时间、地点
结尾	写上表示敬意和邀请的话
落款	邀请单位名称或个人姓名 ××××年×月×日

图 6-2-4　请柬的结构模板

1. 标题

标题应用醒目字体在封面或第一行居中写（印）上“请柬”或“请帖”二字，有的还可写上活动名称。通常还要做些艺术加工，如图案装饰、美术字体、烫金等。

2. 称谓

称谓在标题下一行顶格或内页顶格处写明被邀请单位名称或个人姓名。

3. 正文

正文起始行空两格书写，写明邀请的事由，交代清楚活动的内容、时间、地点。

4. 结尾

结尾于正文后或换行空两格写上表示敬意和邀请的词语，如“敬请光临”“恭候光临”等。

5. 落款

落款在正文右下方写上邀请单位名称（加盖公章）或个人姓名，有的还加上“谨启”“鞠躬”等敬语。换行写上年、月、日。

四、邀请函

（一）邀请函的概念

请柬作为对客人发出邀请的一种专用函件，虽然规格颇高，但因其内页篇幅有限，无法对活动内容作进一步介绍，客人对活动内容及主办者缺乏了解，许多人可能会不参加，这时候就需要用到邀请函。

邀请函也称邀请信，是组织在举行各种纪念活动、重要会议、宴会、酒会时邀请有关人员参加的一种专用文书。邀请函一般用 A4 纸印制，可套色，也可单色，外观形式上不如请柬考究。但邀请函最大的优点是：它有足够的篇幅，可对一次会议（或活动）的背景情况、具体内容及规模和形式等方面作较为详尽的介绍和说明，从而引起被邀请者的关注，激发被邀请者的兴趣。

（二）邀请函的结构

邀请函一般有标题、称谓、正文和落款四部分，其结构模板如图 6-2-5 所示。

标题	邀 请 函
称谓	尊敬的×××先生/女士：
正文	写明举办活动的时间、地点，活动的原因、目的，参与活动的方式及被邀请者需要做的事情 结语一般使用礼貌性的问候语
落款	邀请单位名称 ××××年×月×日

图 6-2-5　邀请函的结构模板

1. 标题

邀请函通常直接以文种名称“邀请函”作为标题。

2. 称谓

标题下一行左侧顶格写被邀请单位或人员的名称，后加冒号。如“尊敬的×××先生/女士：”或“尊敬的×××总经理（局长）：”。

3. 正文

正文部分要交代清楚举办活动的时间、地点，活动的原因、目的，参与活动的方式及被邀请者需要做的事情。正文的结语一般使用“恳请光临”“敬请莅临指导”等。

4. 落款

正文右下方写明邀请单位名称和成文日期，并加盖公章。

知识拓展

公共关系活动邀请函

尊敬的×××先生/女士：

您好！

2017年××电子展，定于2017年10月25日至28日在上海体育会展中心举行。本届展会，展厅面积达4万平方米，参展的中外电子企业逾1 000家。从展会所展示的技术和产品中，人们可以充分感受到中国电子工业进一步腾飞所展现的新成果、新面貌，以及中国电子工业跨世纪发展的新趋势。

受本届展会组委会委托，特邀请您拨冗出席2017年10月25日上午9:30在上海体育会展中心东馆（剑侠路65号）举行的××电子展开幕仪式，并参观指导。敬请您准时莅临为盼。

本次活动记者签到时间和地点：2017年10月25日上午9:15—9:30，上海体育会展中心东馆正门南侧签到处。

谢谢您的支持和合作。

上海××公共关系有限公司

2017年9月25日

五、公共关系广告

（一）公关广告的概念

所谓公共关系广告（简称公关广告），即以设法增进公众对组织的整体了解，扩大其知名度，树立良好组织形象为目的的广告形式。

（二）公关广告的类型

根据公关广告的内容和目标，可将其分为如表6-2-5所示六种类型。

表6-2-5　公关广告的类型

公关广告的类型	具体内容
响应广告	响应广告是用来表示组织与社会各界具有关联性和共同性的一种广告，其内容可以是联络感情性质的，也可以是社会性的。这种广告一方面显示组织关心、参与公众生活，向公众或其他组织表达善意和好感；另一方面借助于社会主题的影响或社会事件的传播来扩大本组织的影响

续表

公关广告的类型	具体内容
形象广告	形象广告就是组织向公众展示自身实力，宣传组织的精神和宗旨，阐述组织的社会责任感和使命感的广告。组织的形象广告通过同公众进行深层的交流，增强组织的知名度和美誉度，树立良好的组织形象
公益广告	公益广告是不以营利为目的而是为社会公众切身利益和社会风尚服务的广告，以公益性、慈善性、号召性和现实性为主题，是组织向公众阐明其社会责任感，表明其积极参与解决社会问题决心的广告方式
观念广告	观念广告是指组织通过提倡或灌输某种观念和意见，试图引导或转变公众的看法，影响公众的态度和行为的一种公关广告。观念广告可以宣传组织的宗旨、信念、文化或某项政策，也可以传播社会潮流的某个倾向或热点
赞助广告	赞助广告是指组织有计划、有目的地向某些大型活动提供赞助，帮助组织扩大影响，树立组织的良好形象。赞助广告通常有两种形式，一是组织出资赞助某些活动，用组织名称或产品名称为活动冠名；二是为活动提供印有组织名称的奖品
倡议广告	倡议广告是以组织名义，率先发起某种社会活动，或提供某种有意义的新观念的广告。倡议广告一般来说要有明确的主题和目标，以表明组织对社会活动的关心、支持及积极参与的态度

（三）公关广告文案的写作

公关广告文案一般由标题、正文、广告词和随文四个部分构成。

1．标题

公关广告的标题是整个广告最引人注意的部分，也是广告成功的关键。在构思广告标题时，应注意以下几点：① 标题应该能够简明扼要地反映主题，并能引起公众的兴趣，吸引公众阅读广告正文；② 标题内容应当简洁、明快，以8～10字为宜；③ 标题应当富有创意，能够吸引公众的注意力，给公众留下深刻的印象。

2．正文

公关广告的正文是广告的主体部分，应当简练、易懂，并能够完整地表达广告主题。在撰写广告正文时，应注意以下几点：① 正文文字要生动、鲜明并且富有趣味性，使公众有阅读的欲望；② 正文内容要真实、可靠，避免过度夸张，引起公众的反感；③ 根据广告的内容和对象选择合适的字体；④ 在正文中交代清楚组织的名称或标志。

3．广告词

广告词，也可以说是广告口号，它是组织在广告运作中长期而反复使用的、简明扼要的、具有口号性质的、表现组织精神理念或商品特性的语句。广告词经反复宣传，便能不断地强化公众对组织形象及其品牌的一贯印象。在设计广告词时，应注意以下几点：① 广告词的语句一定要简短易记，朗朗上口，一般广告词字数最好控制在 10 个字之内，最长不宜超出 20 个字；② 语言风格越趋向口语越佳。

4. 随文

随文也称附文、结尾语，是广告文案的结尾部分。随文中一般标出组织名称、地址、电话、网址、联系人员等信息。这一部分不是广告文案的必备部分，可以根据实际需要决定写或不写。

知行合一

2017 年 2 月，教育部、国家语委印发《关于进一步加强学校语言文字工作的意见》，指出学校语言文字工作的目标是：普通话水平达标，口语表达清晰达意，交流顺畅；掌握相应学段应知应会的汉字和汉语拼音，具有与学段相适应的书面写作能力、朗读水平和书写能力，高校学生应具有一定的书法鉴赏能力；具有对中华优秀文化的认同感、自豪感和自信心。

由此可见，在当今的知识经济时代，写作能力在人们的工作、学习和生活中发挥着越来越重要的作用，同时也是大学生就业的必备能力之一。良好的口语、书面语表达水平和语言综合运用能力，是国民综合素质的重要构成要素，在个人成长成才过程中具有不可替代的作用。提高自身的语言文字应用能力，是实施素质教育的必然要求，也是提高自身学习能力、实践能力、创新能力的坚实基础。

姓名____________ 班级____________ 学号____________

任务测试

一、选择题

1.【单选题】简报的（　　）包含简报名称、期数、编发单位、编印日期、密级、编号等。

A. 报头　　B. 报核

C. 报尾　　D. 报标

2.【单选题】起始行空两格书写，写明邀请的事由，交代清楚活动的内容、时间、地点，是在阐述请柬的（　　）结构。

A. 标题　　B. 正文

C. 称谓　　D. 落款

3.【单选题】新闻中的（　　）是新闻稿中最重要、最具有新闻价值的内容，并能引起读者的阅读兴趣。

A. 导语　　B. 标题

C. 主体　　D. 新闻背景

4.【多选题】简报的核心一般由（　　）三个部分组成。

A. 标题　　B. 正文

C. 供稿者署名　　D. 导语

E. 落款

5.【多选题】以写作特点来区分，新闻（消息）可以分为（　　）。

A. 动态性新闻　　B. 经验性新闻

C. 综合性新闻　　D. 评述性新闻

E. 国际新闻

二、案例分析题

教育活动简报

20××年第 1 期（总第 198 期）

黄平县旧州镇小学党总支

黄平县旧州镇中心小学党支部

黄平县旧州镇中心小学

黄平县旧州镇中心小学关工委

20××年 1 月 16 日

黄平县旧州镇中心小学党支部、旧州镇中心小学

开展走访慰问教职工及离退休老党员、老教师活动

姓名__________　　班级__________　　学号__________

20××年 1 月 15 日，在春节即将到来之际，黄平县旧州镇小学党总支书记兼中心小学党支部书记、旧州镇中心小学工会主席代表学校党政领导班子，带着学校全体党员、干部及教职工的深切祝福，对该校教职工及离退休老党员、老教师进行走访慰问，为他们带去党和政府的关怀，向他们致以节日的问候及诚挚的祝福。

每到一处，该校党支部书记、工会主席都亲切地询问教职工和离退休老党员、老教师的身体、生活情况，并祝他们身体健康、生活愉快、家庭幸福，为他们送上节日慰问金，同时鼓励教职工及离退休老党员、老教师要积极乐观地面对生活，遇到困难向学校反映，学校会尽力帮助他们克服困难。教师及老党员、老教师对党组织和学校的关心表示衷心的感谢。

据悉，旧州镇中心小学历来重视离退休老党员、老教师工作。每年春节、建党节、教师节、中秋节，学校都要组织领导班子对老党员、老教师进行走访慰问。本次活动，该校共走访慰问教职工及离退休老党员、老教师共计 15 人，发放节日慰问金 1 500 元。通过走访慰问活动，使他们真正感受到党组织和学校的关怀和温暖，这对进一步形成尊重、学习、关爱老党员、老教师的良好风尚，具有十分重要而又深远的意义。

（文/×××）

主题词：走访慰问教职工　老党员　老教师

报：县教育工委、关工委、教育局、教育督导室、教育工会、镇党委、镇政府

送：县教育局、镇信息办

发：镇属各小学党支部、学校、幼儿园　　（共印 30 份）

问题分析：

（1）简报和请柬有哪些不同？

（2）结合该简报，简要说明简报具有哪些特点。

姓名__________ 班级__________ 学号__________

一、实训目标

通过实训，加深对公共关系文书写作的认识，进一步掌握公共关系文书写作的格式和要求。

二、实训内容与要求

【实训内容】

新学期即将开始，面向大一新生，需要为某职业技术学院准备一篇新闻稿。

【实训要求】

（1）学生自由分组，每组 3～6 人，并推举出小组长。

（2）以小组为单位，要求突出该学院的办学特色、撰写入学须知和社团介绍等，旨在帮助大一新生尽快融入大学环境。

（3）各小组相互评议，教师给予点评、总结。

项目考核

<table>
<tr><th rowspan="2">项目名称</th><th rowspan="2">评价内容</th><th rowspan="2">分值</th><th colspan="2">评价分数</th></tr>
<tr><th>小组互评</th><th>教师评价</th></tr>
<tr><td rowspan="3">个人素养考核项目（20%）</td><td>日常考勤</td><td>5 分</td><td></td><td></td></tr>
<tr><td>与团队成员合作配合</td><td>5 分</td><td></td><td></td></tr>
<tr><td>课堂纪律与学习态度</td><td>10 分</td><td></td><td></td></tr>
<tr><td rowspan="3">专业能力考核项目（80%）</td><td>积极参与教学活动并正确理解任务要求</td><td>10 分</td><td></td><td></td></tr>
<tr><td>任务测试题目的正确率</td><td>30 分</td><td></td><td></td></tr>
<tr><td>认真完成项目实训，新闻稿写作规范，与团队积极配合</td><td>40 分</td><td></td><td></td></tr>
<tr><td colspan="2">合计</td><td>100 分</td><td></td><td></td></tr>
<tr><td colspan="2">综合分数（小组互评 30%+教师评价 70%）</td><td colspan="3"></td></tr>
<tr><td>教师评语</td><td colspan="4">教师（签名）：</td></tr>
</table>

项目七 公共关系危机管理

项目导读

在组织经营过程中，由于决策失误、产品设计与质量问题、新闻媒介和竞争对手的误导等，总会出现一些公共关系危机事件。一项调查显示，世界500强企业的董事长和总经理中约 80%的人认为组织面临的危机就像人的死亡一样，是不可避免的事情。既然危机不可避免，那么正确地处理各种危机事件，就成为公共关系工作中的日常性业务。

本项目主要介绍公共关系危机的基本知识，公共关系危机产生的原因，以及公共关系危机的预防与处理措施等。

学习目标

知识目标

（1）了解公共关系危机的特征、类型及产生原因。

（2）熟悉公共关系危机的预防措施。

（3）掌握处理公共关系危机的原则、策略和程序。

能力目标

（1）能够分析公共关系危机事件产生的原因。

（2）能够及时发现潜在的公共关系危机。

（3）能够有效处理公共关系危机事件。

素质目标

（1）通过学习公共关系危机管理相关知识，树立公共关系危机意识。

（2）通过学习预防公共关系危机和处理公共关系危机，培养面对突发事件的良好心理素质和团队合作精神。

引导案例

“海底捞”的危机公关挽救了“脏乱后厨”

2017年8月25日，被评为餐饮业标杆的海底捞火锅，因为食品安全问题被推上了风口浪尖。北京市食品药品监督管理局（现北京市市场监督管理局）已经要求海底捞总部落实食品安全主体责任，全面进行限期整改，在一个月内对北京各门店实现后厨公开化、信息化、可视化。“海底捞后厨脏乱”事件曝光引发舆论一度转折，其“危机公关”更是被视为业界典范。

“后厨公开”，海底捞跌落神坛

“后厨老鼠乱窜”“用顾客的火锅勺掏下水道”“打扫卫生的簸箕与餐具同洗”……2017年8月25日，媒体曝出海底捞火锅店“后厨脏乱”现象，引发舆论关注。此前，被认为是消费者宠儿的海底捞在事件曝光后口碑直下，震惊之余部分消费者表示今后不会再前往海底捞就餐，并且会持续关注事件的进展。

“连餐饮界‘标杆’的海底捞都沦陷了，其他的餐饮还能吃吗！”“用一颗老鼠屎坏了整个火锅店。”“以后都不出去吃了，还是在家吃最安心。”这种情感的骤变源于消费者的心理落差，源于这一接近“神坛”的餐饮企业出现食品安全隐患。

“危机公关”，舆情反转

面对消费者和网友的纷纷指责，海底捞面临着成立23年以来最大的舆情“危机”。在事件曝光后不到8小时，海底捞紧急发布道歉信和处理公告，声称会严肃处理此事，同时会遵守政府部门的要求，限期整改；还表示，涉事的职工和干部无须惊慌，只需按照制度要求整改并承担相应的责任；这件事情的发生，更深层次的是公司管理问题，主要责任由公司董事会承担。这几项重要的回应，也被网友总结为3个核心要点：这锅我背，这错我改，员工我养。

道歉信和处理公告的及时发布使得网络舆情从愤怒转化为谅解，还有不少网友和自媒体为其“点赞”，称其“有责任，敢担当”。

从“千夫所指”到“众人原谅”的华丽转变

短短两天，海底捞实现了从“千夫所指”到“众人原谅”的华丽转变。海底捞曝光的问题并非一家独有，很多餐饮业大多数都面临着质量、卫生、安全等一系列问题，海底捞能够实现“逆转”，除了与其之前积攒的良好口碑有关系外，还与其采取的公关手段有莫大的联系。

首先，海底捞公关非常迅速。在上午 10 点左右媒体曝光之后，8 个小时之内，海底捞连续发布道歉信和处理公告，形成了声音上的平衡，没有发生因为声音的缺失而导致舆论谴责的现象。与之相反，海底捞的危机公关获得了网友和消费者的纷纷支持，出现了诸如“很多餐馆后厨都很脏，海底捞已经很良心了，还认错”的评论。

其次，管理层主动“背锅”，没有将责任推到基层员工和干部身上，这种“勇于承担责任的勇气，敢于担当的气度”也赢得了一片好评。

最后，在不断发表声明和主动承担责任的同时，海底捞还表现出一种虚心接受批评的态度。2017 年 8 月 26 日，海底捞表示，对于政府部门约谈的内容全部接受，所有门店将实现后厨操作可视化。这一表态的发布，树立起自身“诚心改善服务，虚心接受监督”的形象，同时也挽回了消费者的心。

任务一 认识公共关系危机

任务描述

通过本任务的学习，能够了解公共关系危机的特征、类型及产生原因，加强对公共关系危机的认识，为公共关系危机的处理奠定基础。

知识精讲

公共关系危机，简称公关危机，是指由于突发事件或重大问题的出现，对组织的生存和发展构成严重威胁，损害组织的声誉和形象，使组织处于某种危险的状态。

一、公关危机的特征

（一）突发性

危机大多数是在人们意想不到、没有准备的情况下突然发生的，因此具有突发性的特征。虽然任何危机都存在一定的潜伏期，但它的突发性还是会给组织带来混乱和恐慌，使人措手不及。组织要处理好此类危机，就必须具有很强的灵活性和应变能力。

（二）聚焦性

危机是一种极易引起舆论、媒体和公众高度关注的社会聚焦事件。危机的信息传播往往比危机本身发展更快，伴随事件发生而来的强大社会舆论压力，常常会成为危机事件处理中最棘手的公共关系问题。

（三）危害性

任何危机事件不仅会给组织的经济利益和声誉造成不利的影响，破坏组织的正常运转或生产经营秩序，带来严重的形象危机和巨大的经济损失，而且也会给社会造成严重的危害，给公众带来恐慌，甚至造成直接的损失。例如，2008年的三鹿奶粉事件，短短半年时间，就使一个具有半个世纪历史，集奶牛饲养、乳品加工、科研开发为一体的大型企业集团迅速破产，引发“中国奶业的大地震”。

知识拓展

关于危机传播的研究指数

1名提出投诉的顾客背后约有26名保持沉默的不满意顾客，这26名顾客可能会对约10名亲朋好友传播自己的不满，而这10名亲朋好友中约有33%的人有可能再把此坏消息传给另外20人。因此，1名不满意的顾客将带来“1+（26×10）+（10×33%×20）=327”名不满意的顾客。

（四）紧迫性

在信息技术飞速发展的今天，公关危机一旦爆发，便会在很短的时间内迅速而广泛地传播。若不及时采取措施，危机就会急剧恶化，使组织遭受巨大的损失。

知识拓展

处理公关危机的黄金时期

每次公关危机发生后，都有一段企业应对危机的“黄金时期”。这段时期距离事件发生的间隔时间和长度都是不固定的，如果对这段时期把握准确，企业处理危机的能力、效率和效果都能显著地加强。这段时期的标志就是媒体和公众对危机事件的信息收集比较匮乏，舆论反馈尚处在缄默状态，大规模的社会评论尚未传递。以前处理公关危机的黄金时期是在1天之内，而奥美公关与CIC联合发布的《2012微时代危机管理白皮书》发现，现在处理公关危机的黄金时期是在8个小时之内。

在如今的新媒体时代，危机管理机构罗格斯咨询集团创始人在论述危机处理最佳时期时，提出了“黄金时间表”的概念，即一般在危机发生后的45分钟内，迅速定义危机并进行有效处理，损害度最小；危机发生后2～3个小时内未做出回应，社会化媒体开始讨论，信息传播就以负向传播为主。

（五）普遍性

危机的发生带有普遍性，大到一个国家，小到一个企业，都可能遭遇危机事件。许多跨国公司，诸如雀巢、可口可乐、三星等，在其发展的过程中都遇到过性质不同、表现形式各异的危机。

（六）机遇性

危机既是“危险”也是“机遇”。组织处理危机的过程也是体现其决策能力、应变能力的时机，更是展示组织形象、塑造组织形象的难得机遇。抓住这个机会，成功化解危机可迅速提高组织的知名度和美誉度。

课堂互动

请选择一个或几个公共关系危机的特征，谈谈你的认识。

二、公关危机的类型

（一）按照危机的影响程度划分

1. 一般性公关危机

一般性公关危机主要是指常见的公共关系纠纷。从某种意义上说，公共关系纠纷还算不上真正的危机，它只是公关危机的一个信号、暗示和征兆。只要及时处理，公共关系纠纷就不会转为公关危机，也不会造成危机局面。

2. 重大公关危机

重大公关危机是指组织的重大工伤事故、重大生产失误、火灾造成的严重损失、突发性的商业危机、严重的劳资纠纷等，这些是公关人员必须及时处理的真正危机。例如，组织或产品遇到信誉危机、股票交易中的突发性大规模收购事件等，公关人员必须马上进行处理，最好平时就有所准备。

（二）按照危机的表现形态划分

1. 有形公关危机

有形公关危机是指给组织带来直接而明显的、凭肉眼即可观察到的损失的危机。例如，厂房倒塌、设备爆炸等造成的人员伤亡或财产损失。

2. 无形公关危机

无形公关危机是指给组织带来的损失表现得不明显的危机或给组织形象带来损害的危机。如果不采取有效的措施，将使组织形象蒙受更大的损失。

（三）按照危机的关系对象划分

1. 内部公关危机

内部公关危机发生在组织内部，这种危机主要是由该组织的成员造成的，责任主要由组织内部的成员承担。例如，组织成员与组织领导之间因晋升、加薪出现不公平引起的不满造成的公关危机。

2. 外部公关危机

外部公关危机是指发生在组织外部，影响多数公众利益的一种公关危机。例如，组织与公众之间、本组织与其他组织之间或者组织与政府部门之间发生的各类纠纷而引发的公关危机事件，其中还包括由公众的误解而引起的一些公关危机事件。

（四）按照危机产生的原因划分

1. 人为公关危机

人为公关危机是指由人的某种行为引起的危机。例如，组织负责人发表不当言论、组织产品以次充好、组织的安全保卫工作不力、财产管理不善、有人故意搞破坏等造成的危机。人为公关危机具有可预见性和可控性，如果平时采取相应有效的措施，有些危机造成的损失是可以避免或减轻的，在一定程度上也是可以控制的。

2. 非人为公关危机

非人为公关危机是指不是由人的行为直接造成的某种危机。引发非人为公关危机的事件有地震、洪涝灾害、风灾、雪灾等自然灾害，以及罢工、经济萧条、战争等社会事件。非人为公关危机大部分无法预见、具有不可控性，此类危机容易得到社会各界和内部公众的同情、理解与支持。

三、公关危机产生的原因

引发组织产生危机的原因很多，大体可以分为组织内部原因和组织外部原因。通过分析其原因，公关人员可以有针对性地进行危机预防或处理。

（一）组织内部原因

组织内部造成公关危机的原因有很多，主要集中在以下几个方面：

1. 组织管理不善

组织管理不善有两个方面的含义：一是指组织的管理工作不到位，导致产品或服务质量不合格，给公众带来安全隐患；二是指组织对员工的管理不规范，致使员工缺乏职业道德，损害公众的利益，破坏组织在公众心中的形象。

2. 员工缺乏公关意识

组织内部员工的言语、态度和素质水平直接代表着组织的形象。员工若缺乏公关意识，不但可能引起组织的公关危机，破坏组织在公众心目中的形象，而且难以自觉有效地处理危机，可能导致危机愈演愈烈。

3. 组织决策失误

组织决策失误主要包括经营决策失误和公共关系决策失误两个方面。① 经营决策失误，是指组织在经营决策时，背离公众和社会的利益，一味追求自身利益，从而造成公众对组织的抵抗和排斥，最终酿成危机；② 公共关系决策失误，是指组织忽视与公众的交流、向公众传播虚假信息，或者做出其他错误的公共关系决策等，这些情况都可能使组织陷入危机之中。

（二）组织外部因素

组织所处的外部环境是异常复杂的，某一方面发生变化，尤其是突如其来的变化会使组织突然陷入困境，使组织形象受损或蒙受较大的损失。

1. 恶性竞争

恶性竞争是指组织受到外部其他组织的不正当竞争，使组织遭遇严重的公共关系危机的外部事件。一些不正当竞争者的恶性竞争行为，很可能使组织产生严重的公共关系危机。例如，散布谣言、恣意损害竞争对手的形象、盗用竞争对手的名义生产假冒伪劣产品等。

2. 公众误解

公众对组织的认识不一定都是全面的，有的公众会因获得信息的缺乏或偏听一面之词对组织形成误解。尤其是组织自身处于不断发展变化中，如果公众一时不能适应组织的变化，或者用老观念、老眼光主观判断，都有可能产生误解，引起组织的危机事件。例如，20 世纪 80 年代，深圳的大亚湾核电站风波就是由公众的误解造成的。

3. 自然灾害

自然灾害不可抗拒、无法预测，是不以人的意志为转移的，并且是突如其来的，往往会给组织带来巨大的损失。例如，面临地震、海啸、火山爆发、山体滑坡、泥石流等灾难时，组织通常会遭受重大损失。

4. 不实报道

不实报道是指新闻媒介对组织失实、不全面的报道，引起公众对组织的误解，从而使组织形象受损。由于公众对组织缺乏全面的了解，而新闻媒介在公众心中通常具有权威性，公众习惯上把见诸媒体报端的报道视为事实，且新闻媒介又具有广泛的传播力，因此，媒介的不实报道很容易对组织造成巨大危害。

地沟油风波

2014年5月14日，某新闻网站重磅推出《地沟油去哪儿了？起底京畿（jī）地沟油黑色产业链》的系列报道。报道称，记者历时一个多月的暗访，发现在京畿地区，一条地沟油生产链仍然在隐秘而高效地运作着。在记者一路跟踪地沟油后，发现运有疑似地沟油的油罐车最后进入了嘉里粮油（天津）有限公司（其所属的益海嘉里集团旗下拥有“金龙鱼”等食用油品牌）的厂区。

5月15日，益海嘉里集团召开新闻发布会，称记者误将“嘉里油脂化学（天津）工业有限公司”误认为是隔壁的“嘉里粮油（天津）有限公司”，而处理废弃油脂是前者的正常业务。

5月16日，天津滨海新区食药保税分局受滨海新区食品药品监督管理局（现市场监督管理局）的委托，就嘉里粮油（天津）有限公司相关事宜进行说明，证实了益海嘉里集团的说法。

5月20日，该网站记者发表声明，承认其报道“不慎将嘉里油脂化学（天津）工业有限公司误报为嘉里粮油（天津）有限公司”并道歉。

姓名____________　班级____________　学号____________

任务测试

一、选择题

1.【单选题】在信息技术飞速发展的今天，公关危机一旦爆发，便会在很短的时间内迅速而广泛地传播。若不及时采取措施，危机就会急剧恶化，使组织遭受巨大的损失。该观点阐述的是公关危机的（　　）特征。

A. 突发性　　B. 聚焦性

C. 紧迫性　　D. 机遇性

2.【单选题】（　　）主要是指常见的公共关系纠纷。从某种意义上说，公共关系纠纷还算不上真正的危机，它只是公关危机的一个信号、暗示和征兆。

A. 一般性公关危机　　B. 重大公关危机

C. 有形公关危机　　D. 无形公关危机

3.【多选题】按照危机的表现形态，可将公关危机划分为（　　）。

A. 有形公关危机　　B. 内部公关危机

C. 无形公关危机　　D. 外部公关危机

E. 一般性公关危机

4.【多选题】下列选项中，由于组织内部原因造成的公关危机有（　　）。

A. 组织管理不善　　B. 员工缺乏公关意识

C. 恶性竞争　　D. 组织决策失误

E. 公众误解

二、案例分析题

手机电池爆炸全球召回，为何不含中国?

2016年8月2日，某品牌大屏旗舰手机正式发布。对于这款旗舰手机，该公司领导层对它信心满满。然而，2016年8月24日至31日，韩国、美国消费者连续爆出五六起该型号手机出现电池爆炸事故，中国市场也在9月18日出现了首例同类事故，且在24小时之内出现了第二例。对此，该公司一直强调9月1日后在国内售出的产品没有电池质量问题，而以上两例事故中的手机均是9月1日后售出的国行正品。

此前，由于发生多起爆炸事故，该公司宣布将在全球召回250万部存在电池安全隐患的该型号手机，不过中国市场销售的同款手机并不在召回之列。此举引发中国消费者的强烈不满，“使用不同电池”的说法也难以令人信服。

然而，相比于该公司手机的安全问题，其公司的危机公关更加令人担忧。“炸机门”发生后，该公司及其电池供应商于9月19日发表声明称，爆炸原因与电池并无直接关系，“推测发热源来自电池本体之外，很大可能存在其他外在因素引起发热问题”。9月20日，

姓名＿＿＿＿＿＿ 班级＿＿＿＿＿＿ 学号＿＿＿＿＿＿

事件再次发生反转，有媒体报道称，9 月 18 日中国市场出现两例该品牌手机爆炸事件是为得到赔偿金的炒作。该公司宣布，正在讨论对主张虚伪爆炸的两名消费者进行刑事起诉等法律应对。

可以看出，该公司的公关策略是这样的：不惜一切代价，动用包括媒体在内的一切可以动用的资源和力量，先撇清自身责任，转移话题和公众视线，无论如何，安全度过这一波来势汹汹的信任危机再说。用中国的一句成语形容就是“浑水摸鱼”。

很多时候，小算盘打得越精，越是缺乏大智慧的表现。该公司越是急不可耐地证明自己的无辜，越是让人对其产品安全疑窦丛生。一方面，理论上说，国内这两例手机爆炸案并不能绝对排除炒作的可能性，但问题是，这样的结论由利益相关方——该公司及其手机电池供应商做出，而非独立第三方做出，有多少公信力可言？换言之，在权威结论出台之前，该公司及电池供应商就大肆进行责任归属和有罪推定，既当运动员又当裁判员，是否有扰乱视线、误导舆论的嫌疑？

问题分析：

（1）在这一事件中，该公司可以进行自我辩护吗？为什么？

（2）该公司这样做，会给中国消费者什么感受？

（3）如果让你给该公司一些帮助，你会提出哪些建议？

任务二 预防公共关系危机

任务描述

通过本任务的学习，能够树立危机意识，熟悉公关危机预防的措施，在此基础上，能够初步进行公关危机预防方案的制定。

知识精讲

尽管危机的发生是不可预测的，但是组织的公关危机大多是可以通过采取妥善措施进行有效预防的。具体来说，可以从以下四个方面进行：

一、树立危机意识

所谓危机意识，是指在组织的长期发展战略中，对将来可能面临的各种危机进行充分考虑和合理预测，以确保组织能平稳、顺利地发展，而做好全方位准备的一种思想和心态。树立危机意识，是组织进行危机管理的基础。

（一）提高警惕性

孟子说“生于忧患，死于安乐”，对组织来说，也是如此。在危机与灾难发生之前保持充分的警惕性，将危机萌芽与爆发的可能性降到最低。站在组织管理层的角度，提高对危机的警惕性，关键在于对组织的经营和管理工作保持高度的谨慎；站在员工的角度，只有员工具备危机意识，才能深切体会到组织的产品或服务存在的隐患有可能给顾客带来的巨大损失，从而提高对产品、服务的质量要求，增强工作的自觉性与高效性。例如，微软创始人曾说过：“微软离破产永远只有 18 个月。”小天鹅集团也将自己的管理方式称为“末日管理”，即时刻都要有危机感。

（二）培养洞察力

组织的危机虽然不可避免，但是在其发生之前都有一定的征兆。一般来说，组织的危机都是由一些小的问题、漏洞逐渐日积月累，由量变到质变，在一定的诱因作用下最终爆发的。因此，组织应当加强对员工的培训，使员工具备良好的洞察力，能够在日常工作中发现造成危机的先兆现象，使危机在爆发前就得到充分抑制或解决。

（三）增强行动力

充分有效的危机意识能使组织在危机发生时沉着、有效地应对，避免不必要的恐慌，防止危机进一步恶化和扩散。在正确的危机意识指导下，组织能通过对其整体结构和员工心理素质的调整，塑造组织对抗危机的行动力。

知行合一

海恩法则是德国飞机涡轮机的发明者帕布斯·海恩提出的一个在航空界关于飞行安全的法则。海恩法则指出：每一起严重事故的背后，必然有 29 次轻微事故和 300 起未遂先兆及 1 000 起事故隐患。“海恩法则”不仅仅用于生产管理中的安全事故发现与防治，还被运用到企业的整个经营过程中，用来分析企业的经营问题。一个企业是否经营得好与它平时的表现还是有相当大的关系的，企业发生亏损甚至倒闭，都能够从企业的经营中发现这些征兆。

这就告诉我们：事故的发生看似偶然，其实是各种不安全因素积累到一定程度的必然结果。对任何事故隐患都不能有丝毫大意，不能抱有侥幸心理或对事故苗头和隐患遮遮掩掩，而要有“小中见大”的敏锐眼光和“见微知著”的警觉意识，善于从各种征兆中发现苗头并排除隐患。

二、成立危机管理机构

（一）危机管理机构的组成人员

危机管理机构可以是独立的专职机构，也可以是跨部门的管理小组，主要成员包括首席危机官、公关专业人员、法律顾问、客服热线接待人员等。必要时，也可邀请外部公共关系专家。

1. 首席危机官

首席危机官是危机管理机构的负责人，通常由组织的领导者或其他高层管理人员担任，以保证在危机发生时能尽早做出权威决断。

2. 公关专业人员

公关专业人员是危机公关的理论参谋和具体执行者，负责危机公关程序的优化和具体措施的实施。

3. 法律顾问

法律顾问熟悉组织日常运作过程中可能出现的法律问题，便于在法律程序上保证组织行为的正确性，特别是在组织与消费者之间的矛盾纠纷越来越频繁的情况下，法律顾问可帮助组织通过法律途径解决纠纷。

4. 客服热线接待人员

客服热线接待人员是接受消费者投诉、沟通信息和对外树立形象的重要人员，是危机公关的第一道门户，如果处理得当，往往会把由投诉引起的危机消灭在萌芽状态。

（二）危机管理机构的职责

危机管理机构的职责如图 7-2-1 所示。

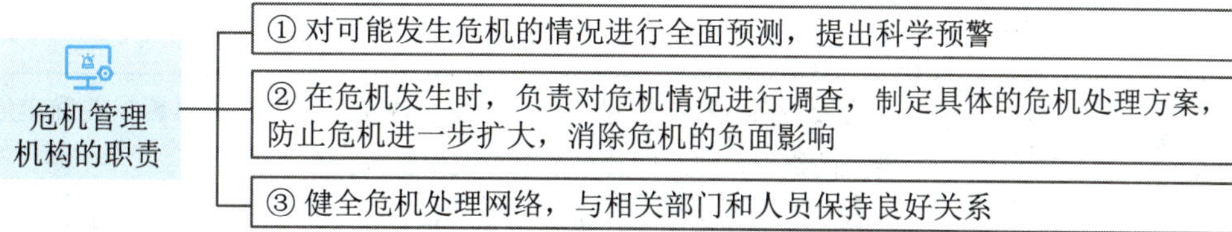

图 7-2-1　危机管理机构的职责

三、建立公关危机预警系统

公关危机预警系统是根据组织外部环境和内部条件的变化，建立一套能够感应危机来临的信号，通过对危机风险源、征兆进行不断检测，在危机来临时及时向组织发出警报，以实现系统对未来可能发生的公关危机进行预测和报警。

（一）公关危机预测分析

1. 从同行危机中分析

组织可以通过借鉴同行发生的公关危机，来推测自身发生危机的可能性，一方面能尽量避免公关危机的发生，另一方面也可以在危机发生时及时应对。

2. 从组织发展历史分析

组织的发展中所出现的每一次公关危机事件既是组织的教训，也是组织宝贵的经验。通过对组织以往公关危机产生的原因、处理方式及方法进行分析，可以找出公关危机的产生和发展规律，发现潜在的危机，从而更好地预防。

3. 从组织性质特点分析

不同性质的组织有不同的公关危机。因此，组织根据自身的特点和性质，预测出组织可能发生的各种公关危机，着重检查相应方面，及时发现和排除隐患。

（二）危机预警系统的内容

危机预警系统主要由信息收集子系统、信息分析子系统、决策子系统和警报子系统四个部分构成，具体内容如表 7-2-1 所示。

表 7-2-1　危机预警系统的组成部分

危机预警系统的组成部分	具体内容
信息收集子系统	广泛收集信息是组织进行危机预警的前提。组织收集信息的途径多种多样，既包括传统新闻媒介、互联网等外部渠道，也包括组织内部财务数据、销售信息等内部渠道
信息分析子系统	信息分析子系统的主要任务是对收集的大量信息进行整理和分析，对未来可能发生的危机的类型和危害程度做出评估
决策子系统	决策子系统根据信息分析的结果，决定是否发出危机警报并确定危机警报的级别，然后向警报子系统发出警报指令
警报子系统	对于危害程度较大的潜在危机，警报子系统会及时地向组织及各利益相关者发出警报，促使组织提前采取预控措施

四、做好公关危机预控

（一）制定危机预案

危机预案是指对潜在危机进行评估后确定的应对措施，既可以作为预防或减少危机发生的手段，又可以作为检查管理部门执行防范危机的根据。完整的危机预案一般包括危机处理的对策、具体运作方式和注意事项等，并以书面的形式表现出来。

（二）进行危机预演

为了提高危机期间的危机实战能力，检测危机处理协调程度，完善并修正危机应急预案，组织有必要定期对危机预案进行模拟演练。让相关人员对危机爆发后的应对措施有一个大体的了解，积累危机处理经验。危机预演的形式很多，可采用录像观摩、案例学习、实战性小组演习等。

（三）做好危机预控

组织的公关部门在日常管理中针对搜集到的相关信息，预感到可能有危机事件发生时，应立即启动危机预警机制，积极做好防范工作，力争在危机发生后把损失降到最低。同时，由于危机事件有其突发性的特征，在平时就应该强化对可能发生的危机的预测，并且与处理危机的相关单位建立良好的合作关系，加强沟通、增进了解，以便在危机发生时，能迅速帮助组织解决危机。

姓名____________　班级____________　学号____________

任务测试

一、选择题

1.【单选题】（　　）是组织进行危机管理的基础。

A．设置危机管理机构　　B．树立危机意识

C．建立公关危机预警系统　　D．制定危机预案

2.【单选题】孟子说“生于忧患，死于安乐”，对组织来说，也是如此。这句话体现的是危机意识的（　　）。

A．提高警惕性　　B．培养洞察力

C．增强行动力　　D．拥有判断力

3.【多选题】危机管理机构的组成人员主要包括（　　）。

A．首席危机官　　B．公关专业人员

C．法律顾问　　D．客服热线接待人员

E．记者

4.【多选题】树立危机意识，主要体现在（　　）。

A．提高警惕性　　B．培养洞察力

C．提高心理素质　　D．应变能力强

E．增强行动力

5.【多选题】下列属于危机预警系统内容的有（　　）。

A．信息收集子系统　　B．信息分析子系统

C．决策子系统　　D．库存子系统

E．警报子系统

二、案例分析题

中电投国际矿业日常舆情信息监测提供决策参考

据某新闻网 2013 年 12 月 18 日《中电投国际矿业日常舆情信息监测提供决策参考》一文报道：近日，中电投国际矿业下发《关于开展舆情信息监测报送工作的通知》，在本部及山西铝业、眉山铝业开展舆情信息监测报送机制，为公司营造良好的舆论环境。

互联网时代网络舆论成为意识形态工作不容忽视的思想高地，重视并利用好网络，是构建和谐企业的重要手段。国际矿业将进一步强化舆情监管力度，设立舆情信息专员，做到常规舆情每周报送，突发事件一时一报。其中，监测报告将对社会媒体中有关国家、行业及公司的重要信息进行监测，关注舆论热点、焦点问题，并对涉及公司本部及所属单位的负面信息及时预警等。

舆情信息监测机制涉及动静监测和多元联动监测，在定期搜集整理信息和不定时关注

姓名____________　班级____________　学号____________

特定事件相结合的同时，探索多元联动，充分扩大舆情信息监测范围。通过完善舆情监测预案、网络分析和引导、舆情队伍建设，做到增强公司内部的信息共享、建立外部网站管理机构的稳定联系、加强主流媒体的沟通交流，以便于及时掌握公司内外部舆论和相关业务的行情动态，提高监测、研判及应用水平，主动有效地防范风险，把握网络舆论主动权，切实维护公司品牌形象。

问题分析：

为什么中电投国际矿业要开展舆情信息监测报送工作？

任务三　处理公共关系危机

任务描述

通过本任务的学习，能够把握公关危机处理的原则，掌握公关危机处理的策略和程序，能够处理各种公关危机并协助组织进行形象重塑。

知识精讲

一、公关危机处理的原则

（一）承担责任原则

危机发生后，公众会关心两方面的问题：① 利益问题。利益是公众关注的焦点，因此无论谁是谁非，组织均应该承担责任。即使受害者有一定责任，组织也不应先追究其责任，否则会各执己见，加深矛盾，引起公众的反感，不利于问题的解决。② 感情问题。公众很在意组织是否照顾自己的感受，因此组织应该站在受害者的立场上表示同情和安慰，并通过新闻媒介向公众致歉，解决深层次的心理、情感关系问题，从而赢得公众的理解和信任。

（二）快速及时原则

俗话说，“好事不出门，坏事传千里”。在危机发生的最初时刻，信息传播最快，并且可能充斥着各种各样的谣言和猜测。此时，组织的一言一行都会受到公众的关注，因此必须当机立断，及时表明态度，做出行动，迅速控制事态。否则会扩大突发危机的范围，甚至可能会失去对全局的控制。在危机发生后，能否先控制住事态，使其不扩大、不升级、不蔓延，是处理危机的关键。

精选案例

Facebook 数据被泄露

美国东部时间 2018 年 3 月 28 日，由于数据泄露的影响，处于风口浪尖的 Facebook 股价经历了 4 年以来最凶险的下跌。

尽管CEO马克·扎克伯格（以下称扎克伯格）已经发表声明，承认他和Facebook"犯下错误"，并会"更多地"保护用户的数据。然而，由于信任危机和处理不及时，对于这位年仅33岁的亿万富翁来讲，真正的麻烦或许还在后面。

Facebook的危机公关能力

对于Facebook来说，最大的责任在于没能对利用平台的软件进行全面深入的审查，对用户数据的实际使用也没有做好监管。对于互联网公司来说，数据泄密带来的外界信任危机影响甚至要大于股价下跌的500亿美元市值。面对潮水般的外界质问，扎克伯格和Facebook的首席运营官迟来的解释和道歉是造成信任危机扩大的原因，也反映了投资者对于公司内部管理方式的怀疑。

在CNBC（消费者新闻与商业频道）的采访之中，首席运营官说道："我们知道这是一场信任危机。我们将会不惜一切代价去争取。"她随后坦言："如果能再过一次上周，我和扎克伯格一定会早点发声明，但现在只能尽力挽救了。"

（三）真诚坦率原则

危机在爆发后，通常都会使公众产生种种猜测和怀疑，同时也会引起相关媒介的关注，有的新闻媒介甚至会进行夸大或不实报道。因此，组织要想取得公众和新闻媒介的信任，就必须坚持真诚坦率的原则，向公众讲明事实的真相，不回避问题，不撒谎欺瞒公众，对未知的事情不妄加揣测，这样才能获得公众的谅解与支持。

精选案例

诚实是最好的办法

某铁路公司曾经一度声誉不振，乘客与管理当局关系恶劣，旅客对服务感到不满，总公司每周收到的投诉信达200封，报界也认为该铁路公司乏善可陈。为了改善这一局面，在公共关系副总经理的策划下，该公司采取了一系列"洗心革面"的措施。首先，该公司增加200辆空气调节车厢，将400辆旧车厢整修一新，100多处车站重刷油漆，并采取措施改善行车时间（现已达98%的不误点记录）。

公司提出"诚实是最好的办法"的口号，无论何时出现了差错，副总经理都会在新闻记者没有来询问之前，就先将实情告诉他们。火车误点，公司马上查出原因，尽快通知乘客。有一次，交通因罢工而停顿，该公司便在车厢每一个车座上都放置一张短笺："周五夜间乘车可能会有诸多不便，其原因……"

公司对仅能避免公众不满仍嫌不足，还努力提供人性化服务。就这样，仅用了一年多时间，该公司就在乘客中恢复了良好的声誉，客运业务蒸蒸日上，利润成倍增长。

（四）系统运行原则

处理危机的过程是一个完整的系统，环环相扣，若要把危机事件处理得顺利，任何一个环节都不能出问题。因此，组织要坚持系统运行原则，全面、有序地开展工作，绝不可顾此失彼，这样才能保证及时、准确、有效地处理危机事件。

（五）灵活创新原则

组织遇到的危机是各种各样的，因此采用的危机应对措施也不尽相同。针对不同情况下的危机要具体问题具体分析，这样才能进行有针对性、灵活性的处理。由于危机多属于突发性的，不可能有既成的措施和手段，因此，组织应当根据实际情况，在充分借鉴危机管理成功经验的基础上，也要借助新技术、新信息和新思维，进行大胆创新。

二、公关危机处理的策略

公关危机处理的策略包括总策略和具体策略。其中，总策略要求重视事实、迅速调查、妥善处理、做好善后工作、重塑组织形象；具体策略则要根据不同的公众对象采取不同的对策，见表 7-3-1。

表 7-3-1　公关危机的具体处理策略

公关危机的处理策略	具体内容
组织内部策略	① 组织应迅速成立处理危机事件的专门机构，由本组织的主要负责人担任机构的领导 ② 判明情况，采取措施，通告组织的全体人员，以便统一口径共同行动 ③ 可以奖励处理危机事件的有功人员，处罚事件的责任者，并通告各有关媒介方面及事故受害者，以平息众怒，求得公众的理解与支持
受害者的策略	① 组织要详细了解事件的情况，与受害者及其亲属进行沟通，实事求是地承担责任，并诚恳道歉 ② 冷静听取受害者及其亲属的意见，及时了解和满足有关赔偿损失的要求 ③ 给受害者尽可能多的安慰和同情 ④ 派专人负责处理受害者的要求，并给予重视，在整个事件处理过程中，不随意更换工作人员
上级主管部门的策略	① 及时汇报。危机事件发生后，组织应及时向上级主管部门进行汇报，汇报应实事求是，不能文过饰非，更不能歪曲真相、混淆视听 ② 及时联系。危机事件处理中，应定时报告事态的发展情况，及时与上级主管部门取得联系，求得主管部门的指导和支持 ③ 总结报告。危机事件处理后，应对事件的处理经过、解决方法和今后的预防措施等及时总结并向上级主管部门做详细报告

续表

公关危机的处理策略	具体内容
新闻界的策略	① 组织应实事求是地面对问题，不回避、不隐瞒 ② 设立临时记者接待场所，主动向新闻界提供事实真相和相关的信息，并表明自己的态度 ③ 在事实结果没有明朗之前，不信口开河，不盲目加以评论，与新闻界密切合作，以客观公正的态度表明自己的看法，不带有主观情绪 ④ 借助新闻媒介表达自己的歉意，并向公众做出相应的解释
消费者及其团体的策略	① 传播渠道。危机事件发生后，组织要及时通过网络、新闻媒介等传播渠道，向消费者说明事件的经过、处理办法及今后的预防措施 ② 接待来访。如果有人来访，不能拒绝，对于提出的问题，不能隐瞒事实真相，要坦诚回答、热情接待 ③ 公开道歉赔偿。可根据事件的性质和造成损害的程度，以组织或个人名义向公众表示歉意。必要时，应该赔偿经济损失

小提示

在新闻界的策略中，无论哪种情况，公关人员都不能用“无可奉告”来抵挡公众及新闻媒介。气急败坏的否认不但于事无补，反而“越描越黑”。

三、公关危机处理的程序

危机是组织发展过程中不可回避的问题，因此，如何处理危机是每个组织都必须掌握的技能。一般来说，危机处理的程序有以下几个步骤：

（一）采取紧急行动

1. 成立危机处理机构

在危机发生以后，组织应当根据危机的成因、类型及已经造成的影响，迅速成立由组织高层管理人员、公关人员及危机事件相关部门人员组成的危机处理机构。在必要的时候，还可以从外部聘请危机处理专家。

危机处理机构的作用如图 7-3-1 所示。

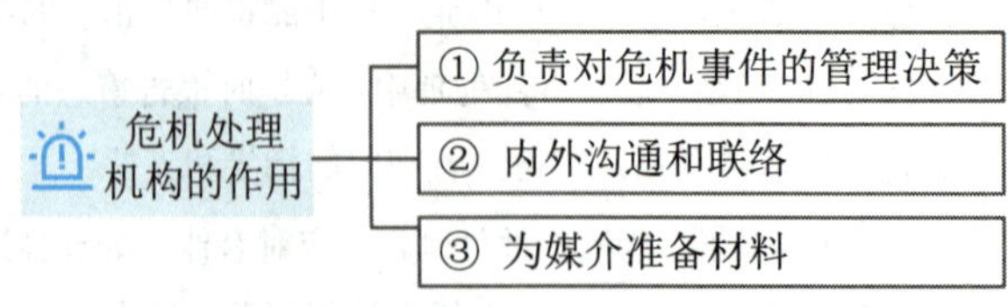

图 7-3-1　危机处理机构的作用

危机处理要求组织迅速决策、行动高效，因此应当明确此次危机处理的负责人，明确危机处理机构的职责和任务，划分成员的职权范围，使各成员之间建立畅通的沟通渠道。与此同时，组织应当确定新闻发言人，授权其代表组织向公众和媒体公布真相，介绍组织的措施，以有效防止失真报道和公众猜疑，以及事态的进一步恶化。

2．调查危机事件

危机处理机构应迅速组织人员，及时深入现场，了解危机事件各方面的信息，收集现场信息，以便准确分析危机事件的原因。若危机事件仍在持续，则需要立即采取措施，防止事态扩大。对于重大的危机事件，组织领导者应当亲自到现场进行实地考察，向公众表明组织解决危机的诚意，树立组织勇于承担责任的良好形象，为成功解决危机打好基础。

危机调查的主要内容如图 7-3-2 所示。

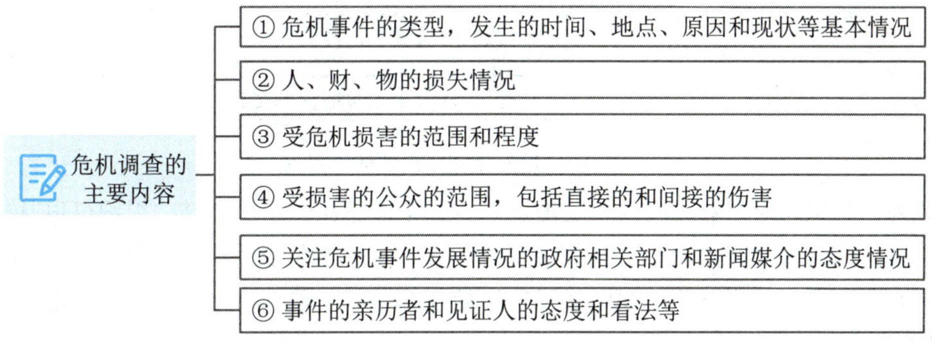

图 7-3-2　危机调查的主要内容

3．制订危机处理计划

危机处理机构在对危机进行调查分析后，应当依据调查结果及组织拥有或可支配的资源来制订危机处理计划。计划必须体现出危机处理的目标、程序、组织、人员及其分工，处理危机的具体方式、赔偿方案、后勤保障、行动时间表及各个阶段要实现的目标。其中，还应当包括社会资源的调动和支配、费用控制和实施责任人等。在计划完成并通过后，组织必须立刻赶赴危机现场，全面开展危机处理工作。

（二）积极处理危机

组织在采取紧急行动之后，应当依据计划的安排，对危机处理机构成员进行分工，积极处理危机。

1．实施危机处理方案

危机处理方案的实施根据危机事件的发展状况，可以分为两种情况进行。

第一，危机处于初步发生阶段，尚未造成大范围的损害和影响。在这一阶段，组织的危机处理方案的实施重点应该放在控制事件的影响上。此时，组织应当遵循合理、合法的原则，尽量弥补危机事件受害者的损失，争取受害者的谅解，与其达成赔偿、谅解协议，避免组织的经济利益和社会声誉遭受更大的损失。

第二，若危机已经被新闻媒体曝光并已造成恶劣的社会影响，组织不仅要弥补受害者的损失，还应当做好媒体公关工作，尽量消除媒体报道带来的不良影响，与公众进行有效沟通，扭转公众对组织的不良印象，维护组织的声誉和形象。

2. 对危机处理结果进行评估与总结

在危机处理方案实施以后，组织应当依据危机状况的具体进展，对危机处理结果进行评估。危机处理结果评估的内容如图 7-3-3 所示。

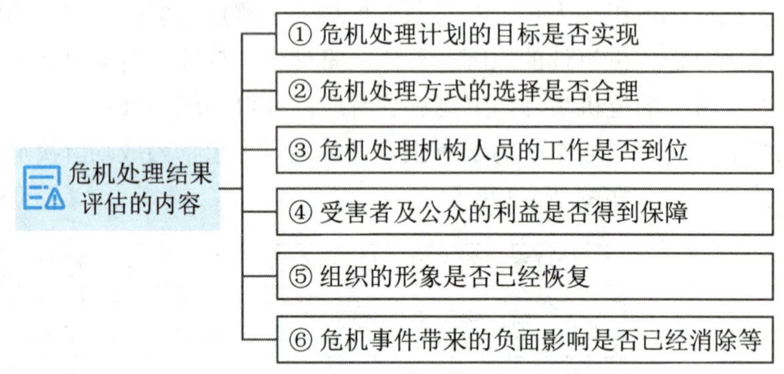

图 7-3-3　危机处理结果评估的内容

此外，组织还应该对此次危机处理过程进行全面总结。通过总结，组织可以从中发现以前管理、经营中存在的问题，从而进行整顿和改革，避免以后给组织带来更大的危害。与此同时，组织也能在总结过程中获得危机处理的经验与教训，为以后处理问题提供参考和依据。

（三）重塑组织形象

重塑组织形象是组织危机处理的最后一个阶段，具体工作包括以下几个方面：

1. 树立重塑形象的意识

组织在日常运营中要培养全员公关的意识，危机来临时要具备危机公关的意识，危机解除后也应当树立重塑组织形象的意识。只有当员工具备了这些意识，才能解决在危机中遇到的各种问题。

2. 明确重塑形象的目标

组织重塑形象还需要制定切实可行的目标，根据其目标逐渐消除危机带来的不良后果，从而再度赢得公众的信任与支持。

3. 采取切实有效的措施

（1）针对组织内部。组织应当建立畅通的信息沟通渠道，增加组织的透明度和信息的公开度，使组织的领导能够及时得到员工的反馈；同时加强内部员工的培训教育工作，提升员工的服务意识和公关意识；优化和完善组织的管理结构，规范、科学地管理和经营。

（2）针对组织外部。组织应当加强与公众的沟通，通过媒体向公众传递组织重整旗鼓的决心，以及希望得到公众继续支持的愿望；借危机纠正错误，开发新产品或新服务，用良好的形象涵盖其过失；通过举办有影响力的公关活动，主动创造良好的公关氛围，借此提高组织的知名度和美誉度，重塑组织形象。

姓名______________ 班级______________ 学号______________

任务测试

一、选择题

1.【单选题】在危机发生的最初时刻，信息传播最快，组织的一言一行都会受到公众的关注，因此必须当机立断，及时表明态度，做出行动，迅速控制事态。这句话阐述的是公关危机处理的（ ）。

A．承担责任原则　　B．真诚坦率原则

C．快速及时原则　　D．系统运行原则

2.【单选题】危机事件发生后，组织要及时通过网络、新闻媒介等传播渠道，向（ ）说明事件的经过、处理办法及今后的预防措施。

A．组织内部员工　　B．上级主管部门

C．新闻界　　D．消费者

3.【多选题】下列内容中，属于危机调查主要内容的有（ ）。

A．危机事件的类型，发生的时间、地点、原因和现状等基本情况

B．人、财、物的损失情况

C．受危机损害的范围和程度

D．受损害的公众的范围，包括直接的和间接的伤害

E．制订危机处理计划

4.【多选题】危机处理机构的作用主要体现在（ ）。

A．负责对危机事件的管理决策　　B．预测危机

C．内外沟通和联络　　D．树立组织形象

E．为媒介准备材料

二、案例分析题

Z 公司对危机事件的处理

Z 公司是知名房地产企业。2015 年 11 月，因涉嫌非法集资，被 W 新闻网曝光。这对 Z 公司来说，是一场巨大的危机。如果处理不好，可能会有一系列严重的后果。单从危机处理来说，Z 公司应该尽可能减少危机持续的时间，将危机缩小在一个很短的时间段内。危机持续的时间越长，社会影响越大，越不容易控制，对 Z 公司的伤害就越大。也就是说，要尽快结束这个危机，不要再延续下去了；但该公司并没有这么做，而是采取了非常激烈的对抗方式。

对抗主要体现在以下三个方面：

（1）组织 100 多名建筑工地工人围攻 W 新闻网的办公室，持续了 12 小时，网上也出现了大量的视频。

姓名____________ 班级____________ 学号____________

（2）对 W 新闻网网站主编发出多次恐吓信息。

（3）对外宣称起诉 W 新闻网。

承担责任是危机公关的重要原则之一。处理危机需要将情绪平息下来，看清形势，冷静分析。媒体曝光本身就是一个危机，如果不冷静，又是一个新危机，事态不仅不能得到控制，还会升级。攻占媒体的对抗方式，多家媒体给予了关注并进行了报道，各种关于 Z 公司的负面评论也大幅增长，看客围观的情绪被充分地调动起来，事态进一步升级。后来 Z 公司发布了总裁的一段视频，名为“对广大客户的一句心里话”。曾有人问，看完这段视频是什么感受，大部分人的回答是：本来没觉得 Z 公司有问题，看完后，认为 Z 公司肯定有问题。

问题分析：

（1）你认为 Z 公司对此事件的处理合理吗？如果不合理，指出不合理之处。

（2）如果你是该公司的危机公关负责人，你会如何处理？

姓名______________ 班级______________ 学号______________

项目实训

一、实训目标

通过实训，能够应对各种危机，并灵活运用各种技巧化解危机，提高分析问题和解决问题的能力。

二、实训内容与要求

【实训内容】

请收集 1～2 个关于公关危机处理的故事或案例，分析该危机产生的原因和发展过程。

【实训要求】

（1）学生自由分组，每组 3～6 人，并推举出小组长。

（2）小组成员通过查找网络资料或阅读参考书籍收集相关资料。

（3）将分析结果制作成 PPT，由小组长上台进行演示。

（4）各小组相互评议，教师给予点评、总结。

项目考核

项目名称	评价内容	分值	评价分数	
			小组互评	教师评价
个人素养考核项目（20%）	日常考勤	5 分		
	与团队成员合作配合	5 分		
	课堂纪律与学习态度	10 分		
专业能力考核项目（80%）	积极参与教学活动并正确理解任务要求	10 分		
	任务测试题目的正确率	30 分		
	认真完成项目实训，分析问题全面，与团队积极配合	40 分		
合计		100 分		
综合分数（小组互评 30%+教师评价 70%）				
教师评语	教师（签名）：			

项目八

公共关系礼仪

项目导读

中国素有“礼仪之邦”的美誉。公共关系礼仪作为礼仪的重要分支之一，是将礼仪的具体要求在公关活动中进行运用。这种运用既表现为对公关人员的礼仪规范要求、公关人员个人形象的塑造，同时也表现为在公关活动时所要遵循的一系列基本工作程序。

本项目主要介绍公共关系礼仪的概念、特征、作用和基本原则，以及公共关系的基本礼仪等内容。

学习目标

知识目标

（1）了解公共关系礼仪的概念及其特征。

（2）了解公共关系礼仪的作用及其基本原则。

（3）熟悉各种公共关系基本礼仪。

能力目标

能够运用各种公共关系基本礼仪开展公共关系活动。

素质目标

（1）通过学习各种公共关系礼仪相关知识，了解中华民族作为“礼仪之邦”悠久的礼仪文化，在礼仪文化教育中熏陶自我，提高民族自信心和自豪感，做中华民族文明礼仪的传承者和践行者。

（2）通过实际运用各种公共关系基本礼仪，深刻体会“礼仪无大小，修养在细节”的真正内涵，树立公共关系礼仪意识，做到知行合一，用心服务。

引导案例

被“抖掉”的合同

有一位经理到美国洽谈合作业务。谈了好几次，最后一次洽谈之前，他曾对朋友说：“这是我最后一次洽谈了，跟他们的最高领导谈，如果谈得好，就能够签约。”

过了两个星期，他又回到了自己国家。朋友问：“谈成了吗？”他说：“没有。”朋友问其原因，他回答：“对方很有诚意，进行得也很好，就是跟我洽谈的这个领导坐在我的对面，不时地抖着他的双腿，我觉得还没有跟他合作，我的财就被他‘抖掉’了。”

任务一　了解公共关系礼仪基础知识

任务描述

通过本任务的学习，能够了解与公共关系礼仪相关的基础知识，为掌握和运用公共关系基本礼仪打好理论基础。

知识精讲

一、公共关系礼仪的概念

公共关系礼仪，是公关人员在代表组织与公众交往的过程中，为了塑造个人和组织的良好形象而应当遵循的尊重他人、讲究礼节、注重仪表和仪式等的规范和程序。

公共关系礼仪是一种传播和沟通的技巧，是公关人员必须具备的基本素养，是直接塑造公关人员形象、间接塑造组织形象的基本条件，也是使社会组织、个人获得公众认同的重要条件。

二、公共关系礼仪的特征及作用

（一）公共关系礼仪的特征

1. 规范性

礼仪是在一定社会范围内，长期以来逐渐形成的一种被大多数社会成员认可并实行的思想和行为规范，是人们评价善、恶、美、丑的习惯性标准，具有约定俗成的本质属性。而公共关系礼仪作为礼仪延伸出来的一部分，也能够对人的行为起到指导和规范作用，并成为公关人员在公关活动中应遵守的行为准则。

2. 延续性

随着社会的发展、历史的前进，礼仪也在批判和继承中缓缓延续。时至今日，许多古代优秀的礼仪规范仍然被人们遵循、推崇，并成为公共关系礼仪的指导。

3. 差异性

公共关系礼仪的差异性首先表现在民族的差异上。不同的民族由于其地理环境、生活习惯的不同，具有不同的语言和风俗习惯，同样，也具有其独特的礼仪。

其次，公共关系礼仪的差异性还表现在个体的差异上。不同个体在使用同一礼仪时，会因其地位、性格、资质等不同而表现出不同的形式和特点；同样的公关活动中，男士和女士也各有不同的表现形式和风格。

俗语所说的“入乡随俗”“客随主便”等都充分说明了公共关系礼仪的差异性。

4. 目的性

公共关系礼仪是公关人员在公关活动中的行为规范。其目的是营造组织与公众的良好关系，建立组织的美好形象。公共关系礼仪不仅是公关人员为人处世的必备素质，也是其进行公关活动的一种形式或手段。

5. 时代性

虽然礼仪具有历史延续性，但是它也随着时代发展变化而不断更新和完善。不同的历史年代有着不同的礼仪形式，相同的礼仪形式在不同的年代也被人们赋予不同的含义。同样，公共关系礼仪也与时俱进，具有鲜明的时代性，并不断发展、进步。

（二）公共关系礼仪的作用

1. 展示个人素质、塑造组织形象

公共关系礼仪是通过公关人员表现出来的，是公关人员素质水平、文明程度的重要标志之一。公关人员的形象就是组织形象的缩影，公关人员的一举一动在公众眼中都是代表组织，尤其是在与第一次见面的人交往时，公关人员行为举止的任何细节都会影响对方对自己的评价及对组织的印象。公关人员规范得体的礼仪，优雅大方的行为举止，不仅能够展示个人素质，还能够塑造组织形象。

精选案例

痛改前非

某公司创始人本来不修边幅。一次，他去理发店，理发师当场对他说："你是公司的代表，却如此不注意修饰自己的容貌，让别人怎么想？连老板都这么邋遢，你想他的公司还会好吗？"自此，他便"痛改前非"，开始注意自己的衣着打扮和在公众面前的仪表仪态。

该公司产品能驰名天下，与它们的创始人的表率作用和其严格要求员工懂礼貌、讲仪表是分不开的。

2. 架设沟通桥梁、协调紧张关系

组织不断与内外部公众发生联系、沟通，而公共关系礼仪正是保证进行良好沟通的桥梁。组织在进行沟通、交往的各个阶段，都离不开公共关系礼仪。

在组织与外界沟通的初期，良好的公共关系礼仪能树立良好的形象，为组织公关活动打下良好的基础；在组织与外界沟通的过程中，良好的公共关系礼仪能维持交往双方的稳定关系，加深双方的感情；在组织与外界沟通出现障碍或与公众出现摩擦、矛盾和冲突时，良好的公共关系礼仪则是组织解决危机、协调紧张关系、重塑形象的必要手段。

三、公共关系礼仪的基本原则

公关人员在公关活动中应遵循的公共关系礼仪的基本原则如表8-1-1所示。

表8-1-1 公共关系礼仪的基本原则

基本原则	具体内容
尊重原则	尊重原则是公共关系礼仪最基本的原则。公关人员必须从思想上尊重对方，使礼仪成为发自内心的自觉行为，才能与公众维持良好的关系，建立起相互的友谊
平等原则	在公关工作中，要想建立良好的人际关系，就必须做到平等待人，对所有公众一视同仁，不能以职业、地位或权势等对公众进行区别对待，厚此薄彼
适度原则	适度原则贯穿公关活动的每一环节和各个方面，公关人员的任何言行举止都要适当得体、恰到好处，既不能"少"，也不能"过"
诚信原则	公关人员在进行公关活动时，一定要坚持奉行诚信原则，如没有十足的把握，就不要轻易许诺他人。许诺做不到，反而会给人留下不守信用的形象，造成组织声誉的损害
自律原则	公共关系礼仪规范并不是靠外界监督来强制实施的，而是人的道德水平的外在表现，是靠公关人员自觉遵守的，是其自觉加强自身修养、努力提高自身素质的结果
细节原则	公共关系礼仪是一个完整的体系，小到个人仪表、服饰，大到涉外谈判、商务会议等，任何一个环节出现问题，都可能导致公关活动的失败。因此，公关人员应当重视每一个细节，用严谨的态度要求自己，在注重整体的同时也不忽视细节

任务二　运用公共关系基本礼仪

任务描述

通过本任务的学习，能够掌握各种公共关系基本礼仪的要点和注意事项，并能够在实际公共关系活动中灵活、熟练运用各种基本礼仪，展现良好的个人素质和组织形象。

知识精讲

一、形象礼仪

（一）仪容礼仪

仪容礼仪，是指一个人在容貌方面保持美好状态的礼节规范和要求，主要包括个人卫生礼仪和化妆礼仪等。

1. 个人卫生礼仪

在公共关系礼仪中，个人卫生礼仪是最基本的礼仪。公关人员要注意做到以下几点：

（1）经常洗头、洗澡，保持身体各部位清洁；早、中、晚都要刷牙，保持口腔卫生，在吃到有异味或者辛辣的食物后应当及时漱口；及时修剪指甲、鼻毛，男士还应当刮净胡须。

（2）不管是内衣还是外套，都要保持干净整洁，尤其是衣领、袖口的地方；皮鞋应没有尘土，打油擦亮。

（3）在参加社交活动时，除了保持身体和衣物的干净整洁外，还应当简单修饰一下自己，如对发型进行一些整理等。

2. 化妆礼仪

化妆是一种通过使用美容产品修饰自己的仪容、美化自我形象的行为。合适的妆容能够充分展现女士的优雅气质和男士的男子汉气概，也可向交往的对方表达尊重之意。在欧美国家，正式的场合不化妆，会被认为是蔑视他人的不礼貌行为。

职业妆

公关人员化妆需要注意以下问题：

（1）化妆要适度。生活中的美容化妆，以修整统一、和谐自然为准则。化妆或淡或浓要视时间和场合而定。在一般社交场合及工作场合，要以淡妆为主，力求清新、淡雅和自然，不宜浓妆艳抹；在一些特定场合，如参加晚宴等，可配合礼服，适度浓妆。

（2）化妆、补妆要注意场合。根据社交礼仪的惯例，女士在公共场合进行化妆或补妆是不合适的。如果不分场合，不管对面的人做什么，只要有时间就进行补妆，会显得不尊重别人，也容易引起误会。

（二）服饰礼仪

服饰包括服装和饰品两个部分。在公关活动中，第一印象非常重要，而服饰又是对一个人进行评判的首要标志。因此，公关人员必须通过合适的服饰塑造自身的良好形象，以便在公关活动中更好地与他人沟通。

1. 着装的基本原则

（1）TPO 原则。

TPO 原则是国际上公认的穿衣原则，也是人们着装的总原则。在英语中是 Time（时间）、Place（地点）和 Object（目的）三个单词的首字母。它是指服装穿着、首饰佩戴和配件选择要与时间、地点、目的等保持协调一致。TPO 原则如表 8-2-1 所示。

TPO 原则

表 8-2-1　TPO 原则

原则	概念	注意事项
T 原则	是指服饰的选择，应考虑时代、四季和一天各时段的变化	① 顺应时代发展的潮流和节奏，不可太超前或太滞后 ② 考虑四季气候的变化，并根据时令选择不同厚度的衣服 ③ 服饰颜色的搭配，要做到春夏鲜艳、秋冬稳重 ④ 根据白天和晚上不同的活动进行安排搭配
P 原则	是指服饰的选择，要与场所、地点和环境相适应	① 工作场合要求穿着打扮整洁大方，可以选择制服、套装等 ② 舞会、宴会等社交场合，可以选择礼服、正装等，还可搭配一定的饰品 ③ 在工作、社交之外的休闲场合，则可随意穿着，以舒适和个人喜好为主
O 原则	是指服饰的选择，要根据出行的目的决定	① 参加谈判、签约，要穿得正式、稳重 ② 参加联谊、游玩，则要穿得轻松、舒适

（2）配色原则。

一般来说，黑、白、灰是服装搭配时最常用的三种颜色，它们最容易与其他颜色的服装搭配并取得很好的效果。因此，这三种颜色也被称作“安全色”。除此之外，服装色彩的搭配要遵循上深下浅或上浅下深的原则。另外，不同颜色的服装穿在不同的人身上也会产生不同的效果，如深色的衣服给人以收缩感，瘦人穿着显得更加瘦小，而胖人穿着则会显得苗条；反之，浅色的衣服给人以扩张感，适宜瘦人穿着。

2．男士的服饰礼仪

（1）色彩。

男士着装的色彩要体现庄重、潇洒，不要求华丽、鲜艳，变化也不宜过多。一般来说，男士全身服饰色彩不宜超过三种颜色，但可以是同一色系的不同颜色；鞋、腰带和公文包应该是同一颜色，或者是相近颜色。

（2）服装。

男士在正式场合一般穿着西装，在我国还可以选择中山装及唐装等特色服装。

五种西装礼仪

男士西装有两大类，一类是单排扣西装，另一类是双排扣西装。通常，单排两粒扣式的西服上衣，只扣上边那粒扣或全部不扣；单排三粒扣式的西服上衣，要么扣上边两粒扣，要么只扣中间那粒扣。而双排扣的西服上衣，应当将所有扣都扣上，以示庄重。

另外，西装的衣袋和裤袋里不宜放太多东西，以免影响美观。同时西装左胸外面的口袋不能放东西，这是用来插手帕的。

（3）衬衫。

穿着西装衬衫时需要注意的事项如表 8-2-2 所示。

表 8-2-2　穿着西装衬衫时需要注意的事项

注意事项	具体内容
衬衫的衣领	要高于西装后领 1～2 cm
衬衫的袖子	要比西装袖子长 1～2 cm
衬衫的颜色	正式的衬衫一般选择白色
其他注意事项	衬衫的下摆必须扎进西裤里，袖口必须扣上，若不系领带，衬衫领口可以敞开

（4）领带。

领带是西装的灵魂，凡是参加正式活动，穿西装就应该系领带。在正式场合，领带颜色不宜太花哨或有太多图案，长度以到皮带扣处为宜。若佩戴领带夹，一般位置应该在衬衫的第四、第五个纽扣之间。若穿马甲或者背心，领带应该放在其后。

（5）配饰。

配饰是男士服饰的点睛之笔，最能反映男士的着装品位。男士的配饰主要有帽子、手套、鞋袜及手表等。

① 男士戴帽子与手套一般是在室外，但与人握手时应脱去手套以示礼貌，向人致意时应取下帽子以显尊重，室内社交场合不要戴帽子和手套。

② 男士皮鞋不仅要与服饰相搭配，更要配合相应的场合。在正式场合，男士多穿没有花纹的黑色、深棕色平跟皮鞋；穿单一色调的深色袜子，如黑、蓝、灰等。

③ 手表也是男士非常重要的饰品，公关人员应该在不同的场合根据实际需要选戴。选择合适的手表，能使人看起来更务实和有时间观念。

小提示

男士着装应注意以下几个方面：① 西装款式的选择应当与人的体型、年龄和性格相适应；② 服装大小应合身，西装上衣长度应当是放下手臂时西装下摆与大拇指骨节平齐，裤子垂及脚面，衬衫以扣上领口还能伸进一根手指为宜；③ 不能穿着西装搭配便鞋或穿白色运动袜；④ 应当根据着装类型选择腰带，不能在腰带上加挂手机、钥匙等物品。

3. 女士的服饰礼仪

女士的穿着较男士有更多的变化和选择，但是也要遵循一定的穿衣规范，要选择大小合身、协调自己妆容的服饰。

（1）服装。

女士的服装通常可以分为礼服、日常装和职业装。在工作场合，女士最常穿着的还是职业装。

女士的职业装要以考究、整洁和文雅为原则，色彩不宜太鲜艳，款式不宜太暴露。在款式选择上以套装、套裙为佳。职业套装常见的几种形式如表 8-2-3 所示。

表 8-2-3　职业套装常见的几种形式

常见的形式	套装特点
H 型套装	上衣较宽松，裙子为筒式，能掩饰身材的不足
X 型套装	上衣较紧身，裙子为喇叭式，突出腰部的纤细
A 型套装	上衣较紧身，裙子为宽松式，突出上半身的优点
Y 型套装	上衣较宽松，裙子为紧身，能掩饰上半身的不足

（2）配饰。

女士的配饰主要包括围巾、首饰、包袋和鞋袜等。配饰若运用得当，能使女士服装在整体上和谐统一，很容易在人群中脱颖而出。

① 围巾、丝巾一般在温度较低的季节使用。围巾、丝巾要与服装和其他配饰搭配协调，厚重的衣服可以搭配轻薄材质的围巾，但轻柔的衣服不能搭配厚重的围巾；同时，在围巾的色彩选择上，至少要有一个颜色与衣服的颜色相同，且搭配的花色要有主次之分。此外，围巾一般适合室外场合搭配，到了室内就应当及时取下。

② 佩戴首饰的目的在于搭配服装，而不应该是炫耀财富，所以首饰的搭配也并不是越多越好，而是适合、得当。首饰的选择应当与人的服装、肤色相协调。数量上，与服装搭配的首饰一般不能超过三件，穿着职业装时可不佩戴首饰。

③ 包袋也是女士的重要配饰。女士在选择包袋时，应考虑到出席场合的需要；在颜色的选择上，要与服饰的主色调或鞋子、手套、腰带等饰品相呼应，达到整体的协调统一。

④ 在皮鞋的选择上，首先也是要与全身的服装相统一，产生整体美感，而皮鞋与上下装颜色反差太大会使人感觉不舒服。女士穿裙子时要慎重选择袜子，袜子以透明丝袜搭配最好，深色或花色图案的袜子都不适合出现在社交场合；长筒丝袜袜口与裙子下摆之间不能有间隔，切忌露出腿的一部分。

总之，公关人员服装的选择要遵循 TPO 原则和配色原则，以便与人第一次见面时就给人留下美好的印象，为工作顺利进展和塑造组织良好形象奠定基础。

（三）行为礼仪

行为礼仪，是指人们在社交活动中各种表情与姿态行为的规范，包括人的站姿、走姿、坐姿、手势和面部表情等。

1. 站姿礼仪

站姿是人最基本的动作，是展现自身动态美的起点和基础，其基本要求是头正、肩平、收腹、挺胸、颈直，如图 8-2-1 所示。就具体要求而言，男女略有不同。

（1）男士站立时，身体应与地面垂直，将身体的重心放于两脚，双脚分开，略比肩窄；头要正，颈要直，挺胸收腹，双臂自然下垂。

图 8-2-1　基本站姿

小提示

男士在站立时应当注意：① 在任何场合都不宜斜靠在门边或墙面；② 不宜采用双腿交叉站立的姿势；③ 双手不宜插在衣裤袋中或者交叉抱于胸前；④ 与人谈话时，切忌浑身扭动，东张西望，斜肩叉腰。

（2）女士站立时，应当双腿并拢，两只脚一前一后，前一只脚的脚跟轻轻地靠近后一只脚的脚弓，将重心集中于后一只脚上，两只脚尖应张开 10 cm 左右；在正式场合，双膝应挺直，双手合放于小腹前，右手搭在左手上，同时应当挺胸收腹，挺直后背；下颚微内收，脖颈要挺直，目视前方，表情自然放松。

2．走姿礼仪

走姿即人们行走时的姿态。一般而言，标准走姿要求收腹、立腰、提臀、平肩，步速适中。行走时脊背和腰部应伸展放松，并使脚跟首先着地；行走移动的中心是腰部，而不是脚部，所以行走时，应当上体前倾，以腰带动脚；务必要使膝盖伸直，以带动双腿平直走动。

（1）男士行走时应抬头挺胸，收腹直腰。走动时两臂在身体两侧自然摆动；步伐稳健大方，步幅大而稳重，走路应走平行线；行走时要有鲜明的节奏感，通过步伐节奏向人展示自己的个性，是富有活力还是成熟稳重。

（2）女士在行走时，摆臂幅度不宜过大，胳膊上臂应稍贴于身体，摆臂幅度与身体呈10°角。女士行走姿势与其身着服装有密切的关系。穿西装长裤时，走成平行线，步伐稍微加大，速度稍快，以显示干练和洒脱；而穿裙装时，走成一直线，使裙子的下摆与脚的动作显出韵律感，展示出女性的典雅和柔美。此外，女士走路时要头部端正，目光柔和，走路不宜过猛，尤其是穿着高跟鞋时，以免带来噪声。

小提示

在行走时切忌弯腰驼背，摇头晃肩，扭腰摆臀。在正式场合，走路时不可双手插在裤兜，左顾右盼；在公共场合，即使遇到急事，也不可“百米冲刺”，横冲直撞；走路时双臂不动、同时向一个方向摆或摆幅过大，都不雅观。

3．坐姿礼仪

坐姿礼仪

坐姿是指人们就座时和坐定之后的一系列动作和姿势。优美的坐姿要求腰背挺直，手臂放松，双腿并拢。落座要轻，椅子不能全坐满，一般坐2/3即可，后背轻靠椅背，双膝自然并拢，男士可适当分开。

（1）男士就座时应保持上身挺直，双肩平齐；大腿和小腿基本上成直角，两脚放于地面，两脚间距与肩同宽；双手自然放在双膝上或椅子的扶手上，目光平视；如有需要，可以交叠双腿，但一般是右腿架在左腿上，若是在社交场合，就不宜使用此姿势，以免给人以显示自己地位和优势的不平衡感觉。

（2）女士就座时应注意背部保持挺直，在正式场合就座时不应倚靠在椅背上，尤其是不应把头靠在椅背上；就座后，双手可自然放于腿上，也可放于皮包、文件夹上，不宜双手抱在胸前、脑后，或者将双手垫在臀部下面。

小提示

与人交谈时，不可抖腿或者半穿着鞋将鞋子来回晃动；不能将脚放上桌椅；坐稳之后不能做各种小动作，如抠鞋弄袜等；坐下后也不可双腿大开或将脚伸得很远；女士若穿裙子，应在就座前将裙子拢一下，若等就座后再整理裙摆会不雅观。

知识拓展

常见的女士坐姿

常见的女士坐姿有双腿垂直式、双腿叠放式、双腿斜放式和双脚交叉式，如图 8-2-2 所示。

（a）双腿垂直式　（b）双腿叠放式　（c）双腿斜放式　（d）双脚交叉式

图 8-2-2　常见的女士坐姿

（1）双腿垂直式。

双腿垂直于地面，双脚的脚跟、膝盖直至大腿都并拢在一起，双手自然放在双腿上。这是正式场合最基本的坐姿，可给人以诚恳、认真的印象。采用这种坐姿时，应摆正头部，目视前方，且背部一定要挺直。

（2）双腿叠放式。

双腿从膝部自上而下地叠放在一起，两腿交叠成一条直线。双脚放置的方法可视座椅的高矮而定，既可以垂直，也可与地面成 45° 角斜放。不应将脚尖翘起，也不应双手抱膝，更不能将两膝分开。

（3）双腿斜放式。

当坐在较低的椅子上时，双脚垂直放置的话，膝盖可能会高过腰，较不雅观。这时最好采用双腿斜放式坐姿，即双腿并拢之后，双脚同时向右侧或左侧斜放，与地面成45°角。采用这种坐姿时，须注意两膝不宜分开，小腿间也不要有距离。

（4）双脚交叉式。

双腿并拢，双脚在踝部交叉之后略向左侧或右侧斜放。应当注意的是，采用这种坐姿时，膝部不宜打开，也不宜将交叉的双脚大幅度地分开，或是向前方直伸出去，以免影响从前面通过的人。

课堂互动

小洁身着西装套裙前往一家公关公司面试。在面试时，小洁发现面试经理坐在正对着沙发的椅子上。经理请小洁在沙发上坐下，小洁坐下后发现沙发很矮。

请问：小洁应怎么坐，才能在经理面前不失礼？

4. 手势礼仪

手势是一种独立的肢体语言。在交往中，恰当的手势可以增加语言的说服力，甚至有时能够表达一些语言无法表达的思想内涵。公关人员若能恰如其分地使用手势，就可以增强在交往中的号召力和感染力。

在运用手势时，公关人员应注意以下问题：

（1）手势具有地域性和民族性，同样的手势在不同的国家和地区可能有不一样的含义。例如，“OK”这一手势，在欧美一些国家表示赞同；在我国一些地方可能代表数字3；在一些拉美国家表示侮辱等。

（2）在公共场合，公关人员要注意避免一些不良手势。例如，不能在公共场合对人指指点点，不能搔头皮、掏耳朵等。

5. 面部表情礼仪

面部表情是在交往中使用最为频繁和广泛的表情语言。在人的面部表情中，最具礼仪功能的是目光和微笑。

（1）目光礼仪。

目光是表达人的思想和情感的重要方式。公关人员应当了解交往对象目光表达的含义，并且正确运用目光表达自己的情感。具体来说，公关人员应注意以下问题。

① 注意目光注视的时间。如果谈话时心不在焉、东张西望，或是由于紧张、羞怯不敢正视对方，目光注视的时间不到整个谈话的1/3，就不容易被人信任；与对方目光接触的时间超过全部谈话时间的2/3时，要么会被认为对方很吸引人，要么会被认为怀有敌意；如果交谈双方关系亲密，注视对方的时间可适当加长。

② 注意目光注视的位置。目光注视在身体的不同位置，表达不同的心理和感情。在正式场合和初次交往的场合，目光注视的位置应当是对方两眼至额头之间的区域；在日常交往场合要表达出亲切、友好的感情，可以注视对方两眼至嘴巴之间的区域；对于亲密交往的对象，则可将目光放在对方双眼至胸部之间的区域。

③ 学会用目光表达善意和友好。在交往中，目光要平和，要正视对方，不能用俯视、斜视、侧视的目光看人，以免显得不尊重；当与两个或两个以上的人共处时，不应只看自己的熟人和与自己谈得来的人，而冷落了其他人。即使是在接待尊卑有别的多名客人时，也应当在照顾好高位尊者的同时，适当地与其随员和下属进行眼神交流。

（2）微笑礼仪。

在交往中，微笑是最富有吸引力和感染力的表情，有助于营造良好的交往氛围。

微笑的基本做法是：不发声，不露齿，肌肉放松，嘴角两端向上略微提起，面含笑意，亲切自然，使人如沐春风。其中，真诚和亲切是最重要的，要求微笑出自内心、发自肺腑，而无任何做作之态。

精选案例

微笑的价值

R于1919年把父亲留给他的1.2万美元，连同自己挣来的几千美元投资出去，雄心勃勃地开始了他的经营旅馆生涯。当他的资产奇迹般地增值到几千万美元时，他欣喜自豪地把这一成就告诉母亲，想不到，母亲却淡然地说：“依我看，你跟以前根本没什么两样。事实上，你必须把握比这几千万美元更值钱的东西：除了对顾客诚实之外，还要想办法让顾客住过了还想再来住，你要想出这样简单、容易、不花本钱而行之久远的办法去吸引顾客。这样你的旅馆才有前途。”

母亲的忠告使他陷入迷惘，究竟什么办法才满足母亲所说的“简单、容易、不花本钱而行之久远”这四大条件呢？他冥思苦想，不得其解。于是他逛商场、串旅店，以自己作为一个顾客的亲身感受，找到了准确的答案——“微笑服务”。只有它才实实在在地同时满足母亲提出的四大条件。

从此，R实行了“微笑服务”这一独创的经营策略。也因此，当经济萧条刚过，他所经营的旅馆就率先进入新的繁荣时期，跨入黄金时代。

二、交往礼仪

（一）见面礼仪

见面礼仪是公关人员留给公众第一印象的重要部分，是公众对公关人员判断、评价的重要依据。

1．礼貌用语

在与人交往过程中，“谢谢您”“请”这些礼貌用语，如使用恰当，对融洽人际关系会起到意想不到的作用。日常交往中广泛使用的礼貌用语如图 8-2-3 所示。

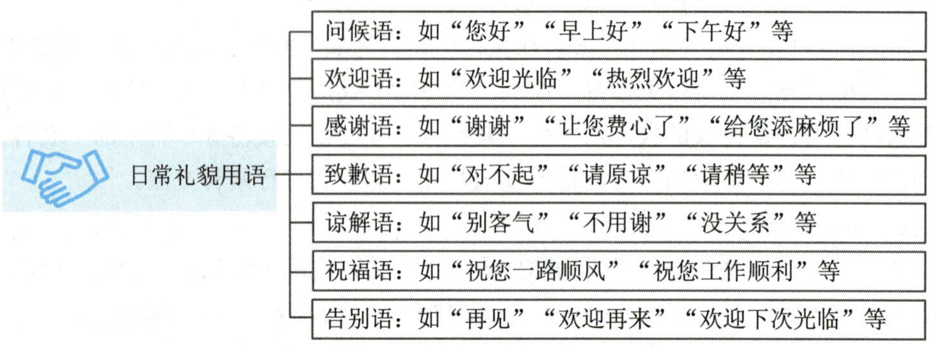

图 8-2-3　日常礼貌用语

知识拓展

“锦上添花”的礼貌用语

初次见面说“久仰”；好久不见说“久违”；请人批评说“指教”；
请人谅解说“包涵”；请人帮忙说“劳驾”；求给方便说“借光”；
麻烦别人说“打扰”；向人祝贺说“恭喜”；求人指点说“赐教”；
求人解答说“请教”；请人赴约说“赏光”；接受好意说“领情”；
赞人见解说“高见”；看望别人说“拜访”；迎接朋友说“欢迎”；
陪伴朋友说“奉陪”；无暇陪客说“失陪”；等候客人说“恭候”；
请人别送说“留步”；希望照顾说“关照”；归还原物说“奉还”。

2．介绍礼仪

（1）自我介绍。

自我介绍是跨入社交圈、结交更多朋友的第一步。如何介绍自己，如何给对方或其他人留下深刻的印象，可以说是一门艺术，这与个人的气质、修养、思维和口才密不可分。良好的自我介绍，可以树立自信、大方的个人形象。

进行自我介绍时，公关人员要注意以下问题：

① 注重时机。想要自我介绍给对方留下深刻的印象，就要注重自我介绍的机会和场合。自我介绍要选择恰当的时机，既不能让对方觉得唐突，也不能让对方觉得烦躁。例如，

不能选择别人正在忙碌、交谈或者心情不佳的时刻上前做自我介绍。

② 注重态度。在进行自我介绍时，态度要自然大方，切忌矫揉造作；要实事求是，真诚大方，不能把自我介绍变成自我推销，过分夸大、夸耀自己的身份、地位等；要面带微笑，注视对方，辅以肢体语言表示自己的友善。

③ 内容简洁。自我介绍的内容一般包括姓名、职业、单位、籍贯、经历、年龄、特长和兴趣等。一般初次见面时，只介绍前三项即可。介绍时要力求简洁，所用时间以半分钟左右为佳，如无特殊情况最好不要超过 1 分钟。

知识拓展

使用名片的礼仪

在进行自我介绍时，有时还可以辅以名片，以加深对方对自己的认识。在使用名片时，公关人员应注意以下问题。

首先，在进行自我介绍前，就应当将名片提前准备好，介绍完后就将名片递上。若只是向别人递送名片，应双手递送以示尊敬；若双方互换名片，则应当用右手递送给对方。无论如何递送，都应当将名片正面朝上，同时使用礼貌用语。

其次，接受对方递送的名片时，应双手接过名片，并点头致谢；接受名片后，不要立即收起来，应该当着对方的面阅读一遍，最好能将对方的姓名、职务读出来，以示尊敬。

最后，如果不想给对方名片，则要用适当的方式进行婉拒，做到不伤害对方也不让对方难堪。例如，可以说“名片忘了带”或者“名片用完了”。

（2）为他人介绍。

为他人介绍，首先应了解双方是否有结识的愿望，切不可冒昧引见，尤其在双方职位或地位相差悬殊的情况下；其次，应当遵循介绍的规则和礼节。

在公关活动中，为他人介绍要掌握介绍的先后顺序，即“尊者优先了解情况”或“尊者居后介绍”的规则，具体介绍顺序如图 8-2-4 所示。

图 8-2-4　为他人介绍的顺序

另外，在进行介绍时，介绍人和被介绍人都应表现出欲结识对方的热情。介绍时，除了女士或者长者，双方都应该站起来或点头致意，并以正面面对对方，介绍完后，双方要进行握手问候，也可适当寒暄。

知识拓展

集体介绍

集体介绍是为他人介绍的一种特殊形式。进行集体介绍时，首先强调地位、身份高的；当双方地位、身份大致相当的时候，则遵循“少数服从多数”的规则，即先介绍人数少的一方，后介绍人数较多的一方；在为人数较多的一方做介绍时，可笼统介绍，也可按照座次、队列顺序，顺时针、逆时针或者从左到右、从右到左地介绍；还可以按照身份的高低顺序进行介绍。

3．称呼礼仪

合理地称呼对方，既是对他人的尊重，又反映了公关人员的礼仪修养。目前，国际上主要的五种称呼方式如表 8-2-4 所示。

表 8-2-4　目前国际上主要的五种称呼方式

称呼方式	举例或说明
一般称呼	这是最简单、最普遍的称呼，特别是面对陌生公众时，这是最常用的称呼方式。如“先生”“女士”“夫人”“太太”等
职务称呼	如“张经理”“孙局长”等
职业称呼	如“王老师”“李教练”等
姓名称呼	仅限于同事、熟人之间。可以直呼姓名，也可以只呼其姓，不称其名，但要在前面加上“老”“小”，如“老赵”“小刘”。还可以只称其名，不呼其姓，这种称呼通常限于同性之间，尤其是上司称呼下级、长辈称呼晚辈时
亲属称呼	如“王爷爷”“张叔叔”等

小提示

不同国家、民族及其语言、风俗习惯不同，反映在称呼方面，也有不同的礼节。

在对外交往中，要特别注意每个国家都有不同的称呼方式，要先问清，再称呼，否则容易引起对方的不满或误解。

4. 握手礼仪

握手是公关活动中最常见的礼仪，也是世界通用的交往礼仪。通过握手可以表达出多种情绪，如欢迎、友好、慰问和致谢等。公关人员不仅应当学会恰如其分地握手，还应当通过握手来了解对方的心态、性格特点等。

（1）握手的方式。

握手的正确做法是，经过介绍后或者在介绍的同时，双方各伸出自己的右手，彼此保持一步左右的距离，上身稍前倾，四指并齐，两人的手掌与地面垂直相握，一般以 2～3 秒为宜。握手时应当主动热情、自然大方、面带微笑并且双目注视对方，或者以简单言语寒暄致意，切不可斜视或低着头。

（2）握手的顺序。

一般情况下，握手应当使用右手，并应遵循以下顺序：

① 职位、身份高者与职位、身份低者之间，前者应先伸手，后者待前者伸手后，方可伸手。

② 女士与男士之间，女士应先伸手，男士待女士伸手后，方可伸手。

③ 年长者与年轻者之间，应当年长者先伸手后，年轻者方可伸手。

④ 主人待客时，应当先向客人伸手，以表示欢迎。

⑤ 客人告辞时，应当先伸手与主人相握，以表示再见。

⑥ 多人握手时不能交叉，先等别人握完后再握。

知识拓展

握手的禁忌

（1）不可戴着手套与人握手。除了穿制服的军人和穿礼服的女士，其他人都应该脱去手套后再与人握手，以示尊重。

（2）一般应用右手与人相握，除非右手有残疾。若有其他特殊原因，应向对方说明，并表示歉意。

（3）握手时不能把对方的手拉向自己的身体；也不能用力过猛，尤其是对女士，轻轻一握就好。

（4）握手时不能只握着对方的指尖，或者只伸出指尖给对方握，这样显得过于冷淡，也不礼貌；也不能过于热情，对女士不能用双手握手。

（5）握手后不能当着对方的面用手帕或纸巾擦手，这会让对方感到被侮辱和蔑视。

（6）握手时间不能过长或过短，尤其是长时间握着女士的手是很不礼貌的行为。

（7）握手时不能一言不发，可适当寒暄。

（8）单手握手时，另一只手不能拿着东西不放或将手插进口袋里。

精选案例

不能容忍的“握手”

某国的商业代表团到一个大国访问，大国的首脑人物接见了该商业代表团。这位首脑人物与代表团团长握手时，代表团团长心中不悦，因为对方戴着手套和他握手。他为了表示不满，顺手摸出一块手帕，擦了擦刚握过的手，然后把手帕扔掉了。他认为对方嘲弄他和他的国家，这是不能容忍的。

（二）交谈礼仪

交谈是开展公关活动的必要手段，通过交谈，公关人员与公众进行沟通，开展公关活动。交谈是一项互动性很强的活动，既包括聆听，也包括谈话。

交谈礼仪

1. 聆听的礼仪规范

俗语说，“愚者善说，智者善听”。认真聆听对方的谈话，不仅可以体现对谈话者的尊重和认同，也可以使沟通更有效。因此，公关人员要掌握聆听的礼仪。

（1）聆听要专心。当对方讲话时，要全神贯注地聆听。专注的目光和认真的神情，是对谈话者的尊重和鼓励，也能使谈话者对聆听者产生亲近感，更容易打开心扉。专心地聆听并不是要求聆听者只聆听，而无回应，而是要求聆听者根据情节在适当的时候做出反应，如点头、微笑或是用“是吗”“哦”“原来是这样”“然后呢”等词语做出应答。切忌在交谈的时候左顾右盼、玩手里的小东西、整理头发等，表现出心不在焉的态度。

（2）聆听要耐心。在交谈时，不要轻易打断对方的讲话或者随意插话。当对方的意见、观点与自己不一致，或者自己厌烦对方讲话的声音，或者对方讲述内容不生动等，这时也要认真、耐心地听完，不能流露出不耐烦的神情。如果必须打断，要说“对不起，我打断一下”，插话结束后要告诉对方“请您继续讲”。此外，公关人员也可以灵活应变，找一个对方也能接受的话题来转移自己不喜欢的话题。

小提示

聆听时要注意以下事项：

（1）选择一个安静的环境进行交谈，以减少外界噪声的干扰；同时要保持冷静，不受个人情绪和当时气氛的影响。这样才能保证有效聆听。

（2）在聆听的同时，公关人员要注意观察对方的神态、表情和声调等，这些可能会透露出一些其他信息，有助于公关人员有针对性地进行交谈。

（3）注意自己的“身体语言”。在他人讲话时，应尽可能地以柔和的目光注视对方，以便与对方进行心灵上的交流与沟通。要学会用声音、动作去呼应。这样做，会使对方感受到无声的鼓励或赞许，可以赢得其好感。

精选案例

煮熟的鸭子飞了

吉拉德是一位非常出色的推销员，其推销生涯中有一件事让他终生难忘。一次，吉拉德与客户洽谈顺利，就要签约成交时，对方却突然变了卦。

当天晚上，吉拉德按照客户留下的地址找上门去求教。客户见他满脸真诚，就实话实说：“你的失败源于你自始至终没有听我讲的话。就在我准备签约前，我提到我的独生子即将上大学，而且还提到他的运动成绩和他将来的抱负。我是以他为荣的，但是你当时却没有任何反应，而且还转过头用手机和别人通话，我一恼就改变主意了。”

此番话重重提醒了吉拉德，让他认识到“聆听”的重要性，如果不能自始至终聆听客户讲话的内容，认同客户的心理感受，很容易会让“煮熟的鸭子”飞了。

2．谈话的礼仪规范

（1）根据谈话对象选择交谈内容。

交谈是一种双向沟通的活动，交谈的双方都既是聆听者也是谈话者。因此，交谈时必须考虑到交谈对象的具体情况，根据交谈对象选择谈话的内容、方式和基调等。这就要求公关人员在交谈之前必须对交谈对象有一定的了解，包括其年龄、性别、职业和社会地位等，这样才能进行有效的沟通，获取自己想要了解的信息。

例如，对于性格开朗、善于言辞的人，可以用开门见山的方式与其交谈；而对于严肃内向、不善言辞的人，要加以引导启发，用循循善诱的方式让对方打开“话匣子”；对于文化素养、学识水平较高的人，用文雅、专业的方式与其交谈；而对于知识层次较低的人，切忌用抽象而又深刻的语言与其交谈。

（2）谈话要看准时机，留有余地。

公关人员在进行交谈时，一定要注意观察，看准时机。初次见面时，要先与对方拉近心理距离，消除对方的防备心理后再开始谈业务；在交谈过程中，若发现对方情绪暴躁或者低落，就不要谈论太严肃的话题，等对方情绪较好时再谈论公务。

此外，公关人员在交谈过程中应注意说话要留有余地，不能将话说得太满。例如，在谈及组织实力时，应当略有保留，不可过分夸大；在赞美对方时，不可过分空洞或者过于奉承，以免让人觉得不真诚；在与对方发生冲突时，也不可把话说得太绝。

（3）掌握谈话的技巧。

① 要专注，注意对方的反馈。

与人谈话时，要注意对方对自己谈话内容的反应，仔细观察对方的眼神、神态，从中判断自己的谈话是否吸引到了对方的注意。如若对方对谈话表现出不感兴趣或流露出不耐烦，就要及时转换话题，或者将主动权交给对方，让对方开始讲述自己感兴趣的部分。

② 要尊重对方，礼让对方。

首先，在交谈中不能以自我为中心，不能在对方说话时随意插话或者经常打断；在说话时要顾及对方的感受，不能说出伤害对方感情的话。其次，在交谈过程中要注意礼让对方，耐心聆听对方发言；如果不同意对方所说的话，也要用商讨或疑问的方式提出，而不能演变成争辩、争吵。

③ 控制交谈的时间。

在正式的社交场合，交谈的时间不宜过长。一方面，过长时间的交谈容易使对方感到疲倦，或者耽误对方的工作，引起对方的反感；另一方面，也会让对方觉得你缺乏时间观念。公关人员应该懂得控制交谈的时间，适可而止。

④ 灵活采取各种技巧活跃气氛。

首先，公关人员应尽量寻找双方都感兴趣的话题，使谈话富有吸引力；其次，公关人员要善用机智、幽默的语言，创造友好、愉快的谈话气氛，赢得对方的好感；最后，要学会有技巧地拒绝对方的不合理要求，注意态度要诚恳，措辞要委婉，方式要灵活，做到既不会伤害对方，也不会让对方无台阶可下。

⑤ 控制声调、表情等因素。

美国心理学家阿尔培特认为，友好合理的谈话包括“7%的说话内容、38%的声调和55%的表情”。的确，只有在说话时语调平静、音调适中，表情轻松自然，才会给人如沐春风的感觉。

⑥ 注意言语交际中的文化差异。

在一些涉外的公关活动中，公关人员一定要事先做好功课，了解交谈对象的详细情况，知道不同国家的文化差异和禁忌等，以免在谈话中发生误会。

知识拓展

交谈距离有度

在公关活动中，要保持适当的交谈距离。按照美国人类学家爱德华·霍尔博士的研究，空间距离可分为四个层次，即亲密距离、私人距离、社交距离和公众距离。

（1）亲密距离。

近位亲密距离在0～15 cm，仅限于恋人或夫妻之间，表示亲密无间；远位亲密距离在15～46 cm，是父母与子女之间、兄弟姐妹之间，以及亲密朋友之间的交往距离，表示可说悄悄话、谈私事。

（2）私人距离。

近位私人距离在 46～76 cm，一伸手即可触及对方，表示热爱友好；远位私人距离在76～122 cm，双方把手伸直方可互相触及，表示一般朋友、熟人的交往距离。

（3）社交距离。

近位社交距离在1.22～2.13 m，适用于存在工作关系或业务关系的交往距离，如职场交往和商业会议等；远位社交距离在2.13～6.1 m，适用于比较正式、庄重的社交场合，如政府官员的正式会谈和谈判等。

（4）公众距离。

近位公众距离在6.1～8 m，通常是小型活动中讲话者与听众之间所保持的距离；远位公众距离则在8 m以外，一般是大型报告会、听证会、文艺演出时的报告人、演讲人、演员与听众、观众之间的距离。

三、接待礼仪

来访接待是公关人员日常工作的一项重要内容，有利于树立组织的良好形象。因此，公关人员应当重视接待工作。

（一）迎客礼仪

在迎客之前，公关人员要先做好准备工作，使客人对组织的第一印象良好。首先，应当掌握客人抵达的时间、地点、所乘交通工具及接待的规格；其次，在迎接前应当检查预订客房、车辆及餐饮；最后，可根据需要准备欢迎条幅等。

1．接待礼仪

（1）公关人员应准确掌握客人抵达时间，提前15分钟左右等待，以示欢迎和尊重。

（2）接到客人后，公关人员应主动上前打招呼、问好，并主动帮忙照顾行李。

（3）途中，公关人员应把事先安排好的日程表送到客人手上，以便客人安排自己的私人时间；同时还应征求客人对日程表安排的意见和要求等。

（4）将客人迎送到住宿地点后，公关人员不宜久留，应当让客人及时休息；离开时应礼貌道别，并交代下次会面的时间、地点和联系方式。

2．引领礼仪

在公关活动中，公关人员经常需要引领客人，引领时应有正确的引导方法和引导姿势。

（1）在行路时，应遵循“主左宾右”的原则，而且应当注意不要多人同时并排走；此外，在陪同女士行路时，男士应当走在女士的左侧保护女士。

（2）在走廊时，公关人员应当在客人两三步之前，配合步调，让客人走在内侧；在引领客人上楼时，应当让客人走在前面，公关人员走在后面；在下楼时，则由公关人员走在前面，客人走在后面；引导客人坐电梯时，公关人员应先进入电梯，等客人进入后关闭电梯，到达时，应先让客人走出电梯。

（3）在引领客人入室时，要以“请”的手势引导客人前行，在楼梯口或转弯处要先以手势引导。在有门的地方，如果门朝外开，公关人员应先打开大门请客人进入；如果门朝内开，公关人员要先进入门内，扶门请客人进入。

3．乘车礼仪

在公关活动中，客人的上下车顺序及在车上的座位安排都有比较讲究的礼仪规范。

（1）上下车礼仪。

上下车礼仪的基本原则是“方便客人，突出客人”。上车时，一般是让客人先上，公关人员后上；下车时则相反。在陪同客人乘车时，公关人员要主动替客人拉开车门，并用手护住车门上方，以免客人上下车时碰头。

（2）座位安排礼仪。

① 在乘坐小轿车时，如果由司机驾驶，则后排右侧为尊，应当请客人就座，左侧次

之，中间座位再次之，前排右座为末位；如果由主人亲自驾驶，则以副驾驶座为首位，后排右侧次之，左侧再次之，后排中间为末位。

② 乘坐吉普车时，无论由司机驾驶还是主人驾驶，都应以前排右座为尊，后排右座次之，后排左侧为末位。

③ 乘坐旅行车时，以司机座后第一排为尊，后排依次为小。同一排的座位，每排右侧往左侧递减。

课堂互动

上海某科技公司召开了一次全国客户联络会，公司的江总经理带着秘书张小姐亲自驾车到浦东机场迎接来自某集团的周总经理。为了表示对周总的尊敬，江总把周总请到后排左座，并让张小姐在后排作陪。

请问：江总的安排有无不妥？为什么？

（二）待客礼仪

在招待客人时，首先应当做到亲切、热情，不能让客人感到冷漠、不耐烦；其次，在客人落座后要递送热茶、点心或饮料等，茶具要洁净。在敬茶时，茶水不宜太满，并且要双手端杯，一手把杯、一手托底。如果杯子有把手，则要将把手朝向客人一方。

（三）送客礼仪

送客是整个接待过程的最后一个环节，要使整个公关活动善始善终，不至于最后关头出现失误，也需要公关人员对送客过程慎重对待。公关人员应注意做到以下几点：

（1）提前为客人核实离开时间、交通工具等情况。

（2）要等客人起身后再相送。切忌还没等客人起身，公关人员就已经站起来相送；也不能在客人提出告辞时，仍忙于自己的事，甚至连眼神也没有转到客人身上。

（3）当客人带有较多或较重的物品时，公关人员在送客时应当帮客人提取重物。与客人在门口、电梯口或汽车旁送别时，要与客人握手，并以恭敬真诚的态度目送客人上车或离开。客人走后不要急于返回，应挥手致意，待客人离开视线后，才可以结束告别仪式。

四、宴会礼仪

在日常的公关工作中，经常需要设宴招待客人，经营人脉，拉近关系。因此，公关人员也必须了解并遵守宴会礼仪，做好宴请工作。

（一）宴会的组织礼仪

1. 确定宴会的目的

公关人员在组织宴会之前，需要先确定宴会的目的。宴会的目的多种多样，既可以为某个人，也可以为某件事。例如，为欢迎贵宾赴约谈判、为工程的破土与竣工等。宴会的组织必须围绕宴会的目的进行。

2. 确定宴请的对象

组织宴请的对象是根据宴会的目的决定的。宴请对象的范围，主要包括请哪方面人士、请多少人、主人一方请什么人作陪等，还要考虑宴请的性质、主宾身份、惯例等多方面的因素。宴请范围确定后，就可草拟具体宴请名单。组织在确定具体名单时，应当先确定主宾，再确定陪宾。陪宾的身份不宜高于主宾，但也要具有一定的威望。

3. 确定宴会的时间、地点和菜肴

（1）宴会时间的确定除了要考虑组织自身的情况外，还要考虑所宴请主宾的时间安排，只有双方都适合的日子才是宴请的恰当时间。在确定时间时，一般不要选择对方的重大节假日，有重要活动或有禁忌的时间。

（2）宴会地点的选择也应做到周全考虑，所确定宴会地点的服务档次、环境格调等方面都应当与所设宴会相匹配。一般来说，正式的、隆重的宴请活动安排在高级宾馆大厦内举行，其他可按宴请的性质、规模大小、形式、主人意愿及实际可能而定。

（3）宴会中，菜肴是否符合宾客的口味十分重要。在订餐时应充分考虑到宾客的喜好和宗教禁忌，使宴会的菜肴尽量满足大部分宾客的要求。

4. 宴会请柬的发放

正式宴会应当发放请柬。请柬一般提前一到两周发出，以便被宴请人及早安排。请柬发放时，若主人以夫妇名义宴请，则主宾、陪宾的配偶均可列为宴请对象；若受邀夫妇均具重要身份，则应分别给夫妇二人发请柬。

（二）宴会的次序礼仪

1. 桌次礼仪

国际上的惯例，桌次的高低以离主桌位置远近而定，右高左低。

（1）如果宴请只设一桌时，一般以设宴的房间正对着房门的一边为正席。

（2）场地排有两桌时，左右摆放，则右边为大；里外摆放，则里面的为大。

（3）场地排有三桌时，若一字形排列，则中间为大，右边次之，左边为小；品字形排列，则上为大。

（4）更多桌次的排列则是主桌排定后，其余桌次的高低以离主桌的远近而定，离主桌越近的桌次越高，离主桌越远的桌次越低；平行桌以右桌为高，左桌为低。

（5）桌数太多时，要摆桌次号码牌。

2. 席位礼仪

席位的高低与桌次的高低相同，即右高左低。同一桌上，席位高低以离主人远近而定。

（1）面门为尊。即在每张餐桌上，以面向宴会厅正门的中间席位为尊位。

（2）右尊左卑。即在每张餐桌上，以面向宴会厅正门的视角或该桌主人席位的朝向

为基准，右侧的席位尊于左侧的席位。

（3）近尊远卑。即在每张餐桌上，距离该桌主人较近的席位尊于较远的席位。

我国一般宴会安排都用圆桌。具体安排时，可参考如图 8-2-5 所示的席位排列方法。

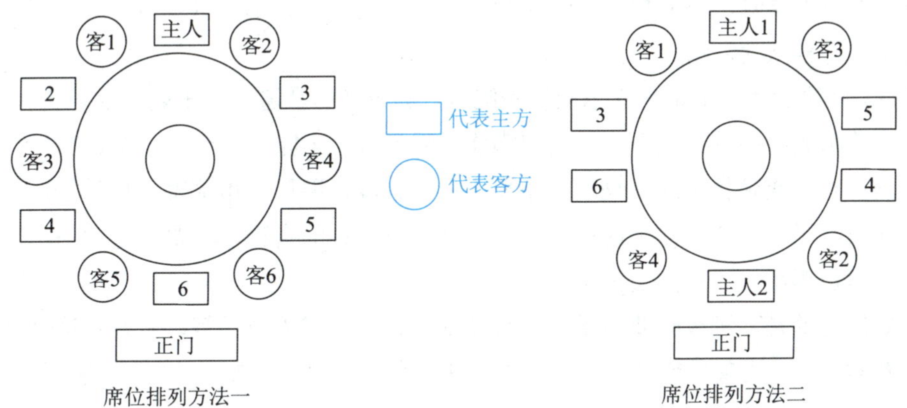

图 8-2-5　席位排列方法示意图

（三）出席宴会礼仪

1．席前礼仪

（1）准时赴约。

在收到主人的宴会邀请后，如果答应对方的邀请，就要准时赴约，并提前询问有无着装的特殊要求。

（2）修饰仪容仪表。

出席宴会前，应稍作梳妆打扮，穿上与宴会相搭配的服饰，以显示对主人的尊重和对宴会的重视。

（3）遵从主人的安排。

在到达宴会地点后，应向在门口迎接来宾的主人问候致意并表达感谢；同时要根据主人安排的席位入座，入座时，应从座椅的左侧入座，并且坐姿要端正；若同席的有女主人、贵宾、长辈或老师，则应待其就座后自己再坐。

2．席间礼仪

（1）餐前礼仪。

就餐前，服务员会为每位客人送上湿毛巾，这是供餐前及就餐时擦手用的，不能用来擦脸；要正确使用餐巾，将餐巾平放在腿上或者一角压在盘子下，其余部分下垂放在膝上，若中途有事暂时离开，可将餐巾折好放在自己就座的椅面上，若把餐巾放在桌面上，则表示用餐结束。

（2）就餐礼仪。

在就餐时，首先取菜要合理，不宜盛得太多；夹菜时要在靠近自己的盘子中夹取，不能用筷子在盘子中乱翻或抖来抖去再夹取；如果有本人不爱吃或不能吃的菜品，当服务员上菜或者主人夹菜时，不要拒绝，可取少量放在盘内，并表示谢意；对于不合口味的菜，不能流露出不喜欢的表情。

其次，在宴会上，不论是吃东西还是喝水，都应当尽量避免发出刺耳的声音；如果菜、汤太热，等稍放凉些再吃或喝，切勿用嘴吹；喝汤时，不能把整个勺子塞进嘴里，要贴在唇边喝汤；吃鱼或带骨头的食物时，不要直接往外吐，要用餐巾掩嘴，用筷子或手取出，或轻轻吐在叉子上，放在盘子内；遇到没吃过或没见过的食物，不要先行动手，要看到别人食用后自己再用，以免闹出笑话。

需要注意的是，进餐时要尽量避免打喷嚏、打哈欠或擤鼻涕等，若发生这种现象，应当转头背对餐桌，用餐巾或纸巾捂住口鼻；嘴里有食物时，切勿说话；如果餐后需要剔牙，也要用手或纸巾遮口。

（3）敬酒礼仪。

当主人致祝酒词时，所有的宾客应当停止饮酒、进食和交谈，注意聆听，并且应当侧过身面对主人，以示敬意。主人祝酒时，言语应简练、语义清晰。碰杯时主人和主宾先碰，然后按照顺时针方向依次和其他宾客碰杯，这时客人应当起身站立，端起酒杯，与主人同时或者紧随主人之后干杯。饮毕，应再次目视主人，显示自己的诚意。

此外，饮酒应当适量，不宜过分劝酒。主人敬酒时，实在不能喝酒者也须抿一小口以示礼貌；不想再添酒或者不能喝酒时，也不宜用手蒙住酒杯或者干脆将酒杯倒扣在桌面上。

3. 告别礼仪

宴会结束时，应当以主人起身，宣布结束为准。宾客要与主人握手告别并表达谢意，最后互道再见。如果有事必须提早退席的，应当事先和主人说明情况，到时再告别并悄悄离去，不可惊动太多客人，以免影响宴会气氛。

五、会务礼仪

筹备、组织会务也是组织经常会遇到的工作。会议能否取得成效，不仅与会议内容有关，还与会议的准备、接待等各方面的工作密不可分。无论是筹备会议还是出席会议，都要求公关人员了解会务礼仪。

（一）会议的筹备礼仪

1. 明确会议目的及与会人员

在会议召开之前必须明确会议目的，一切准备工作都应该围绕会议目的进行。此外，还应根据会议的性质、议题、任务等确定与会人员，以保证会议的顺利进行。

扫一扫

会务礼仪

2. 选择会议的时间和地点

一般而言，选择会议时间除了考虑主办方的因素外，还应当考虑所邀请的嘉宾及大部分与会人员的时间安排，并且要避开节庆日。

会议场所应选择在交通便利、附属设施齐全的地点，要方便住宿、报到等。同时，会场的大小要适中，并且与会议内容和与会人员人数相适应。

3. 发送会议通知

在确定了会议的时间和地点后，应当尽早向与会人员发出通知。会议通知应当写明会议的主题、时间、地点、与会者范围、食宿安排和路线图等。书面或电话通知是最常用的通知方式，并且在会议开始至少一周前需再次确认预订会议参加者能否参加。

4. 会场布置

会场的布置要与会议的主题内容相协调，要热烈而不失庄重，活泼而有秩序，会场内根据需要布置标语、徽标及花卉等；要准备好会议的灯光照明、空调、话筒和录音等辅助设备，还要准备好饮品、茶水等；要始终保持会场的干净、整洁，保持良好的通风，并且要防止会场的噪声干扰。

5. 座次安排

座次安排要根据礼宾次序来排定，而主持人与听众的位置也要根据会议的需要来安排。座次安排包括主席台座次和其他与会人员座次，可按照汉字笔画、地理位置和行业系统的方式进行安排。在会场入口处应准备好座次表，以便与会人员能够迅速找到自己的座位。

精选案例

一个多变的通知

有一次，某地级市准备以市委、市政府的名义召开一次全地区性会议。为了使有关单位有充分时间准备会议材料和安排工作，决定由市政府办公室先用电话通知各县和有关部门，然后再发书面通知。电话通知发出不久，某领导即指示“这次会议很重要，应该让参会单位负责某项工作的领导人也来参加，以便更好地完成这次会议贯彻落实的任务”。于是，发出补充通知。过后不久，另一领导又指示“要增加另一项工作的负责人参加会议”。就这样，接连几天，一个会议的电话通知，通知了补充，补充了再补充，前后共发了三次，导致下属无所适从，怨声载道。

（二）出席会议礼仪

公关人员作为与会者出席各种会议时，应当遵守会议的礼仪规范。

首先，与会者应当注重自己的仪容仪表，做到服饰整洁，仪态大方；与会者应当准时到达会场，进出有序，遵守会议秩序。

其次，开会时，与会者应当认真倾听会议主持人和发言人的发言，可以适当做笔记；如果被安排在会议上发言，应当提前做好准备，举止大方、吐字清晰，并且发言前后都应当向主持人和听众致意。

最后，会议中如果没有特殊原因，尽量不要离开会场。暂时离场时要轻手轻脚，不能影响其他人；如果需要提前退场，应当先向主持人说明后再离开，离开时应当向会议的主办方致谢。

总之，无论是筹备会务还是出席会议，都应当严格遵守会议的基本礼仪。

精选案例

研讨会上的“明星”

某公司被邀请参加一个研讨会，这次研讨会将有很多商界知名人士及新闻界人士参加。公司的老总特别安排他一向器重的助理小杨作为公司代表去参加会议。

会议当天，小杨睡过了头，等他赶到现场时，会议已经进行了20分钟。他急急忙忙地推开会议室大门，不小心碰到了会议室门口的花盆，花盆倒地发出一声脆响，这让他一下子成了会场上的焦点。刚坐下不久，小杨的手机铃声响起，肃静的会场上播放起了《西游记》主题曲“敢问路在何方”。这次，小杨简直成了研讨会上的“明星”。

研讨会结束后，该公司老总就让小杨另谋高就了。

六、商务礼仪

（一）开业典礼礼仪

举办开业典礼时，要遵循“热烈、隆重、节俭”的原则。公关人员在安排活动时要注意遵守以下礼仪规范：

1．来宾邀请

邀请工作应至少提前一周完成，以便被邀请者早做安排。邀请的人员包括上级领导、社会名流、合作伙伴、媒体记者、社会公众和单位员工等。组织可采用电话、传真或发邀请函的方式进行邀请；但为了表示诚意与尊重，通常采用发邀请函。

2．场地布置

举办开业典礼的场地一般应设在开业项目的门口。为了烘托出热烈、隆重、喜庆的气氛，可在现场悬挂“××商场开业典礼”或“××公司隆重开业”的横幅，两侧布置一些来宾的贺匾、花篮，会场周围还可悬挂彩灯、气球等。

同时，现场应提前准备好来宾签到簿、宣传材料、待客的饮料等物品。对于仪式要用的音响、照明设备等也要事先认真检查、调试，以确保开业典礼的顺利进行。

需要注意的是，开业典礼的现场不能妨碍交通，音响设备的调试以不制造噪声为宜。

3．程序拟定

为使开业典礼顺利进行，在筹备之时，必须要认真拟定具体的程序，并选好称职的仪式主持人。拟定典礼程序应遵循以下两条原则：① 时间宜短不宜长。一般来说，应以1个

小时为宜；② 程序宜少不宜多。

4. 开业典礼发言

开业典礼开始时，可由主持人先简短致辞，介绍庆典项目并对来宾表示感谢，然后领导和嘉宾可依次致辞祝贺。

5. 欢送宾客

开业典礼结束后，主办方领导和员工应站在门口欢送客人离开。主办方还可准备一些印有开业典礼字样的纪念品，以赠送给客人作为纪念或表示感谢。

（二）剪彩礼仪

剪彩仪式，是指开业单位邀请专人使用剪刀剪断被称为“彩”的红色缎带，以示开业大吉的庆祝活动。要想使剪彩仪式达到隆重而又热烈的效果，公关人员就要在剪彩仪式的环节上按照礼仪规范的要求进行周密安排。

1. 确定剪彩人员

（1）剪彩者通常由举办单位的上级领导、合作伙伴、社会名流、员工代表或客户代表等担任。剪彩者可以是 1 人，也可以是数人，但一般不多于 5 人。

（2）助剪者，即在剪彩仪式上为来宾和剪彩者提供服务的礼仪小姐，一般包括迎宾者、引导者、拉彩者、捧花者和托盘者。必要时，可将剪彩人员集中在一起，告知其有关的注意事项并稍加排练。

2. 准备剪彩用具

剪彩用具一般包括红色绸带、新剪刀、白色薄纱手套和红色地毯等。

3. 安排剪彩者位次

（1）若剪彩者仅为一人，则剪彩者在指定之处面向全体到场者居中而立即可。

（2）若剪彩者为多人，则举办单位应对剪彩者的位次进行排序。

一般来说，主剪者（通常为身份地位最高的剪彩者）居中；其他剪彩者则根据身份地位的高低，按照右侧尊于左侧（以仪式台面向全体到场者的视角为基准）的原则在主剪者两侧由近及远依次排开。

4. 剪彩

（1）主持人宣布剪彩后，助剪的捧花者和托盘者应率先登场。

（2）引导者走在剪彩者的左前方，引导其从仪式台右侧登场，在捧花者和托盘者之间站成一排，面向全体到场者。

（3）剪彩者到达既定的位置后，应向捧花者含笑致意。

（4）待拉彩者和捧花者有所准备后，剪彩者即可集中精力，右手持剪刀，庄重地将红色缎带一刀剪断。

（5）剪彩后，剪彩者将剪刀和手套放回托盘，并举手鼓掌。

（6）待剪彩者退场后，捧花者和托盘者方可列队从右侧（以全体到场者面向仪式台的视角为基准）退场。

（三）签约礼仪

签约礼仪，是指各方人员在举行签字仪式时应遵守的礼仪程序和规范。组织出席签约仪式的人员要在以下环节上按照礼仪规范的要求进行安排。

签字仪式与礼仪

1. 准备待签文本

在正式签署合同前，应当拟定好合同的最终文本。待签文本应用大八开规格的高档白纸印刷并装订成册，再配以高档材料的封皮，以示郑重。

2. 安排签字人员

签字人员主要包括主签人、助签人和陪同人员。

（1）主签人是签字仪式上的主要角色，可由各签约方参与谈判或洽谈的主谈人担任，也可由各方更高级别的领导人担任。需要注意的是，双方主签人的身份应大体相当。

（2）助签人是指在签字仪式过程中帮助主签人翻揭待签文本、指明签字之处的人。助签人必须了解签约各方的谈判或洽谈过程，清楚待签文本的整理、起草和制作情况，熟悉助签业务。

（3）出席签字仪式的陪同人员，以双方人数相等为宜。

3. 选择签字场地

签字场地通常由签约各方协商，并根据参加签字仪式的人员数量和合同内容的重要程度来确定。任何一方自行决定后再通知其他各方的行为都属于失礼行为。

4. 座位安排

一般来说，东道主签字人的座位应位于签字桌的右侧，客方签字人的座位应位于签字桌的左侧。双方的助签人员应分别站在各方签字人的外侧。

5. 签约

开始签字时，助签人应站在相应位置协助翻揭文本并指明签字之处。由主签人在己方保存的文本上签字，然后由助签人员合上文本，在签字人的身后相互交换文本，双方主签人员分别在对方保存的文本上签字。

签字仪式结束后，主方应先请签约各方的最高领导人退场，然后请客方人员退场，最后主方人员退场。整个仪式所用的时间以半小时为宜。

知行合一

一次，某酒店的机场代表小王从交易会接客人回酒店。途中，一位外国客人主动跟小王闲聊，从闲聊中小王得知客人想回酒店拿点东西，然后再乘出租车到××酒店找一位朋友。下车后，小王马上为客人叫好出租车等待客人下来。当客人见到待命的出租车时，既感激又惊讶，因为他根本没有料到小王会帮他叫好车等他下来，因此，他很高兴地连声向小王道谢。两天后，客人要离开酒店了，他特意去跟小王道别："先生，我今天要走了，非常感谢你，希望下次来酒店还能再见到你。"瞬间，小王也惊讶了：自己只不过为客人做了些力所能及的小事，客人却记在心里，再三感谢。喜悦和满足使小王露出了笑容。

可见，礼仪无大小，公关人员只有在内心树立公关礼仪意识，才能时刻做到知行合一，用心服务；同时也只有真正付出过，才能有回报，才能在公关工作中找到诀窍，乐在其中，达到双赢的目的。

姓名＿＿＿＿＿＿　　班级＿＿＿＿＿＿　　学号＿＿＿＿＿＿

任务测试

一、选择题

1.【单选题】“入乡随俗”“客随主便”充分说明了公共关系礼仪的（　　）特征。

A. 规范性　　B. 延续性

C. 差异性　　D. 目的性

2.【单选题】公共关系礼仪最基本的原则是（　　）。

A. 尊重原则　　B. 平等原则

C. 诚信原则　　D. 自律原则

3.【单选题】下列关于举止礼仪的表述，错误的是（　　）。

A. 落座要轻，椅子不能全坐满，一般坐 1/2 即可

B. 在一些拉美国家“OK”这一手势表示侮辱男人、引诱女人

C. 在正式场合，目光注视的位置应当是对方两眼至额头之间的区域

D. 站姿的基本要求是头正、肩平、收腹、挺胸、颈直

4.【单选题】在乘坐小轿车时，如果由司机驾驶，则（　　）为尊。

A. 后排右座　　B. 后排左座

C. 后排中间座　　D. 前排右座

5.【单选题】下列公关人员在出席宴会时的做法，不恰当的是（　　）。

A. 公关人员甲在喝汤时，贴在唇边喝汤

B. 公关人员乙中途有事暂时离开，将餐巾折好放在桌面上

C. 公关人员丙遇到没吃过的食物，不先行动手，看到别人食用后自己再用

D. 公关人员丁餐后剔牙时，用手或纸巾遮口

6.【单选题】下列关于形象礼仪的表述，错误的是（　　）。

A. 女士在公共场合下进行化妆或补妆是不合适的

B. TPO 原则是国际上公认的穿衣原则，也是人们着装的总原则

C. 黑、白、灰是服装搭配时最常用的三种颜色，也被称作“安全色”

D. 男士双排扣的西服上衣，要么将所有扣都扣上，要么全部不扣

7.【多选题】下列关于交往礼仪的表述，错误的有（　　）。

A. 自我介绍如无特殊情况最好不要超过 3 分钟

B. 为他人介绍时要遵循“尊者优先了解情况”或“尊者居后介绍”的规则

C. “张经理”“孙局长”属于职业称呼

D. 男士与女士之间握手时，男士应先伸出手来，以表示尊重

E. 公关人员在交谈过程中应注意说话要留有余地，不能将话说得太满

姓名____________　　班级____________　　学号____________

8.【多选题】下列关于接待礼仪的表述，正确的有（　　）。

A．公关人员应准确掌握客人抵达时间，提前 3 分钟左右等待

B．在陪同女士行路时，男士应当走在女士的左侧保护女士

C．在引领客人上楼时，应当让客人走在前面，公关人员走在后面

D．将客人迎送到住宿地点后，公关人员应留下来多陪客人聊天，以增进感情

E．上下车礼仪的基本原则是“方便客人，突出客人”

9.【多选题】下列关于宴会礼仪的表述，错误的有（　　）。

A．公关人员在组织宴会之前，需要先确定宴请对象

B．正式宴会应当发放请柬，请柬一般提前一到两周发出

C．请柬通常由标题、称谓、正文、结尾和落款五部分构成

D．不想再添酒时，可以用手蒙住酒杯

E．国际上的惯例，桌次的高低以离主桌位置远近而定，右高左低

二、案例分析题

不能以貌取人

湖北鄂州市一位专营金刚石刀片的农民企业家，因身怀绝技、独有创见，其生产的刀片畅销全国各地。某大公司总经理欲与他携手合作，邀请此农民企业家共商合资办厂大计。孰料见面时，总经理见他其貌不扬，握手时仅伸出两指敷衍地碰了一下。这一细节被农民企业家发觉，感觉受到了侮辱，拂袖而去。结果，另一厂家将此农民企业家接去，视若上宾，以礼相待，双方很快达成共识，签约合作。

问题分析：

（1）该农民企业家与第一家公司的总经理握手时，为什么会拂袖而去？

（2）握手的禁忌有哪些？

姓名____________ 班级____________ 学号____________

项目实训

一、实训目标

通过实训，能够在公关活动中的不同场合灵活运用各种礼仪知识。

二、实训内容与要求

请从下列四个实训项目中选择一个进行实训。

（一）

【实训内容】

（1）观看与化妆相关的视频，学习并记录化妆的技巧。

（2）备齐化妆品，根据示范操作，学习化职业淡妆。

【实训要求】

（1）全班学生分成若干小组，每 6 人为一组。

（2）小组成员看完视频后，开始练习化妆。

（3）各小组展示化妆成果。

（二）

【实训内容和要求】

学生根据站姿、坐姿、行姿的礼仪要点，分小组练习并相互纠正，最后由老师点评。

（三）

【实训背景】

W 公司总经理陈先生打算宴请前来公司接洽业务的客户。参加宴会的人员如下：

（1）客户公司的销售部经理王先生，业务部主管陈女士、丁先生，以及公关部经理罗先生。

（2）本公司的市场总监夏先生、副总监刘先生、销售部经理孙先生和总裁秘书李小姐。宴会将采用中餐形式，选用圆形餐桌。

【实训内容和要求】

请分组模拟宴会过程（从开始到结束），练习宴会所涉及的各种礼仪。

（四）

【实训背景】

北京 F 公司和杭州 M 公司约定在杭州洽谈产品代理事项。杭州 M 公司的人员开专车到杭州萧山国际机场迎接北京 F 公司的代表团，并安排代表团的客人到酒店休息。第二天上午 9 点，杭州 M 公司的行政助理带领客人到公司会议室洽谈代理事宜。

姓名__________　　班级__________　　学号__________

【实训内容和要求】

请分角色模拟训练“引领礼仪”和“乘车礼仪”中所涉及的各种礼仪。

项目考核

<table>
<tr><th rowspan="2">项目名称</th><th rowspan="2">评价内容</th><th rowspan="2">分值</th><th colspan="2">评价分数</th></tr>
<tr><th>小组互评</th><th>教师评价</th></tr>
<tr><td rowspan="3">个人素养考核项目
（20%）</td><td>日常考勤</td><td>5 分</td><td></td><td></td></tr>
<tr><td>与团队成员合作配合</td><td>5 分</td><td></td><td></td></tr>
<tr><td>课堂纪律与学习态度</td><td>10 分</td><td></td><td></td></tr>
<tr><td rowspan="3">专业能力考核项目
（80%）</td><td>积极参与教学活动并正确理解任务要求</td><td>10 分</td><td></td><td></td></tr>
<tr><td>任务测试题目的正确率</td><td>30 分</td><td></td><td></td></tr>
<tr><td>认真完成项目实训，与小组成员积极配合、细节周到、礼仪规范得体</td><td>40 分</td><td></td><td></td></tr>
<tr><td colspan="2">合计</td><td>100 分</td><td></td><td></td></tr>
<tr><td colspan="3">综合分数（小组互评 30%+教师评价 70%）</td><td colspan="2"></td></tr>
<tr><td>教师评语</td><td colspan="4">

教师（签名）：</td></tr>
</table>

参考文献

[1] 魏翠芬. 公共关系理论与实务［M］. 4 版. 北京：清华大学出版社，2021.

[2] 吴少华，吴梓境. 公共关系理论与实务［M］. 2 版. 北京：人民邮电出版社，2020.

[3] 王秀方. 公共关系理论与实务［M］. 2 版. 北京：清华大学出版社，2018.

[4] 杨玫. 公共关系理论与实务［M］. 北京：电子工业出版社，2018.

[5] 刘金同，夏学明，刘晓晨. 公共关系实务［M］. 2 版. 北京：清华大学出版社，2018.

[6] 赵铁. 公共关系实务［M］. 2 版. 北京：人民邮电出版社，2017.

[7] 王志敏. 公共关系理论与实务［M］. 北京：北京大学出版社，2016.

[8] 栗玉香. 公共关系［M］. 6 版. 大连：东北财经大学出版社，2019.

[9] 居延安. 公共关系学［M］. 5 版. 上海：复旦大学出版社，2013.

[10] 周安华. 公共关系：理论、实务与技巧［M］. 6 版. 北京：中国人民大学出版社，2019.

[11] 李兴国. 公共关系实用教程［M］. 4 版. 北京：高等教育出版社，2021.

[12] 黄漫宇. 沟通与礼仪［M］. 北京：北京大学出版社，2014.

[13] 蔡炜. 公共关系学［M］. 上海：华东理工大学出版社，2014.

[14] 李文定，梁锐，王晶. 公共关系理论与实务［M］. 镇江：江苏大学出版社，2013.

[15] 吴建勋，丁华. 公共关系案例与分析教程［M］. 2 版. 北京：清华大学出版社，2013.